老科学家学术成长资料采集工程

中国科学院院士传记丛书

『卓』越人生

卓仁禧传

王艳明◎著

U0783756

931 年
出生于福建厦门

1953 年
毕业于复旦大学

1984 年
任武汉大学化学系主任

1993 年
创办武汉大学生物医用高分子
国家教委开放实验室

1997 年
当选为中国科学院院士

2000 年
当选为国际生物材料联合会会士

2019 年
逝世于武汉

老科学家学术成长资料采集工程

中国科学院院士传记丛书

「卓」越人生
卓仁禧传

王艳明◎著

湖南科学技术出版社

中国科学技术出版社

图书在版编目（CIP）数据

"卓"越人生：卓仁禧传 / 王艳明著. — 长沙：湖南科学技术出版社，2021.10

（老科学家学术成长资料采集工程丛书. 中国科学院院士传记丛书）

ISBN 978-7-5710-1159-8

I. ①卓… II. ①王… III. ①卓仁禧—传记 IV. ①K825.46

中国版本图书馆 CIP 数据核字 (2021) 第 168022 号

"ZHUO" YUE RENSHENG ZHUO RENXI ZHUAN

"卓"越人生　卓仁禧传

著　　者：王艳明

责任编辑：邹　莉

出　　版：湖南科学技术出版社　中国科学技术出版社

发　　行：湖南科学技术出版社

社　　址：长沙市芙蓉中路一段 416 号泊富国际金融中心

网　　址：http://www.hnstp.com

湖南科学技术出版社天猫旗舰店网址：

　　　　　http://hnkjcbs.tmall.com

邮购联系：本社直销科 0731-84375808

印　　刷：长沙超峰印刷有限公司

　　　　　（印装质量问题请直接与本厂联系）

厂　　址：宁乡市金洲新区泉洲北路100号

邮　　编：410600

版　　次：2021 年 10 月第 1 版

印　　次：2021 年 10 月第 1 次印刷

开　　本：787mm×1092mm　1/16

印　　张：17.5

字　　数：250 千字

彩　　插：2

书　　号：ISBN 978-7-5710-1159-8

定　　价：88.00 元

老科学家学术成长资料采集工程
领导小组专家委员会

主　任：韩启德

委　员：（以姓氏拼音为序）

陈佳洱　　方　新　　傅志寰　　李静海　　刘　旭

齐　让　　王礼恒　　徐延豪　　赵沁平

老科学家学术成长资料采集工程
丛书组织机构

特邀顾问（以姓氏拼音为序）

樊洪业　　方　新　　谢克昌

编 委 会

主　编：老科学家学术成长资料采集工程领导小组办公室

编　委：（以姓氏拼音为序）

定宜庄　　董庆九　　郭　哲　　胡化凯　　胡宗刚

刘晓堪　　吕瑞花　　潘晓山　　秦德继　　阮　草

申金升　　王扬宗　　熊卫民　　姚　力　　张大庆

张　剑　　张　藜　　周德进

编委会办公室

主　任：孟令耘　　杨志宏　　石　磊

副主任：许　慧　　胡艳红

成　员：（以姓氏拼音为序）

高文静　　韩　颖　　李　梅　　林澧波　　刘如溪

罗兴波　　马　丽　　王传超　　余　君　　张佳静

老科学家学术成长资料采集工程简介

　　老科学家学术成长资料采集工程（以下简称"采集工程"）是根据国务院领导同志的指示精神，由国家科教领导小组于 2010 年正式启动，中国科协牵头，联合中组部、教育部、科技部、工信部、财政部、文化部、国资委、解放军总政治部、中国科学院、中国工程院、国家自然科学基金委员会等 11 部委共同实施的一项抢救性工程，旨在通过实物采集、口述访谈、录音录像等方法，把反映老科学家学术成长历程的关键事件、重要节点、师承关系等各方面的资料保存下来，为深入研究科技人才成长规律，宣传优秀科技人物提供第一手资料和原始素材。

　　采集工程是一项开创性工作。为确保采集工作规范科学，启动之初即成立了由中国科协主要领导任组长、12 个部委分管领导任成员的领导小组，负责采集工程的宏观指导和重要政策措施制定，同时成立领导小组专家委员会负责采集原则确定、采集名单审定和学术咨询，委托科学史学者承担学术指导与组织工作，建立专门的馆藏基地确保采集资料的永久性收藏和提供使用，并研究制定了《采集工作流程》《采集工作规范》等一系列基础文件，作为采集人员的工作指南。截至 2021 年 8 月，采集工程已启动 592 位科学家的学术成长资料采集项目，获得实物原件资料 132922 件、数字化资料 318092 件、视频资料 443783 分钟、音频资料 527093 分钟，具有重要的史料价值。

采集工程的成果目前主要有三种体现形式，一是建设"中国科学家博物馆网络版"，提供学术研究和弘扬科学精神、宣传科学家之用；二是编辑制作科学家专题资料片系列，以视频形式播出；三是研究撰写客观反映老科学家学术成长经历的研究报告，以学术传记的形式，与中国科学院、中国工程院联合出版。随着采集工程的不断拓展和深入，将有更多形式的采集成果问世，为社会公众了解老科学家的感人事迹，探索科技人才成长规律，研究中国科技事业的发展历程提供客观翔实的史料支撑。

总序一

中国科学技术协会主席　韩启德

　　老科学家是共和国建设的重要参与者，也是新中国科技发展历史的亲历者和见证者，他们的学术成长历程生动反映了近现代中国科技事业与科技教育的进展，本身就是新中国科技发展历史的重要组成部分。针对近年来老科学家相继辞世、学术成长资料大量散失的突出问题，中国科协于2009年向国务院提出抢救老科学家学术成长资料的建议，受到国务院领导同志的高度重视和充分肯定，并明确责成中国科协牵头，联合相关部门共同组织实施。根据国务院批复的《老科学家学术成长资料采集工程实施方案》，中国科协联合中组部、教育部、科技部、工业和信息化部、财政部、文化部、国资委、解放军总政治部、中国科学院、中国工程院、国家自然科学基金委员会等11部委共同组成领导小组，从2010年开始组织实施老科学家学术成长资料采集工程。

　　老科学家学术成长资料采集是一项系统工程，通过文献与口述资料的搜集和整理、录音录像、实物采集等形式，把反映老科学家求学历程、师承关系、科研活动、学术成就等学术成长中关键节点和重要事件的口述资料、实物资料和音像资料完整系统地保存下来，对于充实新中国科技发展的历史文献，理清我国科技界学术传承脉络，探索我国科技发展规律和科技人才成长规律，弘扬我国科技工作者求真务实、无私奉献的精神，在全社会营造爱科学、学科学、用科学的良好氛围，是一件很有意义的事情。采集工程把重点放在年龄在 80 岁以上、学术成长经历丰富的两院院士，以及虽然不是两院院士、但在我国科技事业发展中作出突出贡献的老科技工作者，充分体现了党和国家对老科学家的关心和爱护。

自 2010 年启动实施以来，采集工程以对历史负责、对国家负责、对科技事业负责的精神，开展了一系列工作，获得大量反映老科学家学术成长历程的文字资料、实物资料和音视频资料，其中有一些资料具有很高的史料价值和学术价值，弥足珍贵。

以传记丛书的形式把采集工程的成果展现给社会公众，是采集工程的目标之一，也是社会各界的共同期待。在我看来，这些传记丛书大都是在充分挖掘档案和书信等各种文献资料、与口述访谈相互印证校核、严密考证的基础之上形成的，内中还有许多很有价值的照片、手稿影印件等珍贵图片，基本做到了图文并茂，语言生动，既体现了历史的鲜活，又立体化地刻画了人物，较好地实现了真实性、专业性、可读性的有机统一。通过这套传记丛书，学者能够获得更加丰富扎实的文献依据，公众能够更加系统深入地了解老一辈科学家的成就、贡献、经历和品格，青少年可以更真实地了解科学家、了解科技活动，进而充分激发对科学家职业的浓厚兴趣。

借此机会，向所有接受采集的老科学家及其亲属朋友，向参与采集工程的工作人员和单位，表示衷心感谢。真诚希望这套丛书能够得到学术界的认可和读者的喜爱，希望采集工程能够得到更广泛的关注和支持。我期待并相信，随着时间的流逝，采集工程的成果将以更加丰富多样的形式呈现给社会公众，采集工程的意义也将越来越彰显于天下。

是为序。

总序二

中国科学院院长　白春礼

由国家科教领导小组直接启动，中国科学技术协会和中国科学院等12个部门和单位共同组织实施的老科学家学术成长资料采集工程，是国务院交办的一项重要任务，也是中国科技界的一件大事。值此采集工程传记丛书出版之际，我向采集工程的顺利实施表示热烈祝贺，向参与采集工程的老科学家和工作人员表示衷心感谢！

按照国务院批准实施的《老科学家学术成长资料采集工程实施方案》，开展这一工作的主要目的就是要通过录音录像、实物采集等多种方式，把反映老科学家学术成长历史的重要资料保存下来，丰富新中国科技发展的历史资料，推动形成新中国的学术传统，激发科技工作者的创新热情和创造活力，在全社会营造爱科学、学科学、用科学的良好氛围。通过实施采集工程，系统搜集、整理反映这些老科学家学术成长历程的关键事件、重要节点、学术传承关系等的各类文献、实物和音视频资料，并结合不同时期的社会发展和国际相关学科领域的发展背景加以梳理和研究，不仅有利于深入了解新中国科学发展的进程特别是老科学家所在学科的发展脉络，而且有利于发现老科学家成长成才中的关键人物、关键事件、关键因素，探索和把握高层次人才培养规律和创新人才成长规律，更有利于理清我国科技界学术传承脉络，深入了解我国科学传统的形成过程，在全社会范围内宣传弘扬老科学家的科学思想、卓越贡献和高尚品质，推动社会主义科学文化和创新文化建设。从这个意义上说，采集工程不仅是一项文化工程，更是一项严肃认真的学术建设工作。

中国科学院是科技事业的国家队，也是凝聚和团结广大院士的大家庭。早在1955年，中国科学院选举产生了第一批学部委员，1993年国务院决定中国科学院学部委员改称中国科学院院士。半个多世纪以来，从学部委员到院士，经历了一个艰难的制度化进程，在我国科学事业发展史上书写了浓墨重彩的一笔。在目前已接受采集的老科学家中，有很大一部分即是上个世纪80、90年代当选的中国科学院学部委员、院士，其中既有学科领域的奠基人和开拓者，也有作出过重大科学成就的著名科学家，更有毕生在专门学科领域默默耕耘的一流学者。作为声誉卓著的学术带头人，他们以发展科技、服务国家、造福人民为己任，求真务实、开拓创新，为我国经济建设、社会发展、科技进步和国家安全作出了重要贡献；作为杰出的科学教育家，他们着力培养、大力提携青年人才，在弘扬科学精神、倡树科学理念方面书写了可歌可泣的光辉篇章。他们的学术成就和成长经历既是新中国科技发展的一个缩影，也是国家和社会的宝贵财富。通过采集工程为老科学家树碑立传，不仅对老科学家们的成就和贡献是一份肯定和安慰，也使我们多年的夙愿得偿！

鲁迅说过，"跨过那站着的前人"。过去的辉煌历史是老一辈科学家铸就的，新的历史篇章需要我们来谱写。衷心希望广大科技工作者能够通过"采集工程"的这套老科学家传记丛书和院士丛书等类似著作，深入具体地了解和学习老一辈科学家学术成长历程中的感人事迹和优秀品质；继承和弘扬老一辈科学家求真务实、勇于创新的科学精神，不畏艰险、勇攀高峰的探索精神，团结协作、淡泊名利的团队精神，报效祖国、服务社会的奉献精神，在推动科技发展和创新型国家建设的广阔道路上取得更辉煌的成绩。

总序三

中国工程院院长 周 济

由中国科协联合相关部门共同组织实施的老科学家学术成长资料采集工程，是一项经国务院批准开展的弘扬老一辈科技专家崇高精神、加强科学道德建设的重要工作，也是我国科技界的共同责任。中国工程院作为采集工程领导小组的成员单位，能够直接参与此项工作，深感责任重大、意义非凡。

在新的历史时期，科学技术作为第一生产力，已经日益成为经济社会发展的主要驱动力。科技工作者作为先进生产力的开拓者和先进文化的传播者，在推动科学技术进步和科技事业发展方面发挥着关键的决定的作用。

新中国成立以来，特别是改革开放30多年来，我们国家的工程科技取得了伟大的历史性成就，为祖国的现代化事业作出了巨大的历史性贡献。两弹一星、三峡工程、高速铁路、载人航天、杂交水稻、载人深潜、超级计算机……一项项重大工程为社会主义事业的蓬勃发展和祖国富强书写了浓墨重彩的篇章。

这些伟大的重大工程成就，凝聚和倾注了以钱学森、朱光亚、周光召、侯祥麟、袁隆平等为代表的一代又一代科技专家们的心血和智慧。他们克服重重困难，攻克无数技术难关，潜心开展科技研究，致力推动创新发展，为实现我国工程科技水平大幅提升和国家综合实力显著增强作出了杰出贡献。他们热爱祖国，忠于人民，自觉把个人事业融入到国家建设大局之中，为实现国家富强而不断奋斗；他们求真务实，勇于创新，用科技为中华民族的伟大复兴铸就了辉煌；他们治学严谨，鞠躬尽瘁，具有崇高的科学精神和科学道德，是我们后代学习的楷模。科学家们的一生是一本珍贵的教科书，他们坚定的理想信念和淡泊名利的崇高品格是中华民族自强不息精神的宝贵财富，永远值得后人铭记和敬仰。

通过实施采集工程，把反映老科学家学术成长经历的重要文字资料、实物资料和音像资料保存下来，把他们卓越的技术成就和可贵的精神品质记录下来，并编辑出版他们的学术传记，对于进一步宣传他们为我国科技发展和民族进步作出的不朽功勋，引导青年科技工作者学习继承他们的可贵精神和优秀品质，不断攀登世界科技高峰，推动在全社会弘扬科学精神，营造爱科学、讲科学、学科学、用科学的良好氛围，无疑有着十分重要的意义。

中国工程院是我国工程科技界的最高荣誉性、咨询性学术机构，集中了一大批成就卓著、德高望重的老科技专家。以各种形式把他们的学术成长经历留存下来，为后人提供启迪，为社会提供借鉴，为共和国的科技发展留下一份珍贵资料。这是我们的愿望和责任，也是科技界和全社会的共同期待。

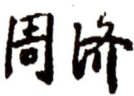

卓仁禧

采集小组工作照（自采）

采集小组与卓仁禧院士合影（自采）

目 录

图片目录

导 言

现代科学技术的迅速发展，人类社会不断进步所展现的新的需求，把生命科学和材料科学的研究推向了整个自然科学研究的最前沿，引起了越来越多的科学探索者的密切关注。而生物医用高分子材料作为这两大前沿研究领域的交叉学科之一，20 世纪中期以来就开始在一些发达国家引起重视，并吸引了一大批优秀科学家投身于该领域。

20 世纪 80 年代，随着改革开放的深入，我国一部分研究者也关注到了这一研究动态，开始在这一领域组织研究。与此同时，我国的生物材料事业迅速发展，国家也开始重视这一领域的研究，并将其作为国家重点发展学科。卓仁禧敏锐地捕捉到了这一趋势，依据自身的条件和基础，毅然转型生物医用高分子材料的研究，成为我国生物医用高分子材料研究领域的开拓者之一，再经过一番矢志不渝、皓首穷经般的努力，又成为我国这一领域的旗帜性攻关带头人。

卓仁禧，男，1931 年 8 月 27 日出生，福建厦门人。武汉大学化学与分子科学学院教授、博导，著名高分子化学家、生物材料科学家，中国科学院化学部院士。卓仁禧曾任武汉大学"教育部生物医学高分子材料开放实验室"主任，"生物医学高分子材料教育部重点实验室"主任，教育部科学技术委员会委员、国务院学位委员会评审组成员、国家自然科学基金委员会化学学科评审组成员、武汉市科技专家委员会主任、武汉大学化学系主任。此外，卓仁禧还曾兼任中国生物材料委员会副主席、湖北省高级专家协会副主席，兼任国内外学术期刊 *Chinese Journal of Polymer Science*、《高分子学报》《离子交换与吸附》副主编，兼任 *Polymer International* 执行编委，负责中国分编辑部事务，担任过 *Chinese Journal of Reactive Polymers*、《高等学校化学学报》和《高等学校化学研究》杂志编委，同时被四川大学等多所大学聘为兼职与名誉教授。

卓仁禧院士于 1950 年入读福建协和大学，1951 年转学至震旦大学，1952 年高校院系调整，震旦大学并入复旦大学，1953 年于复旦大学化学系提前毕业后分配至武汉大学化学系任教。1957 年至 1959 年赴南开大学进修，在苏联专家马丁诺夫指导下从事有机硅化学研究，返回武汉大学后在著名化学家曾昭抡先生指导下继续开展元素有机化学研究。1960 年任讲师，1978 年任副教授，1982 年任教授。1983 年至 1984 年赴美国耶鲁大学做访问学者，在 W.H.Prusoff 教授指导下从事生物活性化合物研究。1997 年当选为中国科学院院士。1999 年当选为国际生物材料科学与工程学会会士（Fellow）。

20 世纪 60 年代末至 70 年代末，卓仁禧院士主要从事以有机硅高分子为主的元素有机化学的研究。取得的成果包括系列有机硅光学玻璃防雾剂、录像磁带的黏合剂与助剂，其成果主要应用于多种光学玻璃器件的保护涂层，以实现防雾、增透的功效，不仅彻底解决了军事装备上诸如炮镜等各类镜面的生雾问题，还应用在毛泽东的水晶棺的防护上，使其长期保持晶莹透亮。

卓仁禧在有机硅的研究上取得了令人瞩目的成就，产生了巨大的社会影响。"有机硅光学玻璃防雾剂的研制"和"彩色录像磁带黏合剂和助剂的研制"两个项目获得了 1978 年国家科学大会奖，"长链烷基三甲氧基硅烷的合成方法和用途"项目获得了 1983 年国家科技发明奖三等奖。

能够在动荡的文化大革命时期、在当时简陋的科研条件下取得如此重要的成果，体现了卓仁禧超人的意志力和杰出的研究能力。

以 1978 年全国科学大会为契机，卓仁禧逐步转向生物医用高分子研究。此后 40 年，卓仁禧一直在此领域辛勤耕耘、孜孜探索，再次取得了一系列重要的研究成果，开创了我国生物医用高分子研究领域的大好局面。

在生物医用高分子研究领域，卓仁禧院士的主攻方向包括生物可降解高分子、基因传递高分子载体、生物活性高分子、靶向性磁共振造影剂、固定化酶及其应用等方向。围绕这些研究方向，卓仁禧主持和参与了国家重点基础研究发展计划（简称 973 计划）项目《装载基因材料的分子设计及组织诱导作用和机理》、973 计划项目《用于基因和抗癌药物控制释放高分子材料的研究》、国家自然科学基金重点项目《用于分子诊断的功能化肽类树型大分子》、国家自然科学基金重点项目《医疗植入用可降解高分子材料的研究》、国家自然科学基金面上项目《器官、组织靶向性磁共振造影剂的研究》、教育部博士点基金《生物可降解高分子基因传递系统研究》及湖北省自然科学基金攻关项目等一系列国家级、省部级项目的研究。

卓仁禧在生物医用高分子研究领域的相关成果分别获得 1991 年国家自然科学奖四等奖、1999 年国家自然科学奖三等奖、1991 年和 1999 年教育部科学技术进步奖一等奖、2006 年湖北省自然科学奖一等奖和 2010 年教育部自然科学奖二等奖。

卓仁禧不仅在科学研究领域成果丰硕，在学科建设及人才培养上也可圈可点。在武汉大学化学与高分子科学学院的发展历史上，卓仁禧院士在元素有机化学学科的建设、生物医用高分子学科建设上呕心沥血、无私奉献，做出了奠基性工作。他一手创建的"生物医用高分子材料国家教委开放实验室""生物医用高分子材料教育部重点实验室"作为国内高水平的生物医用高分子研究平台和人才培养基地为国家培养了一大批杰出的中青年研究人才。

在中国科协创新战略研究院、湖北省科协调宣部的指导下，在武汉大学化学与高分子科学学院、武汉大学生物医用高分子材料教育部重点实验室、武汉大学档案馆等有关部门的配合下，卓仁禧学术成长资料采集工程于 2016 年启动。采集工作由湖北大学历史文化学院档案与信息管理系王艳明教授负责组织与实施，王艳明教授的团队对老科学家学术成长资料采集工程有着丰富的经验，曾经负责过黄旭华院士、张寿荣院士的资料采集工程，都出色地完成了采集任务，受到了采集工程专家小组的一致好评。

卓仁禧院士学术资料采集小组依据传主的专业背景、学术成长道路、资料采集特点和技术要求，由档案管理、史料研究、新闻媒体、化学与高分子等各专业人员组成。依据工作任务的特点与性质，采集小组进行合理分工，分为口述访谈组、实物采集组、资料整编组、传记撰写组和工作协调组。按照采集工程的要求与部署，采集小组制定了详细的采集工作计划、人物访谈方案、实物采集计划、数字化处理规则、传记撰写方案，各小组成员秉持对国家负责、对传主负责的原则，齐心协力、密切配合，严格按照采集工作规定的时间节点和工作要求，认真实施着各阶段的采集计划与任务。

卓仁禧院士学术成长资料的采集工作采取以时间为经、以事件为纬的逻辑架构进行。在时间轴上，努力做到系统地还原卓仁禧的人生轨迹；在事件轴上，力图达成完整地再现卓仁禧的学术成果。按照采集工程的要求，采集小组对卓仁禧的学术成长资料主要围绕两个方面重点实施，一是采取面对面的方式对有关当事人进行直接访谈，包括对卓仁禧院士本人及其亲属、同事、学生进行访谈，获取关于院士一生各方面的直接回忆资料；二是对各种历史资料广泛收集，包括院士一生积累下来的各种实物、手稿、书信、论文、照片、音视频、相关技术资料、学术评价等，包括来自其他各方的书籍、照片、档案、报纸、音像资料等。

两年多来，采集小组克服卓仁禧院士身体健康不佳等各种困难，先后对卓仁禧院士进行了 11 次总时长为 1363 分钟的直接访谈，每次访谈均在两小时以上。此外，王艳明教授还多次利用至卓仁禧院士家中探望之机，与卓仁禧院士及夫人就有关问题进行沟通询问，也利用过在医院陪伴卓仁禧院士的机会与卓仁禧院士聊一些其工作经历与学术研究上的问题。

除直接访谈之外，采集小组根据工作的需要，还对卓仁禧院士夫人徐勉懿教授、卓仁禧院士女儿卓扬女士、华中科技大学化学与化工学院徐辉碧教授、武汉大学化学系原党总支书记汪文学先生、武汉大学化学与高分子科学学院高志龙教授、武汉大学生物医用高分子材料教育部重点实验室贺枫教授、武汉大学生物医用高分子材料教育部重点实验室程巳雪教授及卓仁禧院士秘书崔竞舟老师进行过8人7次共636分钟的间接访谈。此外，王艳明教授还多次在多种不同的场合与卓仁禧院士夫人徐勉懿教授、卓仁禧院士儿子卓夫先生、武汉大学生物医用高分子材料教育部重点实验室主任张先正教授进行过非正式访谈，同样获取了大量的宝贵信息。

经过辛勤工作和不懈的努力，采集小组共采集到卓仁禧院士的档案、论文、书籍、专利、证书、照片、手稿、报纸、音视频、学术评价等14类资料，总计2455件，资料基本覆盖了卓仁禧院士一生的主要经历、学术成果及学术成长过程，其主要的学术成就得以完整而系统的呈现。

按照采集工程领导小组与专家小组规定的要求，采集小组对所有资料进行了系统的订正、分类、整理、著录、标引、组卷，对大部分资料进行了数字化处理，形成了《卓仁禧学术资料总清单》《卓仁禧学术资料实物清单》《卓仁禧学术资料原件清单》，以满足保管及利用的需要。在此基础上，采集小组对全部资料进行了系统的组织与汇编，编制了《卓仁禧年表》，并以年表为脉络，编辑了《卓仁禧学术资料长编》，从而使采集而来的卓仁禧学术资料完整而有序，有利于将来的科学研究与深度开发。

采集小组所做的最后一项工作就是按照老科学家学术成长资料采集工程的规定，撰写卓仁禧院士的传记。依据传记的写作特点，考虑采集工程的主旨意义，分析卓仁禧院士成长的时代背景与轨迹，参考厦门媒体对卓氏家族发展历史的相关报道，借鉴武汉大学的校史资料，采集小组明确了传记的如下写作思路。

第一，完整而有序地反映传主从童年到当前的人生历程；

第二，重点还原传主曲折求学、研究转型、有机硅及生物医用高分子研究等核心事件及其历史进程；

第三，力图理清传主人生历程、学术成长、研究转型、科学成就的时代背景、因果关联与历史经纬；

第四，尽可能准确铺陈传主的科学成就，客观评价其成果意义与历史贡献。

卓仁禧传记分为八章，每章包含若干小节。章节按时间延展、以事件布局，章节间按照大小主题渐次叙述。整篇传记勉力做到事实准确、客观公允、描述流畅清晰。对有争议、不清晰的问题则秉持孤证不立、客观陈述、不做主观臆断及不负责任的结论性评价的原则。

首章叙述卓氏家族的基本传承、卓全成经营商业的历史与成就、卓仁禧家庭的基本概况和卓仁禧的童年生活。具体首先介绍鼓浪屿卓氏家族传承及卓全成三兄弟在厦门的成就及名望，然后具体叙述卓仁禧父亲卓全成的商业奇迹，描述卓仁禧家庭及其成员的基本概况、俭朴的家风，最后则着重回顾卓仁禧童年时的一些故事与见闻。

第二章主要叙述卓仁禧在上大学之前的学习经历及其基本情况，并对其间发生的、卓仁禧经历过的一些重大事件进行回顾。首先，叙述卓仁禧从幼儿园到小学、初中、高中的求学过程，学习的基本情况以及所涉及的老师与同学的概况。然后对卓仁禧所经历的日军占领厦门及鼓浪屿的所见所闻进行回忆，其后对卓仁禧在中小学学习阶段所养成的个性、所具有的组织能力与逐渐形成的部分思想进行描述。具体介绍了他在高中阶段组织的厦大露营、台湾工业之旅及见证外侮的事件。

第三章主要叙述卓仁禧大学求学经历及其基本情况、思想变化。首先介绍他高考专业选择过程、代课与香港之行的经过、在福建协和大学学习农科的基本情况及其转换为化学专业的基本过程，其中对其专业思想的转变进行必要的梳理与分析。而后，再对其转学至上海震旦大学的思想状况及其转学进程进行介绍。第三则是对其在全国院系调整后分配至复旦大学的一年学习情况进行叙述，并对其仓促的毕业过程进行介绍与回顾。

第四章主要叙述卓仁禧大学毕业进入武汉大学任教、恋爱结婚、南开大学进修及首获劳模的历史。并对其在此期间的思想变化、专业提升、敬业精神进行介绍与分析。首先对卓仁禧提前毕业分配至武汉大学的情况进行回顾，叙述刚参加工作担任助教及初步参与科研的基本情况。而后对其与徐勉懿的恋爱结婚过程进行详细描述。第三部分则是具体介绍他去南开大学进修深造的过程及其学习经历，对其在苏联专家的指导下取得专业能力快速提升进行分析与总结。最后则对其在进修回校后取得工作上的成绩及获评省劳模的情况进行回顾。

第五章首先叙述卓仁禧自南开大学进修回来之后参与曾昭抡所主持的

元素有机研究中的有机硅研究小组的基本概况，回顾了早期研究中的一些基本研究内容。第二部分则回顾卓仁禧在文化大革命期间所受到的冲击及其下放"五七干校"生产劳动的历史与概况。第三部分介绍他偶然转入一项军工课题的研究，并运用其创造性思维在短暂的时间内研制出了军用光学玻璃防雾剂，克服了困扰军方十几年的武器用镜面起雾的难题。第四部分介绍他研制录像磁带黏合剂和助剂，攻克磁带漏码和闪点难题。第五部分介绍他接受研制毛泽东水晶棺防雾透亮剂的具体过程。最后对他在有机硅研究领域所取得成就进行系统的总结与分析，介绍他参加全国科学大会的经历和过程，并说明他研究转型的起因和动机。

第六章主要首先介绍卓仁禧在改革开放后担任高分子教研室主任，而后于 1979 年出访法国与 J. M. Lehn 先生进行学术交流的经过，对其后他与 J. M. Lehn 先生的深度学术交流进行回顾与总结。其次，交代卓仁禧去日本访问交流的过程及活动内容，并对其所受到的学术影响进行分析。第三部分陈述卓仁禧去耶鲁大学做访问学者的历史及其概况，并对其在此期间的研究进行分析，明确卓仁禧的研究领域已经开始转向医用高分子领域，并对其在该领域的研究前景充满自信。最后介绍回国后开始医用高分子研究所取得的初步成就。

第七章主要介绍卓仁禧 1984 年出任武汉大学化学系主任至 1997 年获评中国科学院院士这一段历史与历程。首先介绍他执掌武汉大学化学系的过程，回顾他出任化学系主任期间对化学系发展所作出的具体贡献。然后介绍他建设生物医用高分子材料实验室的过程及该实验室的发展和进步。第三部分介绍他在获评院士之前的研究成果及获评院士的过程。第四部分则是叙述卓仁禧在当选院士后的学术经历及取得的成果。

第八章首先介绍卓仁禧院士教书育人、教育子孙的事迹和过程，然后叙述卓仁禧院士的生活品格及其乐于助人的事迹，最后介绍卓仁禧院士严谨的科学精神、正直的做人原则、丰富多彩的生活内容，还原他作为一个普通人的生命梗概。

结语则是系统梳理卓仁禧的学术研究的脉络，集中总结卓仁禧的学术成就，并简要分析其取得学术成就的原因和思想历程。

本传记试图以历史发展的自然逻辑及朴素的白描笔触，通过以上章节完整反映卓仁禧的成长历程、科学精神、学术成就、丰富人生，勉力勾勒出其学术成长的过程，努力刻画与展示一个为了国家科技进步与发展，孜孜以求、兢兢业业、锐意创新的科学家形象。

第一章
"卓"越人家

假如，鹭岛厦门是东南沿海一尊风光旖旎、文化灿烂的皇冠。

那么，榕树婆娑、山道逶迤、庭院深深、琴声悠悠的鼓浪屿，自然是镶嵌在这尊皇冠上的明珠。

在这里，永远有看不够的风景、诉不尽的历史、叙不完的故事。

琴岛鸡山　卓氏老宅

于鼓浪屿上流连，待你追完鼓浪屿的历史，品尽黄胜记、苏小糖、海蛎煎等一众美食，赏过八卦楼、黄家花园、海天堂构、黄荣远堂、容谷别墅、林氏府、金瓜楼、番婆楼、杨家园、汇丰银行公馆等一干闻名遐迩的名胜之后，且莫离岛而去，再推荐一个去处，或可让你领略另外一种风景，邂逅别样的故事。

站在日光岩向西北方向望去，不远处有一块形同鸡啄的巨石，当地人叫它鸡母岩，鸡母岩所在的小山谓之鸡山，上此鸡山之路自然被称之为鸡山路。鸡山路在鼓浪屿西北部腹地，与其他繁华处相比，此处地势较高，略显荒凉僻静，是鼓浪屿一处偏僻所在。但要领略原汁原味的鼓浪屿历史与文化，还非得来此走一遭。

鸡山路，古榕参天，四季苍绿，缓缓的坡道一如舒缓柔美的弦乐。盘桓其中，偶见阿公含饴弄孙，或阿嬷在屋前晾衣晒物。此外，你可能会惊叹于沿途三三两两的墓地，其中较大的一处叫番仔坟，鸡山路也因此被部分驴友称为禁地。鸡山路的寂静，似乎与今天喧嚣的鼓浪屿很不协调，也让你惊诧于在游人如织的鼓浪屿，寂寞可以这么漫无边际。

然而，鼓浪屿上没有哪一条路没有历史沉淀，没有哪一幢建筑没有悠远的故事，貌似孤寂的鸡山路也是胸怀丘壑，散落其间的一座座房屋都曾经繁华。

鸡山路10号，是著名教育家、艺术家、国画家张晓寒故居，张老生前自诩其为鸡山草堂。鸡山路16号，这栋颇具特色的宽大石砌别墅，即是著名钢琴家殷承宗先生的祖居。鸡山路18号，兼具美国风格和闽南特色的安献楼，是美籍丹麦人安理纯牧师于1934年耗尽毕生的积蓄用花岗岩建造而成的，如今是一座格调雅致的养老院。

鸡山路12号，终于见到它了，草堂坡上一幢依山而建、掩映在栽满番木瓜树庭院中的青砖风格别墅，它优雅、宁静、朴素，显示着主人的低调（图1-1）。但是，这幢乍看不太起眼的百年建筑，就是采集小组所追寻及所要介绍的目标。

图1-1　鸡山路12号卓氏老宅（资料来源：网络采集）

这座建于20世纪30年代的别墅，在鼓浪屿的喧嚣中独擅漫无边际的静谧，体现出当年建筑主人的个性与眼光。它，虽然庞大，但给人以结实厚重之感。错落的步道、方正的结构、清灰的屋顶、连排的窗户，一副办公大楼的模样，低调、内敛而庄重。它，就是厦门商界奇才卓全成在鼓浪屿上的宅邸，这部传记的传主卓仁禧就是在这里出生并长大的。

卓氏家族，家财万贯，人才辈出。卓氏三兄弟，享誉福建及东南沿海，谱写着厦门近现代史上的一曲传奇、几段佳话。

鹭岛卓氏　一门三杰

卓家祖籍福建南安，世代以手工制作与经营角梳为生，不富不贵、不饥不饿。迨至卓全成祖父一代，合族迁至漳州，继续以经营角梳为生。1864 年（清同治三年）10 月，太平军将领李世贤兵伐漳州，祖父举家避乱逃离，所积薄产也在战乱中损失殆尽。未久，祖父去世。太平军撤离漳州后，卓全成父亲卓长福携家返回漳州。①

卓长福返回漳州之初，生活艰难、居无定所，靠给别人打工养家糊口。在积累一些经验后就自己单干，日常于街肆摆摊设点，经营苏广杂货。经年累月，渐有积累，于而立之年赁屋开店，命名为"同兴"杂货店。后期转向厦门发展。由于吃苦耐劳、经营有方、日赢薄利，遂在漳州买房置产。卓家在漳州的十余处房产中，最早的几处就是卓长福从这一时期开始置办的。②③

卓长福妻子叫张懿慕，他们生育了三子一女，长子卓德成、次子卓绵成、三子卓全成，由于卓长福早年生活清苦、度日艰难，只得含泪把唯一的女儿早早地送给别人做了童养媳。卓氏三兄弟，筚路蓝缕、艰辛打拼，最终都成就一番不凡的事业，也成就了鼓浪屿卓氏一门三杰的美谈。

卓长福的眼光有些独到，虽说无钱送长子卓德成去学堂念书，但还是

---

① 詹朝霞：《从鼓浪屿走出去的中国科学院院士卓仁禧》，《炎黄纵横》，2011 年第五期，第15~18 页。

② 同①。

③ 卓仁禧访谈，2016 年 9 月 27 日，北京。资料存于采集工程数据库。

设法送他去给外国医生做童工。外国医生都是西医，西医和中医不同，是建立在现代生理学和解剖学等科学基础上的，研习西医自然先要学习文化。卓长福这个做法既能让卓德成学到一门安身立命的手艺，又起到了在学校学习文化的作用。①

卓德成也没有辜负父亲的厚望，从杂役做起，倒痰盂做卫生，勤勤恳恳、任劳任怨，劳作之余悉心观察留意医生的诊断问药。大一点之后就正式跟随外国医生学习医术。由于勤奋学习，卓德成医术日见成熟，慢慢也能坐诊看病。可以独立行医之后，卓德成远走南洋，在东南亚某国一矿山附近开办诊所，悬壶济世。收入颇丰之时，毅然落叶归根。回国后，一方面在漳州开办"兆生药房"，继续行医治病，另一方面在厦门漳州等地兼理一些医药生意，事业做得风生水起、一派兴旺。②

在卓德成的子嗣中，数女儿卓碧玉最为杰出。新中国成立后，卓碧玉先后出任过中国民主建国会中央妇女工作委员会和全国工商联妇女工作委员会副主任，中国儿童和少年基金会理事，民建第三、四届中央委员，全国妇联第四、五届执委，同时还是第三届全国人大代表、第五至七届全国政协委员。③

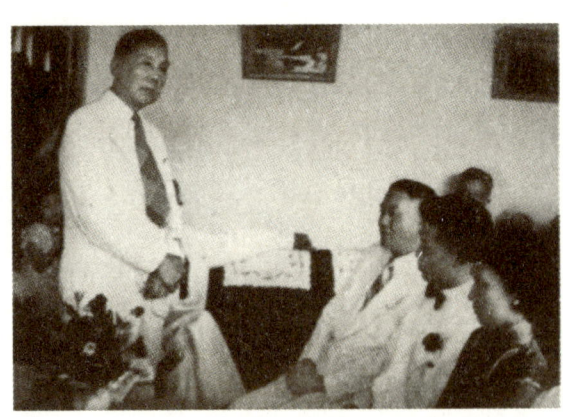

图1-2　卓绵成（左一）在卓全成长女卓明真订婚仪式上致辞（资料来源：网络采集）

在卓长福的三个儿子中，老二卓绵成（图1-2）算是幸运的，他是唯一进学堂念过书的。据卓仁禧院士回忆，卓绵成小学大概是在漳州念的，到了中学时因为卓长福的小本生意渐有起色，故此卓绵成小学毕业后卓长福又继续送

① 卓仁禧访谈，2016年9月27日，北京。资料存于采集工程数据库。

② 同①。

③ 同①。

他去福州英华中学读书。卓绵成于英华中学毕业后回到厦门，首先去厦门的壳牌石油公司上班，做到壳牌石油公司中国（厦门）区经理，后来又去"美孚洋行"（三达洋行）工作，出任该洋行闽南地区买办。[1][2]

在新中国成立前的厦门，卓绵成的名头也是很响亮的。在鼓浪屿轮渡码头附近的鹿礁路2号，是曾经很著名的"海滨旅社"，它是一幢两层半的小楼，1945年9月28日，国民政府海军第二舰队司令李世甲中将，就是在这里主持了侵厦日本海军中将原田清一的受降仪式。其实，老鼓浪屿人都知道，海滨旅社的原主人，就是卓长福的次子卓绵成先生。

1923年初，已是厦门名流的卓绵成，与华侨富商黄奕住、厦门基督教青年会总干事王宗仁、淘化公司董事长黄廷元、厦门大学教授薛永黍等五人一起出任鼓浪屿首届"华人顾问委员会"委员，在随即与鼓浪屿工部局洋董召开的第一次联席会议中，卓绵成、黄奕住等人就明确提出："一些儿童和老年妇女，在路上叫卖是很贫苦的，他们的生活，只是依靠每天所赚的几个铜镭。我们建议这些人可以免付小贩牌照费。我们认为这些提篮叫卖的小贩和那些肩挑的小贩要有区别。"[3]最后，工部局接受了他们的建议，批准了那些小孩和老年妇女可以免缴牌照税。[4]1937年，当鼓浪屿寻源中学迁往漳州之后，卓绵成又捐献鼓浪屿旗尾楼屋两座及现金2.5万元，作为漳州寻源中学基金。1949年，又捐赠与肚底园地、鱼池，开办卓氏农场，以每年收入的四分之三补助寻源中学，四分之一补助鼓浪屿英华小学。[5]

卓绵成的妻子是鼓浪屿旅美画家周廷旭的姊妹，其女儿为卓一龙，享誉全球的钢琴演奏家。抗日战争胜利后不久，卓绵成举家迁往香港。

---

① 黄绍坚：《从来讲，沧桑反复如翻掌：卓家的故事（下）》。黄绍坚的博客，http://blog.sina.com.cn/huangshaojian，2008年06月26日。

② 卓仁禧访谈，2016年9月27日，武汉。资料存于采集工程数据库。

③ 同①。

④ 余丰、张镇世、曾世钦：《帝国主义对鼓浪屿的殖民统治》。《厦门文史资料》，第16辑，第162~163页。

⑤ 福建省地方志编委会：《福建省志·教育志·专记二：华侨办学》，北京：方志出版社，1988年，第124页。

图 1-3　卓全成遗像（资料来源：卓仁禧提供）

卓氏三兄弟中，子承父业且事业最为成功的是卓长福的小儿子卓全成（1894—1980 年）（图 1-3），也是这本传记传主卓仁禧的父亲。老厦门人都记得两个名字：卓全成、同英布店。①

话说卓长福于 19 世纪末由漳州转入厦门发展，起初卓长福带着卓全成在大同路上摆地摊，卖煤油灯及针头线脑等一些日用杂货，后来盘下了一个小门面，继续经营他的"同兴"杂货店。有了店面，经营范围就扩大到棉布。清光绪二十九年（1903 年），卓长福将"同兴"杂货店的门面及其全部存货处理给"淘化大同"②，得 1000 余银元，打算回到漳州。卓长福此举遭到了次子卓绵成的激烈反对，经与"淘化大同"交涉，收回了店面及其存货。与此同时，卓长福设法筹措 1000 银元，创立"同英布店"，租赁林尔嘉位于闹市中心竹仔街（即今大同路、横竹路路口）的店屋，经营绸布和杂货。因地处人口稠密、水陆码头要冲地带，加上信誉良好，赊货经营，故买卖甚为兴旺。③④

1913 年，卓长福将同英布店交给儿子德成、绵成和全成三人合伙经营，由才 21 岁的卓全成担任经理，全面负责"同英布店"的经营。"同英布店"真正成为享誉厦门的百年老字号，成为新中国成立前著名的民族资本企业，并让卓氏实现财富积累成为鼓浪屿乃至整个厦门的豪门望族则是

①　名博馆：厦门故事／民族资本家打造同英布店。散文网，https://sanwen.net/a/walvqqo.html，2016-12-24 20.

②　注：淘化大同食品有限公司，是香港主要食品制造商之一，其前身淘化在 1908 年于中国福建省厦门成立，除酿制豉油外，也兼营牛奶业务。

③　卓仁禧访谈，2016 年 9 月 27 日，北京。资料存采集工程数据库。

④　同①。

从卓全成经营开始的。①②

卓全成经营企业，首先坚持以信立业，店堂正中悬挂着"真不二价"的招牌，以此来吸引顾客。其次，卓全成积极学习沿海一带洋行及外资企业的管理经验，摒弃家族企业的用人弊端，除卓全成出任董事长之外，包括卓绵成、卓德成等卓氏子孙一律不进入、不插手同英布店的经营，聘请专业的经理、店长打理生意。由于卓全成讲诚信、善管理，兼具胆识与谋略，卓氏事业在日军占领厦门前不断兼并扩张，在福建沿海及上海、广东等地不断开设分号，经营规模越来越大，一度垄断了沿海一带的洋布批发。同时，卓全成除主理同英布店外，还投资其他产业，并兼任鼓浪屿中华电汽有限公司董事长。③④

虽然在日寇占领时期卓全成经营的企业出现过波折，但在厦门解放后，卓氏家族的资产已然达到了惊人的数字。截至1949年，卓氏家族的资产已达到125万银元（约折合现人民币50亿元）。其中同英布店市值2.5万银元，鼓浪屿房产42幢（估值50万银元），厦门市区房产21幢（估值32万银元），漳州房产16幢（估值16万银元），上海房产1幢（估值2万银元）。⑤

此外，卓全成经营致富后，积极回馈社会，致力慈善、接济贫苦、兴资办学、捐建医院。解放初期，卓全成带头捐款购买飞机、大炮，支援抗美援朝。后来又积极配合政府公私合营（图1-4），最后除鼓浪屿鸡山路12号这所老宅外，逐步将全部资产捐给政府。卓全成由于对新中国建设事业发展的无私贡献与捐赠，出任过福建省第一、二、三、四届政协委员等一系列要职，并为福建及厦门的经济建设贡献过诸多的资源与建议。⑥

———————————

① 詹朝霞：《鼓浪屿卓家，一个由富而贵的名门》。《厦门晚报》，2011年1月30日第15版（方志版）。

② 名博馆：厦门故事／民族资本家打造同英布店。散文网，https://sanwen.net/a/walvqqo.html，2016-12-24-20.

③ 黄绍坚：《从来讲，沧桑反复如翻掌：卓家的故事（上）》。黄绍坚的博客，http://blog.sina.com.cn/huangshaojian，2008年06月26日。

④ 卓仁禧访谈，2016年9月27日，北京。资料存于采集工程数据库。

⑤ 同①。

⑥ 卓仁禧访谈，2016年10月25日，北京。存地同④。

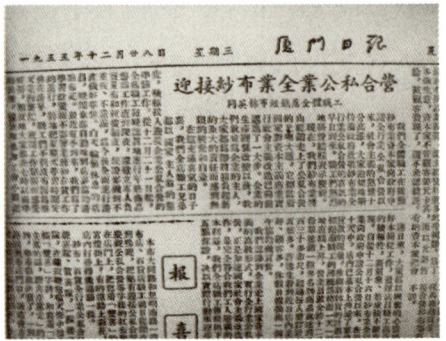

图 1-4　1955 年卓全成在《厦门日报》发表公私合营感言（资料来源：网络采集）

枝繁叶茂　脉及全球

卓全成随父创业，白手起家，致白银巨万、广厦千间。卓氏三杰，数卓全成一脉最能开枝散叶，已基本传承到第四代，不仅子孙遍布世界各地，而且大部分事业有成，许多都成为相当有名望的人物。

卓全成、陈水莲夫妇一共生育了 12 个孩子，有 11 个长大成人，这在医疗水平较低的旧中国算是一个奇迹。关于 11 个子女的姓名及出生年月子孙们有不同的回忆，在这里以卓全成 1953 年写下的一份关于孩子们的生日备忘录为准，11 个子女姓名及出生年月如下（图 1-5）：

卓仁松，男，1918 年 1 月 5 日；

卓明真，女，1922 年 1 月 15 日；

卓明新，女，1923 年 8 月 25 日；

卓明纯，女，1926 年 11 月 21 日；

卓明惠，女，1927 年 11 月 1 日；

卓仁声，男，1928 年 12 月 17 日；

卓明哲，女，1930 年 7 月 30 日；

卓仁禧，男，1931 年 8 月 27 日；

卓明秀，女，1934 年 1 月 25 日；

卓仁强，男，1935 年 2 月 12 日；

卓仁泽，男，1938 年 3 月 7 日。

长子卓仁松起初就读于上海圣约翰大学，日军占领上海后转入菲律宾大学学习，曾任菲律宾《中正日报》总编，1945 年 2 月初硕士毕业后回到厦门，抗日战争胜利应邀至福建协和大学任教，新中国成立后出任福建农学院教授。在 11 个兄弟姐妹中，长兄卓仁松对卓仁禧帮助和影响较大。现在鼓浪屿鸡山路 12 号的主人就是卓仁松的后代。①②

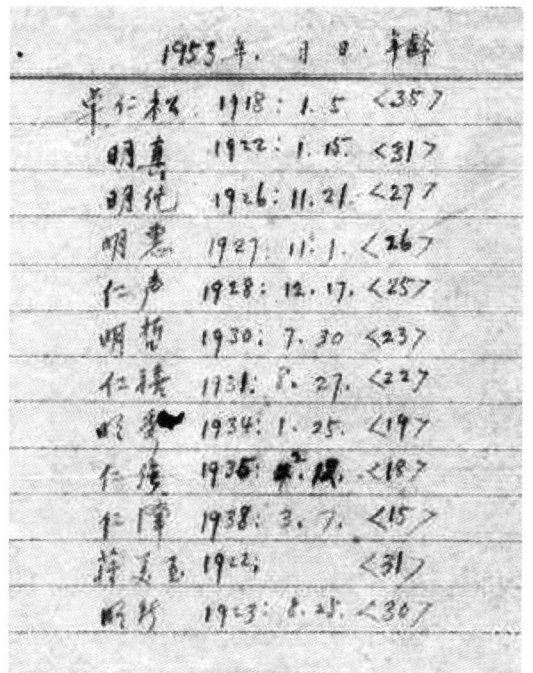

图 1-5　卓全成于 1953 年所写 11 个子女的姓名及生日（资料来源：网络采集）

卓全成夫妇非常重视教育，崇尚男女平等。卓家的女儿均受过系统的学校教育，全部读过大学。卓仁禧的大姐卓明真就读于当时的上海沪江大学，抗日战争胜利后回到厦门，在毓德女中教授英语。

卓明新，卓仁禧的二姐，先就读于著名的北京燕京大学，日军占领北平后转入上海圣约翰大学，毕业后先被厦门海关录用，后至父亲卓全成的同英布店做职员。三姐卓明纯经历过一番波折的求学，后在广州中山大学毕业，卓明纯大学毕业后进入爱国华侨陈嘉庚兴办的香港集友银行上班，后跳槽至美洲银行，晚年在美国定居。③

①　黄绍坚：《从来讲，沧桑反复如翻掌：卓家的故事（上）》。黄绍坚的博客，http://blog.sina.com.cn/huangshaojian，2008 年 06 月 26 日。

②　卓仁禧访谈，2016 年 10 月 25 日，北京。资料存于采集工程数据库。

③　同②。

图1-6　五姐卓明哲与蔡志伟的结婚照（资料来源：网络采集）

五姐卓明哲也就读于广州中山大学，大学毕业后嫁泰国著名侨领蔡志伟（图1-6），夫妻二人在泰国提倡开展华文教育，所倡建的"泰华教育基金会"在当时颇有影响，卓明哲晚年亦定居美国。四姐卓明惠先后在上海和厦门接受过高等教育，后在厦门从事中学教育。[1] 卓仁禧唯一的妹妹是卓明秀，学医出身，在厦门著名的中山医院当眼科医生，2015年圣诞节突发心脏病，在去往医院的途中逝世。

卓仁强、卓仁泽是最小的两个弟弟，可能由于兄弟们求学、工作都已离家的缘故，卓仁禧对他们俩的印象不是很深，知道的情况也不是很多。卓仁强虽然就读医科大学，但是毕业后并未做医生，而是辗转去了香港，在几个姐姐的支持下做贸易，虽然赢利不错，但天寿不高，竟然早逝于兄姐之前。[2]

卓仁泽是老幺，也是11个兄弟姐妹中唯一一个没有受过高等教育，且唯一一直守候在父母身边的人。卓仁泽中学毕业后似乎跟着父亲学着做过一段生意，后来去了厦门一家化工厂工作，卓全成夫妇的生活也基本上是他照料的。改革开放后，卓仁泽也去了香港，据说因为特殊的际遇而发了一点小财，2016年上半年因为疾病在香港逝世。[3]

---

① 卓仁禧访谈，2016年10月25日，北京。资料存于采集工程数据库。

② 同①。

③ 同①。

兄弟姐妹中，卓仁禧认为次兄卓仁声的学术及事业成就最大。据卓仁禧回忆，卓仁声在厦门解放之前去了香港，在香港滞留一段时间之后去了美国，就读于位于宾夕法尼亚州费城历史悠久的理

图 1-7　卓全成全家福（1945 年摄）（资料来源：卓仁禧提供，后排左三为卓仁禧，左四为卓全成）

海大学（Lehigh University），后获得建筑学博士学位。卓仁声一直定居在美国，是美国著名的建筑力学专家，曾任三峡工程顾问，妻子是美籍华人。大约在 2003 年岁末，卓仁声病逝于美国。由于卓仁禧院士及其他亲属没有给采集小组提供卓仁声在美国使用的英文名字，因此我们既无法获得有关卓仁声更多的资料，也没有办法验证卓氏亲属包括卓仁禧院士在内的关于卓仁声的这些生平描述。[1][2]

由于卓全成事业发展及其 11 个子女的读书求学总体上处于 20 世纪前半叶，这是一个比较动荡的时期，因此卓全成一家也是聚少离多，仅在抗战结束后的 1945 年，全家人首次聚齐过，卓全成夫妇和 11 个子女留下了仅有的一张全家福（图 1-7）。

卓全成的 11 个子女中除卓仁禧之外，其他的子女后来大多定居香港及海外，其孙辈及其后辈更是遍布世界各地，其中许多有杰出的贡献及成就，出于多方面的原因，在此就不一一列举。

---

① 卓仁禧访谈，2016 年 10 月 25 日，北京。资料存于采集工程数据库。

② 詹朝霞：《从鼓浪屿走出去的中国科学院院士卓仁禧》，《炎黄纵横》，2011 年第 5 期，第 15~18 页。

诚勤以立　慈俭故广

从对卓全成事业的评介，到对卓全成家族繁盛的解读，再到对卓全成及其子孙行为语录的体悟，可以总结出卓全成家族百年间逐渐形成，并代代传承的一种精神传统，这种精神传统可以用"诚勤以立，慈俭故广"八个字来概括，这八个字已经升华为一种灵魂，支撑着以卓仁禧为代表的卓氏子孙枝繁叶茂、勤奋努力、宅心仁厚、自强不息、事业广阔。

诚。前文已经提到，卓氏的生意之所以能声名鹊起，誉冠东南沿海，首先讲究的是诚信。同英布店正中悬挂着"真不二价"的招牌，意思是同英布店的任何商品只有一个价格，不论是顾客还是同英布店员工的家属，甚至老板的夫人，一视同仁、一个价格、内外无别、童叟无欺。顾客进店，卓全成督导营业员笑脸相迎，尺码准确、公平交易，绝不以次充好，不讨价还价。卓全成及同英布店依靠诚信赢得了顾客，依靠诚信打开了市场。[1]

勤。诚信之外，卓全成经营生意另一个秘诀就是勤奋。卓全成打理同英布店生意时，一周最多回家两次，大部分时间吃住在店铺里，平日里非常勤奋，事必躬亲、身体力行，和店员一样整日站柜台。在卓全成的长孙卓载欣先生回忆中，就屡屡谈起爷爷因为长时间站柜台而出现的大腿上的静脉浮肿的情形。

卓全成的勤奋，不仅表现在打理同英布店，日常生活也是如此。修建鼓浪屿鸡山老宅时，以卓全成的经济实力，大可以整体外包，发号施令即可。可他却事无巨细一手操持，设计装修、进料施工都亲自动手，像工匠一样在工地上奔忙。即便在同英布店生意兴隆、家资巨万时，卓全成也始终勤奋不怠。[2]

---

[1]　卓仁禧访谈，2016 年 10 月 25 日，北京。资料存于采集工程数据库。

[2]　黄绍坚：《从来讲，沧桑反复如翻掌：卓家的故事（上）》。黄绍坚的博客，http://blog.sina.com.cn/huangshaojian，2008 年 06 月 26 日。

卓全成不仅自己勤奋，而且要求孩子们也不能懒惰，强调一切需要靠劳动来获取。平日里孩子们每天必须打扫自己的房间，收拾好自己的学习生活用品，还要做一些规定的家务，否则可能会被惩罚。卓仁禧曾经多次对采访者说，他小时候最怕刮台风，因为刮台风鼓浪屿至厦门的轮渡就会停运，卓全成就不能去厦门岛的同英布店上班，于是就召集全体在家的孩子做大扫除，只要是他能看见的地方，无论窗楣墙角、檐口下水，统统清洗打扫，直至一尘不染。

慈。虽然卓氏三杰在生意及事业上取得了巨大的成功，富甲一方，但绝不为富不仁、惜财如命。卓氏三杰乐善好施、不吝慈善。卓德成悬壶济世，给贫穷百姓送医送药；卓绵成、卓全成兄弟兴资办校，献身公益，不遗余力；卓全成更是布施成性，不仅多处房舍免费提供给家佣、布店雇工、亲戚及其他逃荒逃难穷苦人居住，而且紧要时还送米送钱，解人燃眉之急。据卓仁禧回忆，他们家有的房舍由于长期给人免费居住，以至于后来都逐渐淡忘，直至解放都没有收回。①

俭。采集小组在接手卓仁禧院士采集工程之初，做了许多的功课，当得知卓仁禧出生于富贵之家，脑海里立马浮现出一位"高、富、帅"的锦衣玉食的生活形象。可当多次接触卓仁禧院士并做深入的访谈之后，以前的想象逐步崩塌，惊讶于这个金山钱海之家的食不求甘、衣不求华的俭朴生活。

电视里刻画的西装革履，或身穿背带裤头戴太阳帽的富家公子形象与卓氏兄弟无缘，卓仁禧告诉采集人员，他们打小的衣着就是闽南一带的服饰，看上去就是普普通通的鼓浪屿孩子，衣服不破不弃，偶尔也穿穿兄长们的衣服。吃饭也和一般人家一样，卓全成夫妻俩要求孩子们珍惜粮食，绝不容许浪费。

卓仁禧从小养成的节俭习惯一直保持到今天，两年来，采集小组多次发现卓仁禧院士还经常穿着 20 世纪 80、90 年代的衣服，其他消费也极普通，甚至苛于常人。

---

① 卓仁禧访谈，2016 年 10 月 25 日，北京。资料存于采集工程数据库。

卓全成虽然富甲一方，但从来就没有打算给孩子们留下财富，新中国成立后公私合营，他几乎将所有资产悉数交给了政府。他没有对任何一个子女说过家里有多少资产，也从来没有一个孩子问过他有多少资产，除了鼓浪屿的老宅。卓全成去世时没有遗嘱、身无分文。他曾经对自己的子女说过：我的钱，只供你们读书，上大学，其他的，你们就不要多想了。①

诚信、诚实与勤奋，是卓全成给孩子们灌输的立身之本，卓氏子孙就是凭借着这种精神，一代代开创着自己的事业，虽然成就各异，但各自都在自己的领域里成就着自己的理想。

仁爱、慈祥与节俭，是卓全成夫妻传承给孩子们的美德，卓氏子孙尽管历经动荡、漂洋过海，依然不堕其志、慈俭安生、广施善行、不求回报。

鼓浪逐波　欢乐童年

虽说卓全成夫妇以诚实仁爱、勤奋节俭的观念严格要求孩子们，从不骄纵，赏罚分明。但毕竟家境殷实，孩子们衣食无忧，因此卓仁禧等一干兄弟姐妹们都有着一个快乐幸福的童年。

鼓浪屿四面环海、四季气候宜人，和所有在海边长大的孩子一样，卓仁禧童年最大的快乐就是与一帮小伙伴们整日里与海为伍、汩水斗浪。谈起儿时下海游泳及孙女学习游泳时，卓仁禧兴奋地说道：

> "房子四周都是海，所以我们男孩子，你说你不会游水，给人家笑死，四面都是海，你还不会游水。所有的男孩子，首先你不会游水，人家会瞧不起你。我的孙女从美国回来，想游水。我说我教你，一个礼拜就会游水，我就带她到海里去，她是很迫切想学游水。我教

---

① 黄绍坚：《从来讲，沧桑反复如翻掌：卓家的故事（上）》。黄绍坚的博客，http://blog.sina.com.cn/huangshaojian，2008 年 06 月 26 日。

她，今天不太行，明天会游了，一个礼拜就可以游至少 50 米。"①

　　虽然鼓浪屿四面环海，但卓仁禧及伙伴们游泳最常去的地方是鼓浪屿的南边。南面的大海宽阔，海况也好，对面是海昌，他们小时候甚至有人经常泅渡到对岸。

　　鼓浪屿的孩子，有两大爱好，除了游泳，就是足球。1898 年 2 月，英国伦敦会传教士山雅各在鼓浪屿创办英华书院，同时把在英国最流行的足球运动也带到了厦门，由于英国文化在鼓浪屿的引领地位，鼓浪屿人就逐渐喜欢上了这个运动。当时，不仅鼓浪屿的学校和一些商务金融机构建设有足球场，甚至一些有钱人家也在自己的别墅花园里建起了小型足球场，供家人及亲朋娱乐。卓全成的子女多，依据自己家里的情况，在自己的鸡山路 12 号的花园里建了两片运动场，一个是主要供男孩子踢足球的足球场，一个是供女孩子打羽毛球的羽毛球场。当地人也称足球为"脚球"，到二十世纪二三十年代鼓浪屿上踢足球的风气就非常浓厚，也有不太正式的"脚球"比赛，催生了我国最早的足球迷。② 在这样的氛围和条件下，卓仁禧打小就很喜欢足球，从孩童时期一直到小学、中学都酷爱踢球，每天放学不是和伙伴们在海边游泳，就是在操场上、海滩上踢球打比赛。③

　　卓仁禧就读的英华中学是我国最早开展现代足球运动的学校之一，卓仁禧个子高，踢中锋的位置，因为技术出众也进入了当时名头很响的英华中学足球队。英华中学是今天厦门二中的前身之一，今天厦门二中的简介及多篇报道中，总有固定的一条：学校"还走出了卓仁禧、洪伯潜两位会踢足球的院士"。④⑤

　　读大学期间，足球依然是卓仁禧喜爱的运动。毕业来武大工作初期，间或打打足球调剂生活，20 世纪 50 年代中期，武汉高校组织过一次校际间的足球比赛，在那次活动中，卓仁禧的球技大放异彩，最后不仅校队获

---

①　卓仁禧访谈，2016 年 10 月 25 日，北京。资料存于采集工程数据库。

②　杨姗姗：《百年足球的延续：传承与新崇尚》，《福建日报》，2017 年 7 月 18 日（14 版）。

③　同①。

④　吴启建：《弘扬百年足球精神　构建校园足球文化》，《基础教育参考》，2016 年 21 期。

⑤　同①。

得了较好的成绩，自己也被认定为核心球员。再往后，由于忙于科研及教学，足球爱好也就渐渐搁置下来了。不过每每和他聊及足球，卓院士总是兴奋不已，惋惜之意溢于言表。[1]

游泳、足球之后，至今记忆深刻的开心事就是粘知了。厦门属于亚热带海洋性季风气候，一年很长时间适合知了生长，粘知了自然就成为卓仁禧小时候的乐事。为此，上墙爬树、踏草折枝等调皮挨揍的事没少惹，但这对于一个调皮的男孩子来说，也实在不算啥。卓仁禧回忆说，在他五六岁时，经常爬到很高的树上逮知了，他的母亲在树下担心地呼叫他下来，下来后就把他拽上楼要教他学钢琴，他不干，转眼又趁母亲不注意溜下楼粘知了去了。那时候他粘过的知了不计其数，有的粘了又放飞了，有的粘了拿来戏耍，不亦乐乎。[2]

鼓浪屿风景旖旎、四季如春，卓家家境殷实、条件优裕，卓仁禧拥有一个天真快乐、如诗如画的童年自然在情理之中。由于卓全成夫妇对孩子们的管教很严格，因此卓仁禧儿时虽然游泳、打球、粘知了应接不暇，但犯规逾矩的事倒是极少有过，不似有的小伙伴那样窜墙越脊、偷瓜追狗般顽劣。

厦门乃至于鼓浪屿，近代以来在我国一直就是一个文化及经济开放度最高的地区之一，外域一些先进的文化、经济及其生活观念对厦门及鼓浪屿人的影响极大，卓氏家族就是一个深受西方先进观念熏陶且卓有成就的家族群体，良好的西式教育与观念浸润，让卓家一代代人都具有现代文明及文化的素养，成就了不俗且低调的行事作风，卓氏之"卓越之家"，名副其实、实至名归。

---

[1] 卓仁禧访谈，2016年10月25日，北京。资料存于采集工程数据库。

[2] 同[1]。

第二章
问学之路

卓仁禧出生于富庶之家，自幼得益于鼓浪屿浓厚的多元文化的陶冶，受益于父母尊重知识、渴求文化的熏陶，由此而成就了他的健康人格与高雅的人生追求，以至于尽管历经波诡云谲的求学之路，依然不堕其志。

多元文化熏陶　父母言传身教

卓仁禧是幸运的，他出生在鼓浪屿文化氛围最浓厚的时代，这种文化潜移默化的浸润为他成年后的事业选择奠定了深厚的学养。

鼓浪屿，一个因"鼓浪石"得名，已成为世界文化遗产、面积不过1.87 平方公里的小岛。明代郑成功在此屯兵操练、对抗清兵，第一次鸦片战争后成为中国首批对外通商口岸。1903 年成为万国公共租界后，名人巨贾蜂拥而至，各路文化纷至沓来，别墅豪宅拔地而起，迨至 20 世纪 20 年代，鼓浪屿就以富人最密集、财富最集中而闻名世界，当时世界只知鼓浪屿（Kulangsu），而不知厦门。

鼓浪屿荟萃了风格各异、中西合璧的上千座建筑，有"万国建筑博物馆"美誉，对卓仁禧影响最大的还是那个年代的文化氛围及人文环境。弹丸之地的鼓浪屿，仅《鼓浪屿历史名人画传》[1]一书就载录了 240 余位历史文化名人，其中的汉字拼音及标点方案第一人卢戆章、中国第一位体育教授马约翰、中国妇产科学的开拓者林巧稚、英国皇家艺术家协会首位外籍会员周廷旭、作家林语堂、天文学家余青松、指挥家郑小瑛、钢琴家殷承宗等都是名闻遐迩的人物，他们在鼓浪屿成就与发展自己事业的同时，给鼓浪屿留下了深刻的人文精神与思想，影响着一代代的鼓浪屿人。

在和我们的多次访谈中，卓仁禧虽然没有系统梳理鼓浪屿的文化脉理或者人文资源，但穿插于我们不同访谈主题间的对鼓浪屿不同文化形式所生发的感慨及对特定人物的认知，让我们感受到了鼓浪屿的文化氛围及人文资源对他人生的莫大影响。

1902 年，鼓浪屿在成为公共租界后，各个国家、各类组织、各路社会精英纷至沓来，租界文化、闽南文化、华侨文化、宗教文化等多元文化在此碰撞、交流、融合与互鉴，让鼓浪屿人的思想得到了洗礼、观念得以变革、精神得到了充实，逐步建立起现代意识、科学观念及人文情怀。[2]卓仁禧的父亲卓全成在这里充分吸收了西方近现代文化，接受了西方现代商业、金融及管理理念，从而让他的事业在这段时期得到了快速发展与扩张。卓仁禧等在此阶段出生或来此定居的鼓浪屿人，在保留本土文化特质的同时，更是在思想上、观念上融汇了域外的西方科学与文化新思潮，以至于在后期数以百计地逐步成长为我国近代史上社会各界翘楚。

卓仁禧幼时的教育，既有鼓浪屿特有的文化生态的培育，也有来自父母亲尊重知识与文化的言行熏陶。

卓长福含辛茹苦、白手起家，卓全成三兄弟殚精竭虑、二次创业成就了显赫的卓氏基业。但是，卓全成没进过一天学堂，从艰难的事业打拼中深感没有文化的苦楚，因此打从学徒开始，在繁忙劳作之余刻苦学习文化，这样既丰富了自己的精神生活，开拓了自己的生意视野，无形中又给孩子们树立了学习的榜样，所谓言传不如身教，这让卓仁禧及其兄弟姐妹

---

① 周旻：《鼓浪屿历史名人画传》。厦门：厦门大学出版社，2016 年。
② 马跃华：《厦门鼓浪屿：魅力从风景转向人文》。《光明日报》，2017 年 1 月 22 日（第三版）。

们从小就被父亲的求知精神感染着。

卓全成的勤奋不仅仅表现在对待生意上，在知识学习上同样是如饥似渴、不舍昼夜。在卓仁禧的记忆中，父亲卓全成在家时言语不多，喜欢安静、不言自重。每天清晨 6 点准时起床，早餐之前必定要看大约一小时的书，吃完早餐之后就步行至码头，乘轮渡去同英布店上班。鼓浪屿多发台风，发台风时轮渡停航，卓全成就只能待在家里，在家时除了指挥儿子们打扫家里的卫生及收拾庭院，剩余的时间就把自己关在书房里读书。[①]

卓仁禧对我们说到，父亲家中书房的书桌上、公司的办公桌上总放着三本字典，其中有一本是《康熙字典》，这都是父亲自学时使用的工具书。作为一个成就巨大的商人以及一名虔诚的基督徒，虽然没办法准确衡量卓全成的文化水平，但是他酷爱购书，经常手不释卷，从容应对各种社交及宗教礼仪，新中国成立后在多种场合很流利地做报告，作为工商界领导也在报刊上发表过文章，因此总体文化素质应该是很高的。

卓全成的妻子陈水莲，和卓全成一样是漳州人氏，和卓全成从小在一个弄堂长大，打小也认识，至于卓家和陈家是怎样联姻的，卓仁禧不得而知。卓全成结婚时卓家已薄有家资，应该是有三媒六聘的。陈家的家庭情况早期应该比卓家好，因此陈水莲幼时能够进学堂念书，至于读的什么学校，学习了几年现在几无可查，卓仁禧等健在的亲属也没有谁能说出个所以然。但可以肯定的是，卓全成与陈水莲成亲时，卓全成大字不识几个，而陈水莲则在当时算得上小有文化。

据卓仁禧回忆，母亲最初是怀德幼稚园的老师，后来因为家里孩子们渐次出生，家务日多，就从幼稚园辞工，在家里专门打理家庭事务及教育孩子。平时，母亲每天天不亮就起床，不仅逐一督导孩子们上学读书，还要落实孩子们温习功课、练习钢琴，间或也教他们兄弟姐妹识字或者讲一些有趣的励志故事。

卓仁禧说，母亲对他的管教是很严格的。他虽然爱游泳、爱踢足球，但是母亲从不放任，每天下午三点半放学以后，只能游泳或者踢球一小时

---

① 卓仁禧访谈，2016 年 11 月 3 日，北京。资料存于采集工程数据库。

左右，四点半左右、最晚五点钟必须回家温习英语或者数学。即便是周末，依然不能毫无节制地玩耍，也必须做到学习及各种活动兼顾。

鼓浪屿音乐氛围深厚，先后孕育出一大批举世闻名的钢琴家、提琴演奏家、指挥家和音乐教育家，如周淑安、林俊卿、殷承宗、许斐平、许斐星、许兴艾、陈佐湟、许斐尼、李嘉禄、殷承基、洪昶、吴天球等。岛上最多时有100余户音乐世家，活跃在音乐界的鼓浪屿人士高达200多人，这种特有的文化生态对在此定居，甚或短暂逗留的人都无不产生巨大的影响或者吸引力。[1]

卓全成兄弟事业成功，家族笃信基督，在接受西方文化的同时也逐渐融入了这种音乐氛围。卓仁禧说，他的兄弟姐妹个个从小就学习钢琴（图2-1），人人都能演奏，但是他是一个例外，他对声乐特别感兴趣，从小就会识谱唱歌，有时家里其他人演奏钢琴时他就伴唱，唱歌成为他一生的爱好和特长，如果不是阴错阳差，他认为他有成为歌唱家的可能。

图2-1　卓家老宅的百年钢琴（资料来源：卓仁禧提供）

卓家的后代有好几位在音乐方面有很深的造诣，成就最高的是钢琴大师傅聪的妻子卓一龙。卓一龙是世界著名的钢琴家，是卓仁禧二伯卓绵成的女儿、卓仁禧的堂妹。卓一龙1940年出生，1946年迁居香港，后移居英国加入英国国籍，毕业于英国皇家音乐学院，曾获英国皇家音乐学院 LRAM ARAM FRAM 荣誉，也是法国巴黎音乐学院钢琴演奏头等奖得主，她一生获奖无数，先执

---

[1]　彭一万：《鼓浪屿音乐》（鼓浪屿历史文化系列丛书）。厦门：厦门大学出版社，2015年。

教于英国皇家音乐学院，多次回国交流，在钢琴教育领域影响巨大。①

　　鼓浪屿的文化生态，尤其是西方先进文化如涓涓细流滋养着卓仁禧的成长，父母亲尊重知识与文化的言传身教也在潜移默化地影响着卓仁禧，使其不仅建立了健康的人生观、价值观，并于潜意识中培育了一种科学精神。

沥风沐雨　多舛求学

　　近代以来，厦门鼓浪屿因为环境优越、经济富庶、文化发达及较高的开放度，西式教育渐成体系且具有较高的水准，能够在这里受教育应该是一件幸运的事情。然而，在 20 世纪上半叶，中华民族屡遭外侮，灾难深重、民不聊生。在这种大环境下，早在 1902 年 1 月 10 日（光绪二十七年十二月初一）就依据清朝福建省地方政府与英国、美国、德国、法国、西班牙、丹麦、荷兰、瑞挪联盟、日本等 9 国驻厦门领事馆签订的《厦门鼓浪屿公共地界章程》而沦为公共租界的鼓浪屿并未能独安一隅，倭族的入侵及随后的内战，既让那个时代鼓浪屿的孩子们亲身感受到了揪心的沉痛，也让他们经历了一段坎坷的问学之路。

　　卓仁禧的求学之路，是从幼稚园启蒙开始的。

　　1898 年，英国基督教会韦玉振牧师与夫人韦爱莉在厦门鼓浪屿鼓新路创办了中国历史上第一座幼儿园"怀德幼稚园"，入园幼儿大部分是 4~6 岁的基督教徒子女。幼稚教育的内容和形式多采用福禄培尔和蒙台梭利的教育模式，发展儿童的感觉器官，学习数学、自然科学、语言文学、绘画、手工、唱歌及宗教教育等。其中，游戏、"恩物"占有主要地位，教材教具大部分由英国运来。1933 年 11 月，"怀德幼稚园"改名为"鼓浪屿私立怀德幼稚园"，林巧稚、殷承宗、许斐平等科学文化名人都在此接受

---

　　① 彭一万：《鼓浪屿音乐》（鼓浪屿历史文化系列丛书）。厦门：厦门大学出版社，2015 年，第 135 页。

启蒙教育。今天厦门市鼓浪屿"日光幼儿园"就能追溯至"怀德幼稚园"，只不过经过了一系列的名称及地址变迁。①

在 20 世纪 30 年代就能享受到幼稚园的教育，应该说是非常幸福而又幸运的事。卓仁禧在两岁多的时候，大约是因为好奇和好动的因素，就常常跟随五姐卓明哲去怀德幼稚园，很难说是去学习还是去玩，但是幼稚园的氛围深深地吸引了这个好动的孩子。1935 年，卓仁禧四岁了，由于他好玩好动，卓全成夫妇觉得还是把他送到幼稚园比较省心省事，还能学习一些知识及基督教的文化与礼仪。就这样，卓仁禧就进入了幼稚园启蒙，开始接受西式幼稚园的知识教育与游戏熏陶。②

整个 20 世纪，鼓浪屿一直保持着禁用机动车的传统，这在中国乃至整个世界来说应该是极其难得的，可惜今天鼓浪屿的环岛路开始有了游览电瓶车。那时的鼓浪屿就连自行车都不允许骑行，偶尔从厦门过来一辆自行车，来到鼓浪屿也只能推着走。因此，尽管年幼，卓仁禧等幼稚园的孩子不论大小，全部都是自己步行上学及回家，从来不需要大人接送，不会有任何危险。每天上学和放学都是一个愉快的过程，小伙伴们蹦蹦跳跳、唱着闹着、追着躲着，天真无邪、其乐无穷。③

今天，卓仁禧对在幼稚园的记忆已经很模糊了，总体印象是比较愉快的，教师和善可亲，课程生动有趣，游戏丰富多彩。卓仁禧认为，幼稚园愉快的学习过程给他后来的学校学习创造了一个好的开端，也培养出了一个良好的学习习惯。

1938 年上半年，就在卓仁禧即将从幼稚园毕业时，厦门风云突变。5 月 10 日，日军疯狂进攻厦门，13 日，厦门陷落，日军烧杀戮虐，大量难民涌向作为公共租界的鼓浪屿。自此，鼓浪屿也变得风雨飘摇、风声渐紧。

慑于国际舆论，1938 年日军占领厦门后，并没有立刻占领作为国际公共租界的鼓浪屿，在这暂时的宁静中，卓仁禧在同年 9 月正式进入鼓浪屿著名的英华小学读书。

---

① 卓仁禧访谈，2016 年 11 月 3 日，北京。资料存于采集工程数据库。
② 同①。
③ 同①。

前文已经提到，1898 年，英国伦敦会宣教士山雅各受各英国长老会指派，欲在鼓浪屿兴办一座现代英式学校。同年 2 月，山雅各历经辛劳，在毗邻八卦楼的笔架山麓建起了英华书院。英华书院以基督教徒信仰的博爱精神为宗旨，校训为"诚与智"，培养学生的德、智、体、群四育。经过十余年的迅速发展之后，至 1913 年时英华书院已壮大成一座设施完备、环境优美的近代化书院。1924 年学院已经拥有数百名学生，办学水平冠越闽东南，蜚声东南亚，1926 年附设英华高级小学，实现了从小学到高中的学制覆盖。1928 年，顺应民国政府收回教育主权的爱国呼声，英华书院向民国政府登记报备，改名为"英华中学"，附设的高级小学改为"英华小学"。今天的厦门二中，就是先后由英华中学、毓德女中（1870 年创办）、怀仁女中（1877 年创办）、厦大校友中学（1949 年创办）等鼓浪屿上几所中学整合而成的。

卓仁禧当时入读的英华小学与英华中学其实是在一起的，中间只隔了一个足球场，中学分初中部和高中部，由于年龄的缘故，小学的孩子们一般很少去中学部玩耍。据卓仁禧回忆，在英华小学读书时，开设的课程包括国语、数学、自然常识、英语、音乐、体育。这种课程设置是按照英式教育规划的，在当时的中国是很前卫的，所以鼓浪屿也因此被一些教育界人士誉为现代教育的摇篮。[1]

虽然一水之隔的厦门在惨遭日军蹂躏，但作为公共租界的鼓浪屿尚在工部局[2]的管控之下，卓仁禧因此在英华小学度过了较为平静的三年。然而，1941 年岁末，一场举世震惊的暴行打破了这短暂的宁静。

1941 年 12 月 7 日，日军偷袭美国海空军基地珍珠港，太平洋战争爆发，美国正式对日宣战，日本与美英的关系彻底破裂。日本偷袭珍珠港当晚，驻厦门日军置国际公约于不顾，强行进占鼓浪屿，大肆搜捕反日抗日嫌疑分子，随后将租界工部局改为警察局，关闭各国领事馆，集中看管并驱逐英法美等外国侨民，封锁与大陆的海上交通，从而完全控制鼓浪屿租界。

---

[1] 卓仁禧访谈，2016 年 11 月 3 日，北京。资料存于采集工程数据库。
[2] 工部局，1902 年 1 月 10 日鼓浪屿沦为公共租界之后，于 1903 年 1 月所成立的租界管理机构。——著者注

一时间鼓浪屿凄风苦雨，恐怖盛行。日军不仅残暴地破坏着鼓浪屿上一切设施，而且迅速推行殖民教育，清除本土及英美等文化的影响，但凡带有"华""英"等字样的学校非关即转，美华等几所学校被强行关闭，英华中学被改为厦门第二中学，毓德女子中学被改为厦门第二女子中学，原岛上所有小学一律关闭，重新整合成厦门第一至第五小学。

12月8日，天刚亮，卓仁禧按时起床准备吃早餐，这时家里保姆对卓全成说，她买早餐时看见岛上到处是拿着刺刀的日本兵，气氛很紧张，还听说岛上发生过抢劫英美等银行及公司的事。卓仁禧及其姐弟们听说这些有点紧张，卓全成安慰孩子们别管这些，吃完饭按时上学去。①

早餐后，卓仁禧像往常一样去上学，一路上也多次碰到日本兵，一个个端着刺刀凶神恶煞似的。卓仁禧心里暗暗有些害怕，岛上以前从来没有当兵的，只有各国领事馆的警察。快走到英华小学时，几个日本兵拦住了卓仁禧，叽里呱啦盘查一番，还用刺刀在卓仁禧装满课本的裤袋里搅了几下，看见是小孩子，装的又都是书，就把卓仁禧放过了。卓仁禧走过马路，来到学校门口，发现学校门口的铁门关上了，还被大铁锁锁住，两边站满了荷枪实弹的日本兵，气氛很紧张，卓仁禧心里害怕极了，估计也不可能进去了，迅速掉头跑回家。②

回到家，家里人也不知道发生了什么事，好不容易等到报纸来了，才知道日军进攻珍珠港，太平洋战争全面爆发，日本与英美彻底撕破脸皮干起来了，驻厦门日军也借机占领了鼓浪屿。

英华小学关闭了，卓仁禧及同学们被日本占领军赶到厦门第二小学上学，这个当时的第二小学就是被日军关闭了的怀仁女中，隔壁就是怀德幼稚园。

在第二小学读书时卓仁禧已经是小学四年级了，日军占领后对学校的课程设置虽然没有大的变动，但是规定每所学校必须增开日语。给卓仁禧教授日语的先后有两个台湾人，前一个叫王子森，此人比较年轻，才20出头，教学方式简单，对学生也粗暴，会两手日本柔道，有时甚至将调皮

---

① 卓仁禧访谈，2016年11月3日，北京。资料存于采集工程数据库。

② 同①。

一点的学生扛到肩上再摔到地上，卓仁禧等一干同学心里都讨厌他。后来换了一个姓郭的老师，此人 50 多岁，厚道得多，和学生的关系相对好一些。抗战胜利后，日语课程全部撤出学校，卓仁禧后来也不知这两位教日语的老师的下落。①

卓仁禧念了 6 年小学，前后分为英华小学和厦门第二小学两个阶段，也大致是各三年。虽然后三年是在日本的统治之下学习的，但毕竟年幼，所受波折有限，总体尚算平稳，至于在学校的更为具体的过程和情节，由于时间久远，大都印记不深。

对于小学阶段的老师，卓仁禧今天几乎说不出任何一位老师的姓名，但总体觉得教师的水平都很高，尤其是英语，这应该归功于鼓浪屿当时的文化氛围。至于小学阶段的学习成绩，卓仁禧非常坦诚，认为他的成绩并不突出，大致在中上水平。卓仁禧说在鼓浪屿的教育氛围中，学校、教师及家长都不是特别在意学习成绩，也没有谁刻意去比这些，也不会将学生按成绩排队，倒是对品行及综合能力比较重视，这一点倒是符合今天我们所追求的素质教育。可见在 20 世纪上半叶的鼓浪屿，已经在践行所谓素质教育的理念了。②

采集小组很是希望更丰富地了解卓仁禧院士的儿时生活，最初的访谈多次把话题转移到对幼年时期一起玩耍及上学伙伴们的回忆，希望能找到一两位尚能联系的发小，以便全方位了解卓仁禧院士的童年时光，可是每每让采集人员失望。卓老也希望能够满足访谈人员的要求，不过，搜肠刮肚也仅能回忆起一个叫柳飞的伙伴。③

据卓仁禧院士说，那时他们家有一个很大的院落，院子里除了他们一家人住的主楼，旁边还有一幢小房子。这座房子有两间睡房，一间客厅，一间卫生间，还有地下室，最初是供卓仁禧的祖父祖母住的，祖父祖母去世后，这个房子就闲置了。

这个柳飞的父亲是鼓浪屿一家银行的职员，全家就租住在卓全成的这

———————————

① 卓仁禧访谈，2016 年 11 月 3 日，北京。资料存于采集工程数据库。

② 同①。

③ 同①。

幢小房子里，柳飞和卓仁禧的年龄相仿，又住在一个院子里，因此也就一起玩耍、踢球、上学。柳飞还有一个弟弟叫柳镇，比他们小一岁多，偶尔也一起玩耍。①

柳飞和卓仁禧一起念完了小学和初中，初中毕业后柳飞就没再继续读高中了，而是去集美了，在一所类似于今天的职业学校学习开船。后来他们就不常见面，卓仁禧高中毕业时柳飞就做到了船上的三副，工资收入很高，穿得也很神气。据说再往后又做到了大副，可是晚年患上了职业病，生活也过得不太如意。②

1943 年夏，卓仁禧小学毕业，同年秋季进入被日本人更名为厦门第二中学的英华中学初中部学习，这样卓仁禧再次走进了原英华中学那熟悉的校园。

进入初中后，除了换了新的同学和新的教师，就是课程增加了物理和化学这两门新的课程，总的课程设置和现在的初中比较类似。由于依然是日占时期，日语自然还是重要的课程，尽管卓仁禧及其同学们或多或少对学习日语有些抵触情绪，但长期的学习还是让他们具有一定的日语基础，所以在和我们的访谈中，在谈及日语及其日占时期的一些涉及日本的事情时，卓仁禧还是能间或蹦出几句日语。③

斗转星移，潮涨潮落，一晃两年的初中学习结束了，卓仁禧又逡巡在鼓浪屿的海滨、沙滩、山崖上，虽说有日军的监管和限制，但作为一个初中生，也还是能像往常一样消受着自由的暑假生活。但是，1945 年 8 月 15日这一天，整个鼓浪屿像全国、全亚洲人民一样沸腾了。日本宣布无条件投降，鼓浪屿回到了祖国的怀抱，卓仁禧等孩子们像燕子一样满岛飞奔。9 月 28 日，驻厦门日军的受降仪式就在卓仁禧二伯父卓绵成所经营的鼓浪屿鹿礁路 2 号"海滨旅社"举行。

初中三年级时，英华中学得以恢复，鼓浪屿又逐渐回到了日占以前的秩序，卓仁禧波澜不惊地继续学习一年后，初中毕业，并顺利进入英华中

---

① 卓仁禧访谈，2016 年 11 月 3 日，北京。资料存于采集工程数据库。

② 同①。

③ 同①。

学高中部学习。①

卓仁禧对高中阶段的学习与生活已经没有了完整的记忆，能回忆起的大约只有如下的片段。

其一，英华中学是男中，他们高中班有 42 名同学，他的学号是 41，42 号是南江义，也是班上唯一一个比他高的同学。卓仁禧和南江义都是班上的足球队员，卓仁禧打的是中锋，南江义是守门员。高中毕业后卓仁禧再也没有见到过南江义，但据说南江义后来考取了航空学院，再往后就不知所终了。②

除南江义外，其他和卓仁禧关系比较好且略有记忆的同学有白萃毅、苏宗仁，黄福华等。白萃毅是一直比较铁的好友，起初和卓仁禧一起投考厦门大学，可是报了名之后厦门大学很久没有举行考试，卓仁禧就改考了福建协和大学。白萃毅后来顺利考入厦门大学建筑系，毕业后辗转去了香港，从事建筑设计。20 世纪 80 年代卓仁禧有次途经香港时二人见过一次，白萃毅还请卓仁禧吃过一顿饭，再往后也没有再联系过。③

苏宗仁也算是与卓仁禧一起在鼓浪屿长大的，他的父亲是鼓浪屿救世医院的名医，临近解放时举家迁往香港，以英华中学的教学水平，投考英美著名大学非常困难，苏宗仁投考一干英国大学也石沉大海，因此就继续在香港读高中，以期再冲击英国大学，再往后苏宗仁也与卓仁禧没有了联系。④

至于黄福华，此人家财万贯，是卓仁禧的好友，后文其他环节另行交代。

其二，卓仁禧的综合素质，尤其是文体才能在高中全面展现。游泳、足球传统强项继续在班上领跑，羽毛球水平也好生了得，排球水平也迅速提高。而最重要的是他越来越喜欢唱歌了，歌唱水平在琴岛及家庭音乐的熏陶和音乐教师的悉心指导下得到了极大提升，经常在班级及英华中学的各项活动中展示自己的唱歌天赋与能力。据卓仁禧及亲属回忆说，卓仁禧当时在鼓浪屿的中学生中已经小有名气了，还被当时的厦门岛电台邀请参

---

① 卓仁禧访谈，2016 年 11 月 3 日，北京。资料存于采集工程数据库。
② 同①。
③ 同①。
④ 同①。

加歌咏比赛活动。1947 年，他甚至被厦门大学邀请，在厦门大学举办的"反饥饿、反内战、反迫害"运动上引吭高歌。由于在音乐方面的才能及兴趣，卓仁禧逐渐萌生了高中毕业报考音乐学院的想法。①

其三，由于他的综合能力较强，在同学中具有比较强的影响力，高中伊始即被全班同学推举为班长。当了班长后，其组织能力也逐渐展现出来，把班级活动组织得有声有色，还带领全班同学做过两件让校方、老师及家长们瞠目结舌的"大事"，这两件"大事"在后文专门讲述。高三下学期，卓仁禧由于考虑报考大学的因素，主动卸任班长职务，基于自己的唱歌爱好转任班文艺干事。②

其四，英华中学及他的家庭都非常重视英语教育。为了强化卓仁禧及其兄弟姐妹们的英语能力，他的父母专门给他们请了英语家庭教师。卓仁禧的英语家庭教师是一位洋先生，称呼 Mr. Legge，哪个国籍记不起来，估计是英国人。卓仁禧和 Mr. Legge 相处融洽，Mr. Legge 教卓仁禧英语，卓仁禧则教 Mr. Legge 厦门本地话，一段时间后，卓仁禧的英语水平及 Mr. Legge 的厦门话都进步很快。③

在鼓浪屿的学校里，无论是初中还是高中，英语教师大都聘请的是欧美人或者留学英美的专业英语教师。卓仁禧在中学阶段的英语教师分别来自英国及澳大利亚，给他们教授原汁原味的英语。20 世纪 50 年代厦门大学外文系的著名英文教授蔡丕杰在那个时期就是英华中学的英语教师，虽然没有直接教授过卓仁禧，但卓仁禧在学校的多个公共场合领教过蔡丕杰的英语水平。在学校英语老师及家庭教师共同指导下，卓仁禧的英语水平得到了很大的提升，在高中时期基本就具备了较好的口语及英语会话能力，英语成绩在班上一直是数一数二的。卓仁禧对学习英语至今仍然有较深的记忆，给我们讲述时竟然还能背诵那时英语教材里很多有趣的对话段落。④

卓仁禧还对访谈人员说，他的英语能力可不是假把式，而是在当时就

---

① 卓仁禧访谈，2016 年 11 月 3 日，北京。资料存于采集工程数据库。

② 同①。

③ 同①。

④ 同①。

得到了应用和体现。父亲卓全成的生意遍及东南亚，时常要与外国人接洽和商谈生意，卓全成是不懂英语的，很多次都是卓仁禧按照卓全成授意与外国人打电话商谈生意，并核对国外一些电报稿及合同上的英文签名，这些事，卓仁禧基本都能从容应对。[①]

其五，化学教育问题。卓仁禧院士是我国著名化学与高分子科学家，是我国生物医用高分子科学的奠基人之一，我们想象他的化学天赋和才能一定在中学阶段就展现出来了，其实不然。据卓仁禧回忆，他在中学阶段化学成绩不好，他的化学教师姓吴，水平虽然很高，但不善表达，讲课总是一个语调和节奏，很难让人提起兴致。虽然英华中学的教学条件在当时的中国已经算是很好的，但化学实验课还是不能让学生动手，而是吴老师在讲台做，他们在下面看。好在卓仁禧个头比较高，对化学实验课还算看得比较仔细。总而言之，卓仁禧在中学阶段并未在化学方面表现出特别的兴趣或者天赋。[②]

最后，卓仁禧的高中阶段基本上是在国民政府统治下度过的，虽然作为学生的学习生活总体上是正常的，但由于国共内战渐酣，整个时局发展很快，鼓浪屿岛上的情况也在不断变化，形势并不稳定，常常流言四起，这给卓仁禧及其同学们的学习及投考大学在客观上造成了较大的影响。

厦大露营　威信初立

前文已经说过，高中阶段，班长卓仁禧带领全班同学做过两件震惊学校、老师及家长们的大事。这第一件事发生在高中一年级，是他组织和带领全班同学去厦门大学露营，参观厦门大学。

1947 年秋，卓仁禧进入英华中学读高中，并被同学们选举为班长。作为高中生，大部分同学都怀揣着大学的梦想，都希望能更多地了解大学，

---

① 卓仁禧访谈，2016 年 11 月 3 日，北京。资料存于采集工程数据库。
② 同①。

如果能亲身感受一下大学的氛围那就更好了。当时的福建省有两所著名的大学，一是远在几百公里外的福建协和大学，另一个就是近在咫尺的厦门大学。厦门大学是厦门爱国华侨陈嘉庚兴办的，办学水平早就蜚声海内外，去参观、了解厦门大学对于卓仁禧及其同学们来说，应该是一个合理而且很简单就能实现的愿望。

于是，卓仁禧代表同学们向学校及老师提出去厦门大学参观的申请，可是不知出于怎样的原因，这个合情合理的申请竟然被校长驳回了，全班同学大失所望。然而，卓仁禧却不甘心，心里一合计，一个大胆的想法诞生了，学校不让去就自己组织去呗，反正厦门大学也不远，坐轮渡过去再步行就能到厦门大学。当他把这个想法告诉同学们后，大家一致响应，于是卓仁禧就和几个得力的同学开始秘密计划和筹备这件事。①

1948年10月间，具体什么时间卓仁禧已经记不清了，反正天气已经有些凉了。一个星期五的下午，学校放学后全班同学按照卓仁禧的计划，带好分配给自己要带的物品，一起前往鼓浪屿码头，乘轮渡上了厦门岛，再慢慢步行来到了厦门大学内的一个小山上。在山上他们立刻选择营地，扎起了帐篷幕布准备露营睡觉，第二天再在厦门大学仔细参观。他们计划周五、周六、周日在这里露营三天，周日下午返回鼓浪屿。②

晚上11点左右，同学们大都已进入梦乡，可卓仁禧丝毫不敢大意，就出来巡视营地，可巧碰上了他的音乐老师，老师就是来找他们的。

因为毕竟是全班集体活动，目标大影响大，到了晚上孩子们没回家家长自然就会找学校，学校此时才逐步弄清事件的来龙去脉，知道他们是来厦门大学露营参观，了解到是卓仁禧擅自瞒着学校老师私自组织的，于是立刻派卓仁禧最信任的音乐教师来找卓仁禧，希望他能赶紧带领学生返回学校。③

这位音乐教师从初中起就是卓仁禧的音乐老师，对卓仁禧的唱功非常欣赏与鼓励，也给予过很多的帮助，很了解卓仁禧的个性特点，卓仁禧也非常信赖他。音乐老师对卓仁禧说，学校不反对他们的活动，但是星期六

---

① 卓仁禧访谈，2016年11月3日，北京。资料存于采集工程数据库。

② 同①。

③ 同①。

福建省教育厅检查组要来英华中学参观检查，希望卓仁禧带领同学们迅速返回学校，以免影响学校的声誉，同时也消除家长们的担心。①

音乐老师的话很诚恳，也没有批评责怪卓仁禧，更没有逐个去找别的同学谈话，并且坚信卓仁禧有能力及时把同学们都带回学校。卓仁禧见音乐老师这么晚不辞辛苦找到露营地，而且从老师的语气及眼神中判断出老师所言非虚，因此决定以学校大局为重，带领同学们及时返校。②

卓仁禧立刻和音乐老师及几位主要的同学商量，鉴于当晚已经夜深，不可能赶回学校，就决定当晚继续露营休息，周六早上六点起床，争取在教育厅来到学校之前返回学校。③

周六早上六点，卓仁禧立刻催促同学们起床，收拾停当就带领全班同学向码头跑去，踏上鼓浪屿后再次跑步前进，终于在八点上课前赶到了教室，没有影响省教育厅对学校的参观检查。事后，鉴于学生的要求不算过分，卓仁禧又响应学校老师的建议及时返校，没有造成任何恶劣影响，学校领导和教师就开明了一把，没有追究卓仁禧的责任，估计也就是象征性地批评几句，就不了了之。卓仁禧的父母知道后也没有责备他，一场风波就这样简单地平息了。④

然而，通过这场圆满解决的未遂风波，让卓仁禧在班上的威信初步树立起来了，也为下一次更大的活动奠定了基础。

台湾之旅　豁目开襟

也许，厦门大学露营之旅在客观上助长了卓仁禧的"野心"，随后由他发起和组织的台湾之旅就让厦门大学露营事件变得有点相形见绌了。

---

① 卓仁禧访谈，2016 年 11 月 3 日，北京。资料存于采集工程数据库。
② 同①。
③ 同①。
④ 同①。

在英华中学的历史上，有这么一个未成文的惯例，学生高中毕业之前可以组织一次去外地旅游的活动。卓仁禧说他的哥哥姐姐们在英华中学毕业之前是组织去上海、香港等地旅游的，因此他也建议全班同学出去旅游一次，并认为到了高三大家都要全心准备报考大学，高中二年级出去旅游最好。没想到一言既出，大家纷纷响应，考虑卓仁禧是班长，此事自然就责无旁贷地落到他的头上，于是卓仁禧就开始计划和筹备这项旅游活动。①

首先要确定的是去哪里。像卓仁禧的哥哥姐姐们以前去的是上海、香港等地，这些地方经济发达，但路程远、花销会很大。而这时英华中学学生的成分较以前发生了很大的变化，在日占及公共租界时期，只有有钱人家的孩子才能读英华中学，故此去上海、香港等地旅游一趟没有任何问题，但抗战胜利后，很多有钱人家逐步迁出了鼓浪屿，英华中学的招生就放开了，很多经济条件一般的人家的孩子也来英华中学上学，因此想去路程较远、消费很高的上海、香港等地就不现实了。去哪里呢？聪明的卓仁禧盯上了路程很近，那时经济尚不发达，且和厦门文化相似的台湾。征求同学们的意见后，全班同学一致同意，于是卓仁禧就代表全班向学校申请去台湾旅游。②

然而，事情没有想象的那么顺利，申请报到学校后，结果像上次去厦门大学参观一样，没有得到学校的批准。同学们在倍感沮丧之余，立马想起了上次自己组织的厦门大学露营之行，卓仁禧和同学们合计着如法炮制，自己组织去台湾旅游。③

决心既下，立刻行动起来。卓仁禧挑选了几个能力强、影响力都不错的同学成立一个核心小组来组织这次行动，每个人都有不同的分工，所有行动要求同学们严格保密，一切准备停当后就立刻出发。

第一步是解决船票的问题。卓仁禧打听到国民党当局当时对交通管理比较严，一次买40多张船票必须要有介绍信，卓仁禧就自己拟了一张介绍信，在学校找了个关系盖上了学校的印章。访谈者问他找的什么关系，卓仁禧院士不知是故意卖关子还是真的有隐情，就是不肯说，访谈人员也

---

① 卓仁禧访谈，2016年11月3日，北京。资料存于采集工程数据库。
② 同①。
③ 同①。

只好作罢。①

拿到介绍信之后，卓仁禧就去鼓浪屿自来水公司买去台湾的船票，很多轮船公司都在那里设立了购票点。在购票点一打听，去台湾的船票只要两元金圆券，此时在鼓浪屿一美元可以兑换两元金圆券，也就是一美元就可以去台湾，卓仁禧觉得这真够便宜。卓仁禧对访谈人员说，鼓浪屿当时是不流通金圆券的，直接使用美金，一把小菜就要一美元，如果卓仁禧所言非虚的话，那么当时鼓浪屿的物价还是很高的，也说明那时在鼓浪屿居住的人确实是有钱人家。②

全班 42 位同学，买 42 张去台湾的票就是 84 元金圆券，卓仁禧拿出自己的零花钱 42 美元兑换成金圆券买了 42 张船票。卓仁禧告诉访谈者，42 美元对他来说不多，他花得起，船票就算他送给同学们的。回校后卓仁禧立刻给几个核心成员通知了出发日期，并让他们分头通知到每一位同学，让大家提前做好准备，并一定要对家长和学校保密。为了安全起见，船票暂时不发，统一保管在卓仁禧手里。③

到此时，这次行动校方和家长都蒙在鼓里，尤其是校方见他们没什么动静以为他们已经放弃了。台湾之行按照卓仁禧的计划顺利推进，出发的日子一天天临近了。

大约在 1948 年 11 月，也不知是星期几，出发的日了到了。这天上午大家正常上完第四节课，上课教师一离开，卓仁禧立刻通知大家下午两点半在厦门太古码头上船去台湾。太古码头是由英商太古公司于光绪六年（1880 年）在岛美路北侧建造趸船码头，属于今天厦门港的范畴。于是，大家中午回家就都装着是放学的样子，下午出来也像是去上学，以此迷惑学校和家长，可见卓仁禧他们还是设计得非常巧妙。④

卓仁禧从英华中学出来后，快步回家吃饭，吃完饭拿起行李就出门了。出门后即刻向鼓浪屿轮渡码头奔去，轮渡上岸后又赶往厦门太古码

---

① 卓仁禧访谈，2016 年 11 月 3 日，北京。资料存于采集工程数据库。

② 同①。

③ 同①。

④ 同①。

头。他是组织者，必须最先赶到，一来船票在自己手里，二来也是担心出现突发情况，好从容应对。事情后来的发展也正如他的担心和预料，这也说明那时的卓仁禧就具有较强的敏感性和较好的预见性，考虑问题已经比较成熟了。①

卓仁禧第一个到达太古码头，此时大约两点。上午上完四节课放学回家，吃完饭出来再赶往太古码头到下午两点半登船，时间还是比较紧张的。估计卓仁禧及其组织者可能对同学们说的上船时间上做了点手脚，留有余地。下午两点半，卓仁禧顺利登船，此时也陆续有其他同学赶到。当时同学们大部分都很兴奋，虽然平时在厦门及鼓浪屿见到大船在海上劈波斩浪、川流不息，可是真正坐船驶向大海的几乎没有，都急着去体验大海的滋味。

临近三点时，卓仁禧最不希望的情况还是发生了。他突然发现他的班主任邱继善老师急匆匆上船了。卓仁禧记不清邱继善是教他们历史还是地理，但是邱老师平时还是一个很精明的人。卓仁禧发现了他，他也应该发现了卓仁禧，可是邱继善不知何故装着没看见。卓仁禧由于不知邱继善所来的背景和动机，搞不清他是来阻止他们的还是学校派来监视他们的，所以他也不敢轻举妄动去和邱继善老师打招呼。片刻之后，父亲卓全成所在的同英布店的一位卓仁禧熟识的店员也上船来了，见到卓仁禧之后立马转告父亲卓全成的口信，要卓仁禧立刻放弃台湾之行，带领同学们返回学校。②

卓仁禧组织同学们去台湾旅游，并没有瞒着自己的父母，但也没有说明是没有经过学校批准的。走的头一天晚上母亲陈水莲帮他整理了行李，除了给卓仁禧一些美元，还给了他一枚不大的金戒指，让他戴在手上，并嘱咐他万一没钱花或者没钱买船票返回时，就卖掉金戒指救急。③

这时卓仁禧心里明白了，台湾之行应该在中午时泄露了，班主任在知道情况后肯定立刻电话告知了卓全成，希望卓全成出面阻止卓仁禧。邱继善赶到船上先不和卓仁禧直接接触有两个目的，一是他没有把握说服卓仁禧立刻停止台湾之行，二是想等卓全成的指令到了之后再决定怎样行动。

---

① 卓仁禧访谈，2016年11月3日，北京。资料存于采集工程数据库。

② 同①。

③ 同①。

由此看来，邱继善老师也算是老谋深算，办事有章法有分寸，避免立刻见面的尴尬或者情急之下和学生发生直接冲突。

不过事情并没有朝着邱继善老师希望的那样发展，卓仁禧在得到父亲卓全成的口信时，全班同学已经大部分登船，箭在弦上不得不发，卓仁禧心里是断然不会失信于同学们的，因此毫不犹豫地拒绝了父亲的命令。他斩钉截铁地让店员告诉父亲，台湾不能不去了，要惩罚也等他回来再说。据卓仁禧告诉我们，从台湾回来后，父亲不仅没有责罚他，反而显示出了欣慰之情，可见当时卓全成的举动并非出自内心，只是应付一下班主任和学校的压力而已。[1]

说来也巧，卓仁禧拒绝父亲的命令后，邱继善老师依然没有和卓仁禧直接见面。卓仁禧虽然纳闷，但考虑事情已然不可逆转，也就不再考虑此事。

卓仁禧还给我们讲了一个当时登船的插曲，有一个同学两点多就赶到并上船了，可是他的父亲稍后突然赶来了，强行要他下去坐小船回家，那个同学流着眼泪不想下去。卓仁禧也无能为力，人家父亲要带走儿子他怎好干涉。可是快四点时，那个同学竟然又在父亲的陪同下赶来了，一脸的开心。原来他回去后不停向爸爸妈妈哭泣，并说了具体的安排，他爸爸妈妈就改变主意让他返回参加。从这里，我们也能感觉出当时同学及家长对卓仁禧的信任。[2]

四点多，船要开了，清点人数发现全班 42 名同学来了 41 位，只有一人没来。邱继善老师既没有过来阻止同学们，也没有下船离开，只在远远地观察同学们。卓仁禧给每一位同学分发船票，42 张票，只来了 41 个同学，多的一张他就送给邱继善老师了。此时卓仁禧似乎明白邱老师的意图了。邱老师此来做了两手准备，如果卓仁禧听从父亲规劝，他就和同学们一起返回，如果卓仁禧及同学们执意要去台湾，他也不想劝阻，就和同学们一同前往，可见私下也是得到了校方的指令。想到这里，卓仁禧心里有了一丝的温暖及对老师的歉意。[3]

---

① 卓仁禧访谈，2016 年 11 月 3 日，北京。资料存于采集工程数据库。

② 同①。

③ 同①。

就这样，在经历一个个小小的插曲后，大约在下午五点多钟时，船总算起锚离开了，卓仁禧和邱老师带领全班 40 位同学开启了台湾之旅。①

卓仁禧他们的船票之所以便宜，是因为购买的是末等舱，也就是散席的票，事实上就是睡在船舱的地板上，地板下面就是货舱，位置好一点的就是头等舱之间的通道，因为那里铺上了地毯。毕竟是第一次出大海，大家都很新鲜好奇，纷纷到甲板及船舷边玩耍。即便是大海边长大的孩子，也愣是被海浪震慑了。平时他们在厦门及鼓浪屿的海边见到的浪大都一米来高，可是海中的巨浪有半层楼高，排山倒海般压过来，船就像一叶扁舟在海中摇荡，如果晕船或者站立不稳，很可能被掀入大海。见此情况，卓仁禧立刻命令所有同学离开外甲板回到船舱，自己也迅速进入船舱。闹腾一阵后，因为太累，大家简单用了一些自带的食物后陆续进入梦乡。②

一夜无话，第二天中午 11 点左右他们顺利抵达台湾基隆港。

卓仁禧心里合计，到了基隆后首先找一家差一点的旅馆住下来再说。船靠码头后，他发现竟然有人来接他们，心里第一感觉应该是接班主任邱继善老师的。待走近后，卓仁禧发现他认识这个人，此人以前是英华中学的老师，名叫黄猷。③

英华中学有一个传统，就是每一位新进教师都要出通告牌。通告牌挂在墙上，介绍教师的生平、籍贯、毕业学校及专业专长，卓仁禧就是在英华中学的教师墙上认识黄猷的。由于黄猷没有直接教过卓仁禧，二人也没机会讲过话，因此卓仁禧也并不了解黄猷的情况。但是，一件亲眼所见的事，让卓仁禧对黄猷老师印象极好。

一个冬天，卓仁禧在鼓浪屿岛上发现一个乞丐正在向路人行乞，黄猷老师碰巧经过，立刻给了这个乞丐一些钱，后来发现这个乞丐在冬天都还穿着褴褛的单衣，竟然又毫不犹豫脱下自己的毛衣给这个乞丐穿上，自己却单衣离去。鼓浪屿虽然并无严寒，但冬季有些日子气温还是很低的，单薄的衣衫是难以抵御的。卓仁禧对此事感慨很深，也就此对黄猷老师产生

---

① 卓仁禧访谈，2016 年 11 月 3 日，北京。资料存于采集工程数据库。
② 同①。
③ 同①。

了好感。①

卓仁禧与班主任及同学们一起走出码头后，黄猷老师迎上前来，和邱老师及同学们打招呼，然后告诉同学们已经给他们安排好了行程、准备好了住处，并领着他们一起到基隆火车站乘火车去台北。②

此时卓仁禧心里全明白了，看来学校及班主任已经做好了准备，如果拦不住他们台湾之行的话，就委托黄猷老师来安排他们的台湾之行，可见学校及老师是很有责任感的。想到这里，卓仁禧心里不免有一丝的安慰及阵阵的愧疚。

一个多小时后，他们来到了台北。出火车站后，邱老师很严肃地对同学们宣布，后面的一切活动全部听从他和黄猷老师的安排，取消了卓仁禧对同学们的管理权。出火车站步行 20 余分钟，他们一行就来到了住处。黄猷给他们安排的住处是一个 100 多平方米的大房间及两个小房间，还有一间厕所。两个小房间是两位老师住，他们 41 位男学生就住这个大房子，没有床铺，全部睡地板，台湾气候非常温暖，卓仁禧把带来的凉席往地上一铺，盖上自己带来的毛毯就行了。后来卓仁禧才知道，他们一行这么多人是没有那么多钱住酒店或者旅社的，这几间房子涉及司法纠纷，黄猷的爸爸是律师，正在代理打这些房子的官司，由于目前还未判决，黄猷通过他爸爸把这几间房子弄到手，免费提供给他们师生暂住。③

早上起床用完早餐后，黄猷和邱老师告诉他们今天参观樟脑厂。

台湾自古盛产樟脑，且闻名于世，在 19 世纪年产量占全世界总产量的 70%~80%。清同治七年（1868 年）英国侵略者为掠夺台湾的樟脑资源，发动了对台湾的侵略战争，逼迫清政府签订了丧权辱国的《樟脑条约》。

据卓仁禧说，这家樟脑厂是采用水蒸馏的方法提取樟脑的，樟脑的品质很好。给他们讲解的女孩子是用与厦门话很接近的闽南话来介绍的，因此既好懂也亲近。卓仁禧他们的穿着也和当时的台湾人差不多，别人也看不出他们是厦门人。④

---

① 卓仁禧访谈，2016 年 11 月 3 日，北京。资料存于采集工程数据库。

② 同①。

③ 同①。

④ 同①。

开始几天卓仁禧他们就住在台北，继樟脑厂后又去参观烧碱厂、盐酸厂、炼铝厂及盐田，台湾大学医学院也安排参观了。在台北经历的最重要的一次活动是与淡水中学举行的联谊活动。淡水中学与英华中学同由英国长老会举办，有相似的体制与教学理念。过了几天，他们又雇了一辆大巴车，开始由北而南的行程。在台中，参观了著名的旅游景点日月潭及发电厂；在台南，他们参观了郑成功庙，缅怀了郑成功从荷兰侵略者手中夺回台湾的事迹；在高雄，他们受到了高雄中学的热情接待，食宿免费，还举行了足球赛。最后，他们乘火车返回台北，计划再经基隆港乘船回到厦门。[①]

此时出现了一个问题，这次台湾之行卓仁禧是组织者，他并没有找每一位同学收钱，包括吃饭的大部分花销都是自己掏腰包的，来的时候全班的船票也是他买的，返回台北后卓仁禧身上带的钱已经花光了，再也没有钱给全班 41 位同学购买返回厦门的船票了。

卓仁禧说，基隆港返回厦门的船票同样还是一美元一张，找同学们收这个钱估计同学们也都有，可是他不想这么干，还是想自己想办法解决。

此行有一个同学叫黄福华，和卓仁禧的私交不错，算是很要好的同学，他家是很有钱的华侨，卓仁禧估计黄福华应该带有很多钱。黄福华的父亲早先是鼓浪屿一家理发店的学徒，人很机灵，干活也卖力，结果被一个来店理发的老华侨相中，带到马来西亚做生意，后来就慢慢发了财，发了财之后衣锦还乡回到了鼓浪屿。黄福华平时很仗义，出手也大方，卓仁禧计划先找他试试。[②]

卓仁禧找到黄福华说明情况，问他有没有钱，愿不愿意帮这个忙，黄福华还真不含糊，毫不犹豫地答应了。虽然他身上的现金也所剩无几，但是却从身上掏出了一大把金戒指，看来也是卓仁禧母亲同样的法门。于是，卓仁禧就和黄福华一起去台北一个叫南市的自由市场，把金戒指换成美元，回来再去轮船公司买了全班同学回厦门的船票。[③]

据卓仁禧说，那个时候台北的金价比厦门高出不少，台湾厦门一带经

---

① 卓仁禧访谈，2016 年 11 月 3 日，北京。资料存于采集工程数据库。
② 同①。
③ 同①。

常有商贩在厦门等地买黄金首饰，然后带到台北卖出赚差价，黄福华带那么多金戒指很可能就是这样的打算。

台湾之行一共20余天，卓仁禧及同学们享受了一次深度的工业与文化旅行。整个台湾之行井井有条、内容丰富。老师后来对他们的管理很严，吃的是包餐，虽然简单但卫生安全。卓仁禧回忆说，台湾之行一共参观了十余家工厂，这些工厂的生产都运用不同的科学原理及生产工艺，这些工厂不仅促进了台湾的经济发展，还解决了当地的民众就业问题，这给了他很大触动，让他认识到经济发展与实业及科学的关系，坚定了他要读大学学知识的决心，同时这十余家工厂中以化工企业居多又给他后来的职业选择产生了一定的影响。[①]

台湾之行和厦门大学露营事件都被卓仁禧称之为"造反"，他说这种事当时多少显得有点离经叛道。其实现在看来不过就是学生私下组织的活动。厦门大学露营事件毕竟不大，并且妥善解决，因此卓仁禧并未受到责罚。台湾之行前后20余天，全班停课，事情闹得有点大，笔者以自己读书生涯的调皮经历推测，返校后卓仁禧必定受到来自校方及家长的严厉处罚。然而卓仁禧告诉我，从台湾回来后，无论学校和家长并未就此事展开深究，依然平静地上学放学，啥事没有。弄得访谈人员虚惊一场之余，反思且叹服起英华中学的教育理念及行为方式。

在台湾之行的最后，需要对一个关键人物做一个补充，那就是安排他们的全部行程并一直陪同的黄猷老师（图2-2）。此人其实是中国共产党地下党员，他离开英华中学来到台湾其实是党组织的安排，新中国成立后任福建省侨

图2-2　2010年11月16日，卓仁禧院士（左二）及夫人徐勉懿教授（左一）与黄猷（左三）、林世岩（左四，卓仁禧同学）在鼓浪屿的合影（资料来源：卓仁禧提供）

---

① 卓仁禧访谈，2016年11月3日，北京。资料存于采集工程数据库。

办副主任、福建省社科院副院长，他是著名的华侨华人问题专家，卓仁禧此后还两次邂逅黄猷老师。

见证外侮　刻骨铭心

卓仁禧的出生及青少年时期，正是鼓浪屿历史上最波诡云谲的时代。短短十几年间，先后历经公共租界、日军占领、国民党统治及鼓浪屿解放。尤其是前两个时期，卓仁禧无数次见证了中国人被外国列强及日本侵略者欺侮、奴役和残害，明白了落后就没有尊严、落后就会被他人主宰的道理。

几十年了，有两件事至今仍在卓仁禧心里挥之不去。

第一件事是外国军舰飞机任意在厦门海域肆虐。

鼓浪屿南面的大海深邃而宽阔，可那里经常有日本及英美军舰闯入，气焰嚣张地游弋。有时，厦门及鼓浪屿的上空不知哪国的战机或盘旋或俯冲，恣意惊扰着中国居民。尤其是日本进攻东南亚，经常有大批军舰南下经过鼓浪屿，或暂时停泊在鼓浪屿南边的大海上，舰上全是荷枪实弹的日军官兵，偶尔会有美军的战机飞过来轰炸这些军舰，双方就在中国的领空交火。每当此时，卓仁禧一点看热闹的心思也没有，心情变得十分压抑，不明白在咱们中国人自己的大海和空中，为何外国军舰飞机如入无人之境，可以任意肆虐。①

第二件事则是他的音乐老师陈传达命丧大海。

陈传达是鼓浪屿人，是卓仁禧中学的音乐教师，滨海而居，距离卓家仅有10分钟的脚程。鼓浪屿号称琴岛，大部分人都有一定的音乐修养，据卓仁禧说，陈传达笃信基督，钢琴、提琴俱佳，尤长作曲，在鼓浪屿绝对是一流水准。由于陈父已经加入了日本国籍，因此陈传达在日占时期还多少有一些优待。然而，大约在太平洋战争后期，日军南洋败局已定，美

---

① 卓仁禧访谈，2016年11月3日，北京。资料存于采集工程数据库。

军节节逼近日本本土，此时日军出现了兵员奇缺的问题，因此在中国许多占领区征召日籍及台湾地区人员入伍，因此陈传达和一位台湾地区青年被抓去接受军训。①

陈传达和这个台湾人不傻，当时日军败象尽显，去当兵只能是当炮灰，因此就设法计划逃跑。他们偷偷联系了一艘出海打鱼的船，渔船出海时他们俩趁机溜上去，让渔船在金门一带溜一圈转向厦门大学方向，他们再逃到内地。可是，事机不密，他们俩逃跑的事被日本特务侦悉了，当他们俩溜上渔船时，日本特务登船检查，那个台湾人当场被抓获，陈传达趁乱逃走了，然后又偷偷潜回鼓浪屿。是夜，陈传达在夜幕的掩护下小心翼翼摸到当时的淘化大同公司所在的悬崖上，这里离中国军队占领区较近，游到安全地带相对容易一些，悬崖下面就是茫茫的大海。②

由于悬崖附近有日军的炮位，还有移动哨，陈传达到达悬崖边时，可能遇到了险情，连皮鞋都来不及脱，就慌忙跃入了大海。日军炮位发现有人跳海就用机枪往跳海的地方扫射。③

两三天后，鼓浪屿西边距离陈传达跳海不远处的海滩上漂上来一具尸体，卓仁禧听说后也跑去观看，结果赶过去拨开人群一看，竟然是自己的音乐老师陈传达。衣服、皮鞋都在身上，身上还夹着一本《圣经》，尸体被机枪子弹打出几个窟窿。据卓仁禧说，陈传达的水性极好，如果不是被机枪子弹打中，他应该有能力游到陆地上。④

一座岛屿的命运，一个人的厄运，让卓仁禧思考与探索了一辈子。

卓仁禧的少年生活是惬意的，而读书过程并不平静，历经了外侮与动荡。然而上学读书的过程还算是丰富而精彩的，思想虽然有些沉重但心智渐开。在这个过程中，他奠定了知识基础，熟练地掌握了英语，通过历练培养了自己的综合素质及组织能力，通过台湾之旅懂得了科学与实业之于国家发展的意义，见证琴岛的命运沉浮与鲜活生命的消失而明白了民族兴衰的真谛。

---

① 卓仁禧访谈，2016 年 11 月 3 日，北京。资料存于采集工程数据库。

② 同①。

③ 同①。

④ 同①。

第三章
三载四大学

卓仁禧的父母亲从小就告诫孩子们学无止境，他的哥哥姐姐们也都纷纷进入了高等院校学习，台湾之行更是让他坚定了必须读大学的信念。在这种环境和决心的支持下，卓仁禧很顺利地开始编织他的大学梦想。然而，卓仁禧走过的大学之旅太过奇诡，颇具梦幻与传奇色彩：三年四校，还提前毕业！

逡巡选择　投考协和

鼓浪屿浓厚的文化气息，尊重知识的家庭氛围，良好的中小学教育，哥哥姐姐的示范效应，让卓仁禧很早就有了必须读大学的理想。在与采访者谈到他儿时的伙伴柳飞时他就说了，柳飞初中毕业就去学习开船了，而卓仁禧要读高中考大学。因此，当卓仁禧进入高中学习时，卓仁禧的父母及他本人就开始谋划报考大学的事。

按照正常情况，卓仁禧在英华中学高三毕业前再投考某所选中的大学，之前卓全成大概是这样替卓仁禧安排的，可是接连发生的厦门大学露营事件及台湾之旅，改变了卓全成的想法。两次事件都是卓仁禧组织的，虽然情有可原，卓全成也并没有责罚卓仁禧，可卓全成心里开始有了担心，也许觉得这个儿子不够安分，再在鼓浪屿读书他心里不够踏实，一来不知卓仁禧会不会再折腾出什么事，二来也担心这样下去会影响卓仁禧上大学。

因此，在卓仁禧从台湾回来之后，卓全成经过深思熟虑后找卓仁禧谈过一次话，说计划送他去香港读高中，并让已经在香港读大学的哥哥卓仁声帮卓仁禧联系合适的高中。卓仁禧并不反对父亲卓全成的安排，但是有一个急于求成的要求，就是去香港就必须直接读高三，然后投考英国的牛津、剑桥或者伦敦大学，因为这三所大学他一直比较心仪。[①]

其实采集小组私底下也揣度过卓全成计划送卓仁禧去香港读高中的理由，除了前述的两个理由之外，可能更重要的是出于对时局的考虑和判断。当时已经是 1947 年底或者 1948 年初，国共两党激战正酣，并且胜利的天平已经明显偏向共产党，当时厦门鼓浪屿一带的很多名人显贵出于对时局发展的担心纷纷迁往海外及香港等地，卓全成的两个哥哥卓德成、卓绵成也已先后迁往香港。卓全成自己由于必须打理同英布店只能留在鼓浪屿，故此将卓仁禧的几个兄姐都先后送到海外或者香港，或留学读书或打理生意，若再将卓仁禧也安排在香港读书，那么子女都安排妥当了卓全成也就没有多少顾虑了。虽然这个揣度今天已无法验证，但基于当时的各种环境和状况分析，应该在情理之中。

卓仁声在香港联系的结果是，由于学制的差异及其衔接，卓仁禧这种情况去香港只能读高二，不能读高三，这让自尊心极强的卓仁禧产生了留级的错觉。不久后，卓仁声联系的香港这所中学的校长恰好有事到访鼓浪屿，卓仁声也凑巧在家，就带着卓仁禧求见这位校长，这个校长是英国人，卓仁禧直接用英语和他交流读书的事，这位校长明确地告诉他，他的情况去香港只能继续读高二，不宜直接读高三。然而，倔强的卓仁禧坚决不干，去香港不能读高三就选择继续留在英华中学读书。由于他态度坚

---

① 卓仁禧访谈，2016 年 11 月 15 日，北京。资料存于采集工程数据库。

决，卓全成也不好再勉强，只好任由卓仁禧继续在英华中学完成学业。①

高二结束，卓仁禧继续在英华中学读高三。无话则短，一晃就快迫近毕业了，投考大学的事就提上了议事日程。投考大学有两个问题必须思考，一是专业，二是学校，卓仁禧在这两个问题上都有过艰难的彷徨，而最终接受的却是一个无奈的选择。

首先说专业的选择。或许是饱经鼓浪屿音乐氛围洗礼的缘故，卓仁禧对音乐有着浓厚的兴趣和爱好，这让他很想走一条艺术的道路。报考音乐学院，学习声乐当歌唱家成为他最初的愿望。②

卓仁禧热爱声乐是发自内心的。很小的时候母亲要他像哥哥姐姐一样学习钢琴，可他偏喜欢唱歌，上学放学路上总是情不自禁地放声歌唱。鼓浪屿也有练习声乐的，卓仁禧也爱倾听模仿。在学校，音乐老师也对他进行过专业一点的辅导。在鼓浪屿的学生中，卓仁禧的唱歌水平小有名气，在校内表演是家常便饭，也还去过厦门电台独唱，前文也交代过他被厦门大学邀请去参与"反饥饿、反内战、反迫害"运动的独唱。③

一次，有人给他们家送来了一叠唱片，主要是世界著名的意大利男高音歌唱家恩里科·卡鲁索（Enrico Caruso）的，也有帕瓦罗蒂（Luciano Pavarotti）、卡雷拉斯（Jose Carreras）和多明戈（José Plácido Domingo Embil）的。卓仁禧如获至宝，每天一回家就听这些著名歌唱家的唱片，并努力学习模仿，长时间积累与学习，使他也能够歌唱一些名曲，还被邀请去鼓浪屿的一些私人晚会上表演。④

在爱好的驱策下，卓仁禧有了报考上海音乐学院的想法，他的几个姐姐对他的这个想法表示了支持。但当他征求父母的意见时，卓全成却表示了异议。卓全成毕竟文化程度不高，对音乐也缺乏正确客观的认识，他认为唱歌年轻的时候很好，老了声音也变了，也唱不动了，男孩子还是学一门技术或者掌握一种技能比较好。两个哥哥也认为卓仁禧虽然喜欢唱歌，

---

① 卓仁禧访谈，2016 年 11 月 15 日，北京。资料存于采集工程数据库。

② 同①。

③ 同①。

④ 同①。

但毕竟没有受到过正规的音乐学习与训练，仅仅凭一点爱好去考音乐学院有点不靠谱。当然，他们这个家是很开明的，父母亲也好，哥哥姐姐也罢，他们只是发表各自的意见，最后的选择还是留给卓仁禧自己。[①]

最后，卓仁禧经过认真思考，觉得父兄的意见还是很有道理，就决定放弃报考音乐学院的想法，做歌唱家的梦也就戛然而止。

既然音乐这个梦不做了，接下来卓仁禧依据自己的特长，就产生了报考大学英语专业的想法。按照卓仁禧的叙述，他的英语能力的确不错，上大学前已经接受了十几年的英语教育。在幼稚园就接受英语启蒙，小学、初中、高中也一直没有间断过，而且英语教师要么是外籍教师，要么是有留学经历的，英语教学能力应该是比较高的，这样的英语教学条件，搁在今天的中国，绝大部分中学依旧不具备。[②]

此外，卓仁禧的英语教育还有三个方面是比较独特和优越的。一是作为万国租界的鼓浪屿有着良好的英语氛围，许多学习、生活及工作环境都是英语场景，这种场景或许类似于上世纪末曾经在中国高校营造的"英语角"，这对于卓仁禧的英语听说能力的检验与培养是得天独厚的。卓仁禧与访谈人员多次在不同主题的谈话中都谈到他与外籍人士的直接英语对话，譬如前文提到的与来鼓浪屿的香港中学英籍校长的顺利交流。其二，卓仁禧家境殷实，给孩子们聘请有英语家庭教师，这种一对一专业辅导对于卓仁禧的英语水平提升效率更高。其三，卓全成的生意以外贸为主，很多涉及与外商的生意洽谈及相关合同的签订，卓全成都让卓仁禧代劳，并且从无差错，这也说明卓仁禧的英语能力已经很不错，至少父亲卓全成是信任的。

环境、学校、家庭，造就和培养了卓仁禧的英语能力，使之在进入大学前的英语听、说、读、写能力就达到了相当高的水平，卓仁禧也一直对自己的英语能力充满自信。按照卓仁禧的讲述，后来三年的大学学习，其英语能力并没有在中学基础上有更大的进步，教师的英语能力也不比英华

---

① 陈志鸿:《创造无穷期——记中科院院士、武汉大学卓仁禧教授》.《中国高校师资研究》，2003（1）：48-54.

② 卓仁禧访谈，2016年11月15日，北京。资料存于采集工程数据库。

中学高，换言之其英语水平基本维持在中学阶段的层次上。在卓仁禧一生的学术生涯中，其优秀的英语才能使之在科学研究及对外交流中受益匪浅，以其求学历程来看，其英语能力的确已经在中学阶段达到相当高的水平。

但是，即便卓仁禧的英语能力在当时已经远远超越同侪，报考大学英语系的愿望最终也还是夭折了。

当卓仁禧放弃报考音乐学院转而准备报考大学英语专业时，他的大哥卓仁松已经受聘福建协和大学，当时正好在家休假。大哥先后就读过上海圣约翰大学和菲律宾大学，又在大学任教，听听大哥的意见也就顺理成章。没成想，卓仁禧不仅没有在大哥那里得到支持，反而被大哥泼了一瓢冷水。①

卓仁松认为，英语专业是女孩子读的，读完了去银行、外资企业或者中学当英语教师，在国外学语言基本上是女孩子的事，男孩子要学点安身立命的真本事。大哥的一席话，把卓仁禧说懵了，他的本意不仅是要得到大哥对报考英语专业的支持与积极的建议，还希望大哥能给他推荐一所理想的大学去报考，可这意想不到的结局让卓仁禧不知如何是好。②

对于大半个世纪以前卓仁松的观念及想法，无需去予以评价或者揣测，但他当时的话着实让有些大男子主义的卓仁禧产生了动摇。在卓仁松的意识里，英语就不算是一个专业，只是一个工具，不值得一个男孩子将其作为一份职业选择。卓仁禧很失望，但又无可奈何，有采访者曾经和卓仁禧院士打趣说，当年放弃报考英语专业，与其说是失望与遗憾，不如说是自尊打败了自信。

音乐和英语是卓仁禧的两大兴趣，也是小有成就感的特长，结果都无疾而终，这让卓仁禧很是沮丧，考什么呢？仔细梳理，他并无其他的兴趣及特长，卓仁禧进入了漫漫的逡巡中，茫然而不知所措。

这时，大哥卓仁松给卓仁禧提了一个建议，走与大哥相同的道路，报考农学，而且就投考大哥任教的福建协和大学。当时福建只有两所著名大学，一是位于厦门的厦门大学，二是在福州的福建协和大学，当时二者的

---

① 卓仁禧访谈，2016 年 11 月 15 日，北京。资料存于采集工程数据库。

② 同①。

声望也不分伯仲。这个建议卓仁禧说不上喜欢，但也不反对，因为他实在没有更好的选择，就很麻木地接受了。卓仁禧一直待在鼓浪屿，鼓浪屿只有商业与风景，因此对于农学他几乎没有直接的感受与体验。①

客观分析，在音乐与英语专业意向被否定后，再报考什么专业对于卓仁禧来说已经不是很重要，无论再报考什么他都没有应有的兴趣和特长，他已经心无所恋，只要能上大学就行，接受大哥的建议也就顺理成章了，至少大哥已经是大学教员，他的选择和判断应该不会太离谱。

报考福建协和大学的农学系，于卓仁禧而言实属一个无奈的选择，没有激情与兴趣，因此也没有刻意去准备，按部就班地上学读书，依据章程完成投考福建协和大学农学系的手续，在学习中等待协和大学的招生考试。

1949 年的春夏之交，在全国即将解放的依稀炮声中，福建协和大学的招生考试确定下来了，整个闽南地区投考福建协和大学的学生全部到鼓浪屿英华中学参与考试。卓仁禧已经记不清考试的日期，只记得考试是在英华中学的大礼堂里举行。除福建协和大学外，报考厦门大学及上海等地高校的人也在英华中学举行考试。当时报考协和大学的人数还不少，卓仁禧感觉考试比较顺利，绝大部分试题都会做，心里思忖考取应该没问题，当然面上不便流露。考完之后，卓仁禧如释重负般轻松回家。在 1948 年 5 月底 6 月初的样子，卓仁禧他们就从英华中学毕业了，卓仁禧的中学生涯正式结束，回家准备好好享受随之而来的最后一个中学假期。②

小学代课　香港偶行

福建协和大学招考结束后，后面当然只是等通知了。当时全国解放的进程很快，未来形势怎样都没人能说清楚，整个厦门和鼓浪屿人都在观

---

① 卓仁禧访谈，2016 年 11 月 15 日，北京。资料存于采集工程数据库。

② 同①。

望，等不等得到录取通知也都说不好。

卓全成的家教是很严格的，此时卓仁禧已经年满 18 岁了，按照卓全成的规矩，这么大的孩子不能好逸恶劳，不能在家吃闲饭，勤奋是卓家的传统。卓全成要卓仁禧出去找事做，边做事边等通知。干什么呢？家里不是有同英布店么？不行，卓家的人都不能进同英布店做事，这是卓全成三兄弟制定的规矩。

正巧，卓仁禧姐姐有一个朋友是厦门祖光小学的英语教员，因为怀孕即将要生孩子需要人去代替她上课。卓仁禧听说后立马赶到祖光小学，找到校长说明原委。校长仔细询问一番并进一步知道他是卓全成的公子后，欣然应允，同意他立刻来代课。①

说来还巧，这所祖光小学接受过卓全成的大量捐资，此前已经投了好几千美金，后来祖光小学扩建，在原来的两层楼基础上加盖三层，卓全成又再一次捐资，最后全部捐赠超过了一万美金。②

前文已经说过，卓仁禧的英语水平是比较高的，教个小学英语自然得心应手、不在话下。就这样，卓仁禧每天按时去学校上课，边工作边等待通知，时间慢慢流逝到 1949 年 9 月初。然而，一次偶然的乘坐便船的事件，阴错阳差地让卓仁禧突然终止了代课，乘船去了香港。

行文至此，有必要交代一下当时时局的发展。

其时，国民党统治地区已经被中国人民解放军压缩至南部少数省份，1949 年暑假时战火已经推进到福建省内，1949 年 8 月初，中国人民解放军第三野战军发动福州战役，漳厦战役也进入前期准备。8 月 17 日，福州解放，消息传到厦门，卓仁禧开始担忧报考福建协和大学的事，感觉前途未卜。与此同时，国民党守军 29 师进驻鼓浪屿布防，在岛上修筑工事，并对鼓浪屿进行战时管控。8 月 25 日，漳厦战役正式打响，鼓浪屿已经听得见隆隆的炮声，紧张的气氛弥漫在鼓浪屿岛上。

1949 年 9 月初的一天，卓仁禧吃完早餐就离家出发了，按计划去厦门祖光小学上课。行至鼓浪屿码头，久等不见轮渡过来。平时厦门岛与鼓浪

---

① 卓仁禧访谈，2016 年 11 月 15 日，北京。资料存于采集工程数据库。

② 同①。

屿之间的轮渡 7 分钟一趟，一直都很准时，其时漳厦战役激战正酣，轮渡延误应该与当时的时局有关联。①

卓仁禧在轮渡码头等了很久都没有见到渡轮的影子，心里开始有些烦躁。突然，卓仁禧发现有一条厦门海港检疫所的轮船靠岸了，船上乘坐的都是医生，这条船是从鼓浪屿到厦门港去的，开船的人跟卓家很熟，卓仁禧也认识，卓仁禧一打听，知道这船可以到厦门，二话不说就上去了，寻思只要到了厦门去学校就好办了。②

然而，这条船并不停靠厦门轮渡码头，一溜烟地把卓仁禧拉到了厦门人称之为"十三港"的太古码头。所谓"十三港"，卓仁禧的解释是：英国太古公司的大轮船，从天津出发到菲律宾，沿途停靠各个港口，厦门太古码头刚好是第十三个港口，故此称为"十三港"。③

到了"十三港"也还好，无非多走几步路。等船一停靠，卓仁禧就下船，先走趸船，再上楼进入港口船务公司一间很大的办公室。这个办公室平时有两个后门可以出去离开码头，可是这一天这两个后门竟然都锁着，头都伸不出去，卓仁禧无奈只好再折回来在办公室坐着，等开门再走。结果等了很久也没人来开门，眼看着离上课的时间越来越近了，卓仁禧开始着急，就从那间办公室下来看看情况，可突然发现有一个窗口开着在卖什么票，约有十个人在那里排着队，卓仁禧上前一打听，说是卖去香港的船票，卓仁禧有点好奇，接着问多少钱一张，很便宜，只要 5 美元，但不收金圆券。④

此时，战事吃紧，福州在 8 月中旬已经被人民解放军解放，卓仁禧至今也没有收到福建协和大学的通知，情况不明。遥遥传来的枪炮声让鼓浪屿人心惶惶，每天都有人逃离，这样代课终究也不是个出路。卓仁禧寻思，与其这样漫无边际地等待，不如去香港走一遭，自己的姐姐卓明真、卓明纯、卓明惠和哥哥卓仁声此时正好都在香港，在那里管吃管住是没问

---

① 卓仁禧访谈，2016 年 11 月 15 日，北京。资料存于采集工程数据库。

② 同①。

③ 同①。

④ 同①。

题的，再说自己早就想去香港看看。于是乎，卓仁禧当机立断，决定先买一张去香港的票再说。①

卓仁禧在祖光小学代课，月薪是 20 美元，但国民政府给学校教师的薪资是发金圆券的，这个金圆券已经很长时间在厦门没人要了。物价一日三涨，老百姓已经不信任国民政府的货币，买个小菜都是美元支付。卓仁禧一拿到工资就去厦门中山路黑市兑换成美元。此时卓仁禧身上有 10 美元，两张 5 美元的，他决定用 5 美元买一张去香港的船票。②

买完票返回办公室再下楼去后门，发现门开了，卓仁禧立马走出来。出来绕到码头前面后，卓仁禧发现船务公司售票处人山人海，估计有上千人在那里排队购票，全部是买去香港的票，可见那时有多少人急着离开厦门。但据说票很少，在这里几乎买不到，一张去香港的普通船票在这里已经被炒到了 80 美元一张。卓仁禧开玩笑说，当时他就后悔了，应该多买一张，出来转手一张票就赚 75 美元。后来卓仁禧明白了，他刚才里面那个办公室楼下的窗口，是船务公司内部的售票窗口，买票时人家也没多问，自己误打误撞捡了一个大便宜。③

卓仁禧从码头出来后，心里多少有些兴奋也有些不安，毕竟去香港是自己擅作主张，最终得听父亲卓全成的意见。此时卓仁禧心里有点犯嘀咕，船票是下午四点的，这时去学校上课，如果父母亲同意自己去香港岂不耽误了。于是，卓仁禧决定不去学校了，径直跑到同英布店，上二楼去父亲的办公室。正好，父亲卓全成在，他就把他幸运买到一张去香港船票的过程告诉了卓全成。卓全成一听完，立刻就问卓仁禧买到去香港的票母亲知不知道，卓仁禧说母亲不知道，他买票出来就直接上同英布店来了。卓全成赶忙说，快回鼓浪屿，快快回家，如果你母亲不反对就立刻收拾行李准备出发，时间已经很紧了。④

卓仁禧一看这架势，明白父亲卓全成这是同意他去香港啊，没有一丁点

---

① 卓仁禧访谈，2016 年 11 月 15 日，北京。资料存于采集工程数据库。

② 同①。

③ 同①。

④ 同①。

反对的意思，高兴得立刻就下楼。刚下到一楼，又被卓全成叫了回来，并带着他上布店三楼，然后进了其中的一间房。进去后，卓全成从一个柜子里拿出了一叠美元，点了 2000 美元交给卓仁禧，告诉他这是去香港的路费，包括遇到紧急情况时应急用的。到了香港后，他会再如同每月汇 300 港元给卓仁声一样，给他汇 300 港元做生活费，其他的事等到了香港再说。①

卓仁禧揣着父亲给的 2000 美元迅速跑到码头，坐轮渡回到鼓浪屿的家，把一切告诉了母亲。当时那种情况，鼓浪屿上但凡可以离开的人都在设法逃离，而且基本都选择去香港。去香港的票是一票难求，卓仁禧幸运买到一张票，母亲怎么会反对，巴不得孩子们快点离开。母亲听完二话不说，立刻和保姆一起给卓仁禧收拾行李。时间仓促，找不到合适的箱子，就用姐姐留在家里的一个大帆布袋子随意装了一些急用衣物行李，再叫工人马上把卓仁禧送到轮渡码头，一刻都没有耽搁。②

就这样，因为一个意外的偶然，卓仁禧在这一天的下午四点，乘船离开了鼓浪屿，离开了风雨飘摇中的厦门。

乍看卓仁禧的香港之行，似乎是一次纯粹的偶然事件，然而，这个貌似偶然事件之所以能够发生并导致去香港能得以成行，还是有诸多的必然因素。

首先，卓仁禧在漫无边际的等待中所滋生的对前途的焦虑需要排遣。依据当时的情况，谁也无法确定所报考的福建协和大学是怎样的前景，估计应该是悲观的因素居多。代课只是暂时栖身的权宜之计，因此去香港走走看看，换个心情也是顺理成章的事。

其次，卓仁禧去香港也不单纯是去散心旅游，他可以说是带着一种愿望去的。当时卓仁禧有几个哥哥姐姐在香港，大姐卓明真也是不久前去香港的，二哥卓仁声此时正在香港谋求去美国留学，当时卓仁禧也有别的同学在香港寻求新的出路，因此，卓仁禧去香港多少也抱有这个目的，这个想法也在后来与卓仁禧的交谈中得到证实。

其三，卓仁禧父母亲在当时那种情况下，出于对孩子们的安全和前途

①　卓仁禧访谈，2016 年 11 月 15 日，北京。资料存于采集工程数据库。
②　同①。

考虑，也希望孩子们能够快点离开厦门，因此卓全成夫妻不仅毫无反对的意思，其表现恰恰是巴不得卓仁禧快点离开。2000 美元在那时可不是一个小数目，一贯节俭严格的卓全成出手就给孩子一笔巨款，恰恰反映了卓全成对时局发展、对孩子们的安全的极度担心。

1949 年 9 月 14 日，卓仁禧离开没几天，中国人民解放军第三野战军第十兵团在司令员叶飞率领下，兵临厦门，至 22 日就从北、西、南三个方向完成了对厦门岛合围。解放鼓浪屿和厦门的战事是非常激烈的，三野十兵团攻击鼓浪屿与厦门也是几度受挫的，直至 10 月 17 日，鼓浪屿及厦门岛才全部解放。

依据时局揣测，枪炮不长眼，战火之下无贵贱，卓全成夫妇此时一定暗自庆幸卓仁禧及时离开了厦门。

回头再来说卓仁禧乘船去香港的事。

那天下午，卓仁禧拿着简单的行李登上了开往香港的轮船。这是一艘英国籍轮船，吨位有 3000~4000 吨，这在当时还是比较大的船舶，而非常奇巧的是这艘轮船竟然叫"湖北号"。谈到这里，卓仁禧幽默地对访谈人员说，也许这就是命运，冥冥中这就是上帝的旨意，安排离开鼓浪屿就到了"湖北"，寓意他在湖北要待一辈子。①

此行去香港并不轻松，卓仁禧买的是散席，没有舱位，夜里只能睡在铁甲板上。好在他年轻，把行李美金一股脑儿放在帆布袋里，然后头枕着帆布袋子合身睡在甲板上。幸好气温不算太低，否则就算你再年轻，没有盖的东西也抵挡不住。②

虽然夜里睡觉难受点，但旅途还算顺利。可快到香港时，卓仁禧心里反倒犯起嘀咕：虽然三姐卓明纯、二哥卓仁声都在香港，但是走得太急，父母也没有告诉他哥哥姐姐的所在地，哥哥姐姐也不知道卓仁禧要来，他到了香港去哪里找哥哥姐姐呢？一筹莫展之中，船慢慢靠近码头，他抵达香港了。③

---

① 卓仁禧访谈，2016 年 11 月 15 日，北京。资料存于采集工程数据库。

② 同①。

③ 同①。

卓仁禧的运气总是不差，幸运之神又一次降临了。就在他准备下船向码头上张望时，竟然发现了一副熟悉的面孔——卓世伟，他的堂兄，大伯父卓德成的儿子。卓仁禧兴奋得高声叫着卓世伟的名字，卓世伟也发现了他，感到很意外。卓世伟其实是来接别的客人的，发现了卓仁禧就立刻上船来迎接他。卓世伟把他的客人接到后就打了一辆出租车离开码头，上车后问卓仁禧计划去哪里，卓仁禧说你给我安排一家旅馆，然后通知我哥哥姐姐就可以了。①

卓世伟料理完生意上的事，就用出租车把卓仁禧送到了一个名字叫"白宫"的中档旅馆，让卓仁禧在这里住下，并告诉他已经通知了他的二哥卓仁声。卓仁禧安顿好自己不久，二哥卓仁声就来了，又带着卓仁禧离开旅馆去他的租住地。②

卓仁禧在香港也没啥事，基本上就是每天全香港到处游玩，在几个哥哥姐姐那里穿梭，父亲会准时给他汇来充裕的生活费，因此日子算是过得非常的惬意。不过有一件事他始终放心不下，就是上大学的事。其间，卓仁禧多次和正在筹备去美国读大学的二哥交流这个问题，二哥卓仁声主张卓仁禧和自己一样设法去美国留学，而卓仁禧则对自己去美国留学有些信心不足，潜意识里觉得福建协和大学的考试成绩至少在80分以上，录取应该没有问题，在没有等到协和大学的录取结果之前，他不想考虑去美国留学的事。③

就在卓仁禧惬意地享受香港旅居生活期间，厦门及鼓浪屿正经历着巨大的变化。1949年10月17日上午，鼓浪屿被解放军攻克，回归到人民的怀抱里。17日下午，厦门全岛解放，厦门市人民政府随后宣布成立，厦门及鼓浪屿迎来了人民当家作主的新时代。

终于，在12月中旬，卓仁禧接到了来自厦门家中的电报，卓全成在电报中告知他已经被福建协和大学录取，通知书已经寄到家中，并在电报中把入学事宜予以转述。同时，卓全成也告诉卓仁禧，厦门及鼓浪屿解放

---

① 卓仁禧访谈，2016年11月15日，北京。资料存于采集工程数据库。

② 同①。

③ 同①。

后情况已经非常平安稳定，希望卓仁禧尽快返回鼓浪屿，准备上学。①

　　卓仁禧接到父亲卓全成的电报后，并不想马上回去，而是想待在香港过完圣诞节再回去。其时，香港的英国文化氛围非常浓厚，圣诞节已经成了最重要的节日，内容精彩纷呈，卓仁禧可不想错过这么好的机会，决定无论如何得亲身感受一下。

　　由于卓全成在电报中说得比较急，哥哥姐姐们也就劝卓仁禧早点回去，可拗不过卓仁禧的倔强，也只能由着他。就这样，卓仁禧就留在香港亲历了当年香港的圣诞节。

　　圣诞节一过，卓仁禧自己也急着回去，赶紧去船务公司买票。好不容易买到票了，却还要在一张承诺书上签字，承诺如果船被国民党军舰击沉了，后果自负，船务公司不承担任何责任，不签字就不给票。虽然这是一张船务公司不承担责任的生死签，但卓仁禧依然没有任何犹豫，他想着人死了还要钱干吗，立刻在承诺书上签了字，支付了 5 美元就拿到了第二天回厦门的船票。②

　　船务公司要顾客签这个承诺书也实属无奈。当时我国南部大部分地区刚刚解放，有的地方还盘踞着部分国民党残部，东南沿海的许多岛屿依然被国民党占据着，同时解放军的海军还没建立，国民党的军舰还在东南沿海猖狂肆虐，因此从香港到厦门的航路是异常凶险，没有任何安全保障的。

　　买到票回到住所，卓仁禧告诉哥哥姐姐们第二天就要乘船回厦门，哥哥姐姐们虽然觉得突然，但也只好简单帮他收拾一下，并且问他要不要带点什么回去。卓仁禧在厦门偶然见过自行车，觉得又快又方便，是个稀罕的物件。香港自行车很多，而且也不贵，就寻思带一辆自行车回去，于是哥哥姐姐就赶紧去帮他挑了一辆英国产的自行车。其实，卓仁禧那时还不会骑自行车，鼓浪屿其时也不允许自行车骑行，他寻思回厦门再学，然后带到福州读大学时使用。③

---

① 卓仁禧访谈，2016 年 11 月 15 日，北京。资料存于采集工程数据库。

② 同①。

③ 同①。

第二天，在哥哥姐姐们的护送下，卓仁禧登上了返回厦门的客船。这艘船叫"杰喜号"，没有来时的"湖北号"条件好，是一艘客货散装船，好像是帮内地来香港运药品之类的物资。

那时，国民党已溃退至台湾，为了防止解放军攻台，大量的军舰游弋在东南沿海及台湾海峡，故此"杰喜号"选择在夜间航行，并关闭所有灯光，避免被国民党军舰碰上后遭到炮击。次日，大约在夜里 11 点，"杰喜号"突然亮灯了，卓仁禧心里明白应该是接近厦门了。不久，船靠厦门太古码头，卓仁禧背着行李，推着自行车准备下船。[①]

这时厦门早已解放，船停稳后上来几位解放军战士，正准备下船的卓仁禧突然听见有人叫他的名字，循声望去发现是其中的一位战士喊他，借着朦胧的灯光仔细一看，竟然是他的一个中学同学。同学走过来后发现他推着自行车，就说我帮你推着，这样同学俩就边走边聊，径直来到卓仁禧父亲的同英布店，再和同学道别。[②]

当晚，卓仁禧不可能回到鼓浪屿的家，就在同英布店将就了一夜。第二天，卓仁禧把自行车及一些不紧要的行李丢在同英布店，轻装回到鼓浪屿的家中，和父母家人愉快地团聚了。

其时鼓浪屿已经解放好几个月了，岛上又恢复了过往的祥和与安全，呈现出一派过年的气氛，卓仁禧也和家人一起高高兴兴地在岛上度过了1950 年的春节。

协和求知　改投化学

1950 年 2 月初，卓仁禧辞别父母家人，扛着行李准备去福州的福建协和大学报到。

厦门距福州并不远，大约 300 公里，但是这一路国民党残留的散兵游

---

① 卓仁禧访谈，2016 年 11 月 15 日，北京。资料存于采集工程数据库。
② 同①。

勇变成土匪经常袭扰路人，因此并不太平。临行前，母亲给了卓仁禧一个仅重两钱左右的小金戒指，反复叮嘱他路途如果遇到坏人就把金戒指给他，确保人身安全。卓仁禧记得当天他乘坐的长途汽车是下午四点左右出发的，大约只走了两小时，到达一个叫作水头的地方。当时，天并未完全黑下来，但司机担心天黑碰到土匪，不敢继续往前走，就告诉乘客在这里过夜，天亮再出发。①

大部分乘客都下车找旅馆或者老百姓家中暂住。卓仁禧从未在这种地方住宿过，就留在车上打盹，可半夜里车上实在太冷，只好去就近的一个农家借住。主人倒也客气，让他上二楼睡。卓仁禧爬上二楼一看，竟然看到一溜棺材，棺材上盖着稻草，想住的话就在其间找一块空地睡在稻草上。②

毕竟家境优裕，年轻的卓仁禧何曾见过这等恐怖的状态，当即吓得魂飞魄散，一口气冲下楼返回车上。虽然在车上冻得瑟瑟发抖，但总算凭借年轻活力强熬到了天亮。

天亮后车又开了，这一天还算平安，顺利过了泉州、莆田。过了莆田不久天又黑了，再次在一个村庄小店停下来。头一夜几乎没有睡觉，这一晚卓仁禧实在扛不住，讲究不了那么多，就在一个农家睡了一晚，竟然也酣睡了一宿。③

第三天，汽车总算到达了福州，车行至闽江一处江边时，卓仁禧隔江就能看到鼓山之麓、闽江之滨的协和大学的几幢大楼。由于这辆汽车不过闽江，司机知道卓仁禧要去协和大学后，就让他在公路边的一个村庄附近下车，告诉他走小路到江边，过闽江上码头就到了。④

卓仁禧下车的这个村庄叫林浦，是一个有着千年历史、崇尚教育与文化的古村落，在明代即有"三代五尚书，七科八进士"的美誉，现在被福建省政府命名为"历史文化名村"，一说林则徐也与林浦村大有瓜葛。卓

---

① 卓仁禧访谈，2016 年 11 月 15 日，北京。资料存于采集工程数据库。

② 同①。

③ 同①。

④ 同①。

仁禧下车后雇了一个农民帮他带路兼扛行李，沿着乡村的田间小路向闽江走去，到了江边已近黄昏，卓仁禧又雇了一条船渡过闽江，上了码头后就到了协和大学的大门。经过三天的艰苦行程，卓仁禧总算抵达了协和大学。①

进校后，卓仁禧发现了好多他在英华中学的同学。有比他高年级的，也有他的同班同学。由于天黑无法办理入学注册手续，同学们就带着他去吃饭，晚上也和同学们住在一起。

次日，卓仁禧去办理注册入学手续，缴纳数量不多的学费，然后去农学系报到签字。报到时见到了农学系的系主任，这个系主任是美国人，40余岁，温文尔雅，并且认识以前在此任教的卓仁禧的大哥卓仁松。这位系主任对卓仁禧非常客气，免不了问候他大哥几句，然后认认真真地给卓仁禧签字。办理完入学手续，卓仁禧就开始了他的大学生涯。②

清宣统三年（1911），由世界基督教大会推举的高等教育委员会会长高绰博士（Dr. John Goucher）来到福州，与福建基督教六公会联议创办大学。几经酝酿、筹备，于民国四年（1915）成立董事会，以神益知（W.L.Beard）为主席，推选庄才伟（Aduin C. Jones）为首任校长，校名定为福建协和大学（Fukien Christian University），英文名为"福建基督教大学"，校址位于福州魁岐乡。福建协和大学是我国科举制度废除后，在福建省创办的第一所与国际接轨的高等学校。

卓仁禧入校时，协和大学仍由基督教会主办，设有文学院、理学院和农学院三个学院，农学院设有农艺、园艺、农业经济三个系，卓仁禧在农学院农艺系学习。卓仁禧记忆中当时的协和大学规模并不大，全校学生在300人左右，他们农学院三个系也就几十名学生。农学院一年级开设的课程大部分是基础课，以数学、物理、化学、生物为主体，农科的学生每周四下午要去学校附属的农业试验场劳动。劳动时，卓仁禧及同学们戴着草帽，拿着锄头刨地、锄草，打理试验种植的各种农作物。③

---

① 卓仁禧访谈，2016 年 11 月 15 日，北京。资料存于采集工程数据库。

② 同①。

③ 同①。

在农业试验场的劳动中，有一个经历成了卓仁禧转换专业的催化剂。有一次，他们锄草时发现种植的马铃薯都打蔫了，叶面布满了许多白色的丝状物，一副病恹恹的样子。于是，老师就让卓仁禧他们给马铃薯喷洒农药，喷洒两次之后，过了几天马铃薯叶面的丝状物消失，株体又恢复了生机。①

为此，卓仁禧请教了老师。老师告诉他这种农药里含金属铜离子，铜的化合物专门治疗马铃薯的这种症状。此时，卓仁禧想起了刚进农学院时有位教师说的一句话："要想学好农科，必须先学好化学。"②故此卓仁禧思考认为，这与其说是农业技术，不如说是化学科学的功劳。联想到他在台湾之行中考察过的多家化工企业，卓仁禧认为化学科学的前途无量，能给人类带来数不尽的好处和福音，因此心里渐渐滋生了转学化学的想法。③

在协和大学的学习不到半年，卓仁禧就意识到听大哥的话选择协和大学、选择农学是彻底错了。因此心里打定主意夏季重新参加高考，再次选择大学和专业，私底下开始学习中学的课程，计划参加1950年的高考。

决心既下，卓仁禧立刻付诸行动。为了再次高考，他必须争取到一个好的学习环境，集体宿舍人多，既不利于学习，又容易暴露自己的目的，他并不希望同学们知道自己的这个计划，为了达到这个目的，还是要认真学习，成绩名列前茅才行。

原来，协和大学有一个很有趣的规矩，由于学校有一部分单人宿舍，只能放下一桌、一床、一柜，供学习成绩优秀者居住。如果你想住哪一间单人宿舍，你就在黑板上填上房号和自己的姓名，学期考试如果名列前茅或者超越原居住者，你就可以获得这间单人宿舍的一学期居住权。④

于是，卓仁禧努力学习，第一学期考试结束，成绩顺利超越原居住者，成功入住单人宿舍。单人宿舍，有点"躲进小楼成一统"的感觉，独

---

① 卓仁禧访谈，2016年11月15日，北京。资料存于采集工程数据库。

② 陈志鸿：《创造无穷期——记中科院院士、武汉大学卓仁禧教授》，《中国高校师资研究》，2003（1）：48-54.

③ 同①。

④ 同①。

自在里面学习备考谁也不知道，卓仁禧就在宿舍里学习高中课程，准备参加 1950 年的全国高考。①

没多久，1950 年全国高考统考开始报名了，卓仁禧前一次高考是在国民党统治时期参加的，现在解放了，这是新中国成立后的第一次全国统一高考。卓仁禧作为往届生去报名点报名时，没想到报名处的工作人员是协和大学的职员，而且有人认识他。认识他的工作人员还和他开玩笑，说他待不住想跑啊，结果弄得卓仁禧很尴尬，只好灰溜溜跑回来。卓仁禧面子薄，也不好再去混，只好作罢。②

虽然再次参加高考不可能了，但是卓仁禧并没有死心，还有两条路可走。一条路是当时在国内部分大学之间可以转学，只要接受的大学同意，参加转学考试过关即可。第二条路是在协和大学校内转专业，他的目标是转到理学院学习化学。

半年过后，卓仁禧正式提出了转专业的申请，并且亲自找学校教务长陈述理由。教务长很热情，没有丝毫的刁难或者批评，问卓仁禧想转到哪个专业，卓仁禧回答说想转化学专业，教务长就让卓仁禧把第一学期的成绩单给他看。当时协和大学转专业和今天许多高校转专业一样，有一些限制条件，主要的限制条件是转专业之前的学习科目数量及其成绩，符合规定要求才可以转专业。③

卓仁禧了解过这些规定，所以在高考梦灭之后，他就立刻转向认真学习大学课程，他选了很多课，一个学期选课达到 17 个学分，考试成绩也都达到了转专业的要求。

教务长仔细看过卓仁禧所选的课程及其成绩后，发现各科成绩不错，符合转专业的条件，就很爽快地在转专业的申请书上签字同意了。卓仁禧拿到签字的申请书去注册处办理了转专业的手续，于 1950 年的下学期转入理学院化学系学习。④

---

① 卓仁禧访谈，2016 年 11 月 15 日，北京。资料存于采集工程数据库。

② 同①。

③ 同①。

④ 同①。

在化学系的学习生活中，卓仁禧目前唯一尚有印象的是一个留美回来的教授。该教授年龄 40 岁左右，教学方法很特别，对各种化合物的性质了如指掌，讲课得心应手，让卓仁禧很是受用，他给学生们所教授的背诵元素周期表的方法很是独到，卓仁禧后来还把这个方法交给自己的学生和孙女。这位教授与上海有机所也有研究方面的联系，在福州当地辅助有关药厂生产盘尼西林。①

这位教授的妻子个头很高，漂亮且会弹奏钢琴，卓仁禧还和她一起合作过表演，卓仁禧唱歌，教授夫人钢琴伴奏，因此留下了一段美好的回忆。②

卓仁禧虽然转专业的愿望达成了，但是依然心有不甘，他的内心已经不想再在协和大学继续学习了，他想转学，转到当时高等教育水平更高的上海学习，他的几个哥哥姐姐都是在上海的高校读书的。

1951 年春，福建协和大学由中央教育部接办，外籍教员逐渐离开，学校的教学也受到了一定的影响。其时，卓仁禧转学至上海读书的决心已经十分坚定，开始筹划去上海参加转学考试的事情。

卓仁禧进协和大学读大一时，结识了一位大四化学系的校友。这位校友 1950 年毕业后去上海办了一家葡萄糖厂，工艺很简单，就是用淀粉发酵制作葡萄糖。卓仁禧和这位高年级的校友取得了联系，计划去上海寻机参加有关高校的转学考试，如果没有成功他就去这位学长的厂子里做事。③

1951 年 4 月，中央教育部将福建协和大学与华南女子文理学院合并，成立福州大学，卓仁禧还参加了福州大学成立的一些庆典活动。过后不久，卓仁禧孤注一掷，一方面托运行李、购买去上海的车票，另一方面办理去上海参加转学考试的手续。还好，参加转学考试的手续办得比较顺利，化学院的院长、教务部长都签字同意，并无刁难。④

---

① 卓仁禧访谈，2016 年 11 月 15 日，北京。资料存于采集工程数据库。

② 同①。

③ 同①。

④ 同①。

慕赴上海　转学震旦

　　1951 年夏，卓仁禧以福州大学学生的身份来到了上海。卓仁禧首先想投考的是上海圣约翰大学，他的大哥卓仁松、二姐卓明新就是这所学校毕业的，卓仁禧从二姐那里知道了这所学校的优秀。其次想考的是沪江大学，这也是他比较心仪的一所大学。可是，来到上海后，他没有得到这两所学校的有关转学考试的任何消息，倒是上海震旦大学的转学考试在报名。他了解了震旦大学的情况后，觉得这也是一个不错的学校，能够进入震旦大学读书也比较理想，于是卓仁禧决定去报名。①

　　震旦大学的转学考试也是有条件的，需要审核考生在原有大学的考试成绩，卓仁禧提供了福州大学所出具的大学一年级的考试成绩，顺利通过了报名审核，并确认考试通过即转入震旦大学化学系二年级就读。②

　　报名不久，卓仁禧就参加了震旦大学的转学考试，考试的科目包括政治、英语及化学。考试结束后，卓仁禧感觉良好，心里揣摩应该可以通过。此时，圣约翰大学及沪江大学的转学考试也开始报名了，卓仁禧发现时间安排与他的计划不一致，同时参加完震旦大学的转学考试，并亲身体验几天震旦大学的生活之后越发喜欢这所学校，同时自信可以通过转学考试，故此就放弃了圣约翰大学和沪江大学的转学考试，专心等待震旦大学的结果。③

　　约一周后，震旦大学的转学考试录取结果在报纸上公布了。卓仁禧买来报纸一看，自己的名字果然如他所料赫然在列，他被震旦大学录取了。

　　依据程序，转学考生被震旦大学录取后，还需要原学校签字同意并将学习档案转入新学校。因此卓仁禧就返回福州，由已更名为福州大学的校长签字，然后办理档案迁移的手续。这些流程办理得都很顺利，卓仁禧很

---

① 卓仁禧访谈，2016 年 11 月 15 日，北京。资料存于采集工程数据库。

② 同①。

③ 同①。

快如愿在震旦大学注册成为震旦大学的学生。①

震旦大学创立于19世纪末，新中国成立前是大上海极具影响力和办学实力的大学，校址位于原法租界之内，1951年时虽然已经脱离法国天主教耶稣会，由中央教育部主办，但依然带有明显的法国高校办学特色。震旦大学的学制为五年，一年级以法语学习为主，学校的教学既有普通话，也有法语，故此当时在震旦大学读书，必须学习和掌握法语。

1951年秋，卓仁禧至震旦大学报到，缴纳学费并办理完入学手续就去宿舍，在宿舍大楼办理入住手续时就听见到处都是法语对话交流。卓仁禧转入震旦大学是续读大学二年级，相当于是插班生，分配给他的宿舍原来住有四名医学院的学生，都是上海本地人，卓仁禧去了只能住在门边。震旦大学的宿舍不提供床铺及其他用具，必须自己购买，卓仁禧料理好住宿的问题，就开始了他在震旦大学的学习生活。②

震旦大学化学系属于理工学院，在新中国成立前震旦大学上课基本都是法语，到卓仁禧就读时就以普通话为主了，但也有部分教员使用法语教学，因此对于卓仁禧而言，学习法语成为他的当务之急。

卓仁禧的英语基础非常好，英语能力在当时的大学生中算是佼佼者，虽然英语和法语分属不同的语系，但二者在许多单词的发展、拼写和词义上是十分相近的，这给卓仁禧的法语学习提供了一些帮助。因此，卓仁禧在震旦大学的学习先是以补习法语为主的。当时的法语主要是由法国神父来教授，教学比较严格，卓仁禧的语言能力比较强，法语能力进步很快，差不多半年以后，就能在课堂上听懂法语教学了。至于化学专业课程的学习，卓仁禧基本上是按部就班，不好也不坏，也没有留下比较深刻的印象。③

不过，在震旦大学的学习中，卓仁禧差点又一次转专业了，不过这一次以偃旗息鼓而告终。

原来，卓仁禧宿舍另外四名室友都是学医的，四人整天有意无意动员

---

① 卓仁禧访谈，2016年11月15日，北京。资料存于采集工程数据库。
② 同①。
③ 同①。

卓仁禧转读医科。他们有时鼓动他去上课，有空还把他带到他们的实验室去参观，这让卓仁禧真的产生了转学医科的念头。[①]

但是，他的室友弄巧反拙。一次，他们带卓仁禧去人体解剖室，让他观看他们解剖人体，这反而让情况发生了反转。

当时医学院的学生解剖人体都是在夜里进行，卓仁禧亲眼看到他们把不知死了多久的尸体从冰柜里拖上手术台，在灯光下按照解剖规程解剖人体，卓仁禧胆子并不大，特别害怕看见死人，因此看到整个过程心里一阵阵发凉。[②]

由于死人依然存在神经传导，当他们解剖到某些神经部位让尸体出现反射效应时，卓仁禧彻底崩溃了，一口气冲出了解剖室。这严重动摇了卓仁禧转学医科的念头，再联想到他们四人每人床底下的一个放满人体骨骼的箱子以及没事打开拿出来把玩的瘆人场景，卓仁禧彻底放弃了转学医科的念头，心想还是踏踏实实学习化学。[③]

卓仁禧在震旦大学二年级的专业学习还是围绕化学的基础课程开展的，没有划分专业。按照卓仁禧自己的说法，学习不好也不坏，中等水平，对化学各门课程的兴趣也比较平均，不存在喜欢有机或者无机之说，也很难与以后的成就扯上某种关联。毕竟是新的环境，又要抓紧学习法语，学习生活基本在紧张中度过。[④]

如果非得寻求卓仁禧在震旦大学的学习与以后的成就之间的某种关联，反而是在化学专业之外的法语学习。卓仁禧在震旦大学所打下的法语基础，为他后来多次访问法国，与以诺贝尔化学奖获得者 Jean-Marie Lehn（让－马利·莱恩）为代表的法国化学家的交流创造了条件。

一转眼，1952 年的暑假就到了，卓仁禧在震旦大学度过了一年的时光，接着就回到鼓浪屿享受了一个愉快的假期。

卓仁禧暑假回家后，发现他的弟弟卓仁强与几个朋友合伙买了一条

---

① 卓仁禧访谈，2016 年 11 月 15 日，北京。资料存于采集工程数据库。
② 同①。
③ 同①。
④ 同①。

船，经常一起驾着船在大海及周遭的江溪玩耍，因此卓仁禧也加入了他们的行列，大部分时间泡在水里。①

印象最深的一次是他们划着船，沿着九龙江溯水而上，很多地方水流湍急、暗礁密布，甚是凶险。卓仁强等小伙子们轮流掌舵划船，有时还要下水推，卓仁禧比他们年龄大，得到了弟弟及其他小伙子们的照顾，基本上只让他待在船上划水。大约 4 小时后，他们竟然划到了漳州，再顺流而下直到厦门港。②

并入复旦　提前毕业

愉快的时光总是过得非常快，一转眼暑假就结束了，卓仁禧拿着行李返回上海，去震旦大学报到。走到校门口他一下愣住了，震旦大学的校牌不见了，换上了"上海第二医学院"的牌子。怎么回事？问了几个人都说，震旦大学没有了，撤销了。③

原来，1952 年秋全国高等学校院系大调整，震旦大学被撤销建制。震旦大学医学院和圣约翰大学医学院、同德医学院合并成立上海第二医学院，留在震旦大学原址办学，所以卓仁禧返校看到的是上海第二医学院的校牌。卓仁禧所在的化学系与经济系、中文系、外文系一起并入复旦大学。卓仁禧暑假天天和弟妹们玩耍，没留意这些消息。

弄清原委后，卓仁禧赶紧去复旦大学报到，进入复旦大学化学系读大学三年级。这样，卓仁禧三年换了三所大学，如果算上福建协和大学合并更名为福州大学，他是三年读了四所大学，这不知算不算得上是一个奇迹。

当时并入复旦大学化学系的师生除了来自震旦大学，还有来自浙江大学、圣约翰大学和沪江大学的，因此复旦大学化学系的规模一下子变得非

---

① 卓仁禧访谈，2016 年 11 月 15 日，北京。资料存于采集工程数据库。

② 同①。

③ 同①。

常庞大。卓仁禧报到后由于是大学三年级了，首先是分专业，卓仁禧选择了有机化学。其次是选课，然后找系主任签字同意。卓仁禧回忆说当时复旦大学化学系一下子名师云集，很多教师都是留美、留英的博士，教学质量和水平都很高，授课以普通话为主，也有用英语教学的，不过震旦大学那样的法语教学不再有了。①

卓仁禧告诉访谈者，当时化学系上课完全和过去震旦大学、协和大学不同。一是班级学生多了，过去一个专业年级只有二三十人，最多 50 人，现在一下子 200 多人，于是依据专业和学生数量分成 A、B、C、D、E、F 等 6 个或者 7 个班，卓仁禧记得自己似乎是在 E 班或者 F 班。上课则依据学生选课情况，既有分班的也有合班的。二是几所学校的教师一下子集中了，教师数量猛增，教学方式不一样了。过去一门课通常由一名或者两名教师教授，现在一门课有多个教师讲授，个别老师只能讲一两节课。不过，尽管如此，教学还是很严格规范，虽然有一些影响，但是一段时间过后，师生们也逐渐习惯了。②

卓仁禧对访谈人员说，当时复旦大学的学习条件非常优裕，学生不仅不用缴纳学费，还每月发放生活费。生活费很充裕，完全够在学生食堂吃饭，并且伙食很好，有鱼有肉。除生活费外，每月还发放理发费，这笔钱完全够大家去一趟城里往返的交通费及理发费。③

在复旦大学化学系的学习生活中，卓仁禧受著名有机化学家朱子清教授（图 3-1）的影响颇深，并且毕业后还获得过他的支持与点拨。朱子清当时给他们讲授的课程并不多，但是他讲的生物

图 3-1　朱子清登记照（资料来源：网络采集）

　　① 卓仁禧访谈，2016 年 11 月 15 日，北京。资料存于采集工程数据库。

　　② 同①。

　　③ 同①。

碱（英文名 Alkaloid）给卓仁禧留下了深刻的印记。朱子清留学美国，获伊利诺伊大学哲学博士学位，后至德国、奥地利继续从事有机化学研究，研究成果丰硕，回国后先后在南京、北平等多家研究机构担任研究员，并先后执教于暨南大学、同济大学、上海交通大学，在复旦大学执教时已然大名鼎鼎。①

卓仁禧回忆说，朱子清讲课很有一套。他学术基础深厚，旁征博引、逻辑性强，很受学生欢迎。朱子清对学生也很和气，下课也喜欢和学生们交流，既给学生们灌输科学思想，也教给他们做人的道理。卓仁禧有好多次和朱子清单独交流的经历，卓仁禧记得最清楚的是朱子清告诫他将来不要去从政当官，要坚持走科学之路、认真做专业研究。②

朱子清的家距离卓仁禧的宿舍也很近，甚至于有时能听到朱子清哄孩子睡觉的话。好多次朱子清的儿子调皮不睡觉，朱子清就反复说："睡觉、睡觉，不然老虎来了。"平时课余或者周末，卓仁禧也能碰到朱子清及家人散步、购物，相见也总是闲聊几句，因此卓仁禧和朱子清老师的关系非常亲密、和谐。③

朱子清在复旦大学执教时兼任上海有机化学研究所研究员，他在复旦大学有两名助手，辅助朱子清的科研及教学。其中一名助手叫黄文魁，福建莆田人，算是卓仁禧的福建老乡，黄文魁和另一名助手主要指导卓仁禧及其同学的实验课程，也给了卓仁禧很多的指点与帮助。④

在复旦大学这一年的学习，卓仁禧才算真正接触了有机化学，在协和大学和震旦大学基本上是学习基础课和语言课。由于名师云集，这一年在课堂和实验室中的学习，无论在知识上还是在方法上都让卓仁禧有了极大的收获，为他日后在科学研究上的突破打下了良好的基础。

在紧张而富有收获的学习中，倍感时间消逝之快，不知不觉之间卓仁禧在复旦大学的学习已近一年。1953 年 7 月初，按照常规他们就要放暑假了，

---

① 卓仁禧访谈，2016 年 11 月 15 日，北京。资料存于采集工程数据库。
② 同①。
③ 同①。
④ 同①。

可突然接到教育部通知，他们这届化学系的学生大三结束便提前毕业。[①]

卓仁禧及同学们都有点懵了，大家完全没有这个思想准备啊，太突然了！毕业实习、毕业论文等什么都没做，就这样提前结束大学生活了么？卓仁禧后来听说是新中国建设急需化学、化工方面的人才，因此安排他们提前毕业。不过，提前毕业福利还不错，毕业论文不用做，以后在工作中完成，三年毕业享受大学四年正常毕业的待遇，不放暑假，每位同学等待毕业分配方案宣布后即去单位报到。[②]

很快，1953 年 7 月下旬，分配方案公布了，卓仁禧和另外 6 名同学一起分配至武汉大学。就这样，一纸报到通知将卓仁禧送到了武汉大学，从此，他再也没有离开过珞珈山。[③]

---

① 卓仁禧访谈，2016 年 11 月 15 日，北京。资料存于采集工程数据库。
② 同①。
③ 同①。

第四章
潜心教研　进修深造

卓仁禧于 1950 年初进入福建协和大学学习，并从农学转学化学。1951 年协和大学被合并更名为福州大学，同年夏末卓仁禧转学至震旦大学。1952 年院系调整卓仁禧进入复旦大学，学习一年后于 1953 年 8 月提前毕业。三年半的时间辗转四所大学，1953 年 8 月卓仁禧至武汉大学报到，开启了自己在珞珈山麓六十余年的执教及科研生涯。

分配报到　入职武大

1953 年暑假已至，卓仁禧正准备回到鼓浪屿再次享受与 1952 年一样痛快的暑假生活，没成想突然接到提前毕业、等待分配的通知，无奈之下只好打消回家度假的计划，在学校等待分配。

7 月下旬，分配方案公布了，卓仁禧与于康在（音）、陈漱年（音）、陆定安（音）、洪道珠（音）、余妙类（音）① 等 6 名化学系的同学被分配至

---

① 于康在、陈漱年、陆定安、洪道珠、余妙类等姓名，均依据卓仁禧访谈录音整理而就，由于难于求证，故此姓名或许有误。——笔者注

武汉大学化学系，充实武汉大学化学系的教师队伍。[①]

分配至武汉大学的 6 个人中，于康在是共青团员，担任组长，6 个人的档案全部密封由他掌管，到武汉大学报到后亲自交到武汉大学人事处。分配方案宣布没两天，6 个人就购买好民生公司的船票准备去武汉大学报到。6 人只有 5 人成行，陈漱年（音）由于生病暂时不能去报到。[②]

1953 年 7 月 26 日，卓仁禧一行 5 人自上海乘船出发，28 日到达武昌中华路码头。有教授头衔的武汉大学总务长亲自带着一辆小客车来码头接他们，接到学校在人事处办理好报到入职手续后再送他们到化学系报到，可是在化学系报到时，却出现了一点波折。[③]

时任武汉大学化学系系主任的是叶峤教授，当总务长带领他们 5 人到化学系报到时叶峤觉得不可思议，认为他们可能是弄错了，告诉他们可能是分配至华中工学院[④]。叶峤的分析不无道理，一来武汉大学当年留校了 6 名毕业生，并不缺乏教师，一下子再从复旦大学分来 6 名毕业生有些不合常理。二来华中工学院刚刚筹建，化工系正缺教师，武汉大学当年都分配了好几名毕业生至华中工学院任教，故此分配至华中工学院的可能性比较大。[⑤]

这样，卓仁禧等人去化学系报到就被叶峤挡了回去，他们没有办法只好再次回到人事处，总务处当天也没办法给他们安排宿舍，好在学校已经放暑假了，就暂时将他们安排在外语系的教室里住宿。当晚，3 男 2 女把椅子放下来，铺上棉絮将就了一夜。[⑥]

第二天，5 人又去化学系找叶峤，并且反复说明分配不会有错。叶峤也很无奈，只好要求学校打长途电话至教育部有关部门，得到的答复非常明确，这 6 人就是分配给武汉大学化学系的，叶峤听到确认无误的消息嘴

---

① 卓仁禧访谈，2016 年 11 月 15 日，北京。资料存于采集工程数据库。

② 卓仁禧访谈，2017 年 1 月 4 日，北京。存地同上。

③ 同②。

④ 华中工学院，1952 年教育部于武汉筹建，1988 年更名为华中理工大学，2000 年并入同济医科大学、武汉城市建设学院、科技部干部管理学院组建为华中科技大学。

⑤ 同②。

⑥ 同②。

巴都惊讶得合不拢。既然教育部这样答复，系主任叶峤自是再无异议，签字接收，卓仁禧等就按程序办妥了报到入职手续。①

在外语系教室住了 3 天后，学校就将他们安排到了学校女生宿舍楼的三楼住宿，至此才算基本安顿了下来。由于时值暑假，化学系也还没有给他们定岗分配工作，他们就逐步熟悉学校环境，逛逛江城武汉，等待开学。

8 月份，卓仁禧一下子领到了 7、8 两个月的工资，每个月的基本工资是 53 元，当时，这份工资还算丰厚。②

执掌教鞭　助教助研

1953 年 8 月下旬，武汉大学开学了，卓仁禧被分配到有机化学教研室担任助教，当时有机教研室的主任是由系主任叶峤兼任。在具体分配新进助教的任务时，系主任介绍当时生物系需要化学系出一名教师担任助教，希望有"生物化学"的基础。由于卓仁禧在福建协和大学首先是学习农科，在学习农科时学习过"生物化学"这门课程，再加上后来在复旦大学是学习的有机化学，因此去生物系担任助教比较合适，故此卓仁禧就举手报名，愿意去生物系担任助教。③

当时在生物系教授"生物化学"这门课程的是侯金超副教授。侯金超当时 50 多岁，是专门研究生物化学的，也是化学系有机教研室的教师，派至生物系专门主讲"生物化学"这门课程，卓仁禧去生物系也就是给侯金超老师做助教。④

卓仁禧回忆说，当时做助教是和学生一起上课，课后负责答疑和辅导

---

① 卓仁禧访谈，2017 年 1 月 4 日，北京。资料存于采集工程数据库。

② 同①。

③ 同①。

④ 同①。

学生学习，并承担部分作业的批阅，有时也讲授辅导课。助教的另外一项工作就是指导学生做实验，每名助教负责指导 6 名学生的实验课程。[①]

当时卓仁禧这个助教并不好做。虽然卓仁禧在福建协和大学农学院学过"生物化学"这门课程，但是现在当教师了，要能给学生辅导答疑，才发现自己这门课程掌握的还是非常有限。此外，因为当时武汉大学生物系是在大学四年级开设这门课程的，卓仁禧是大三结束提前毕业的，如果继续读书也正好是大学四年级阶段。这就是说他现在上课的学生实际上和他是同龄、同届，知识的掌握程度大体相当，你如果露出破绽就可能会有学生刁难或者恶作剧，因此要做好这个助教当时还是有相当大的心理压力的。[②]

卓仁禧是一个非常要强、要面子的人。由于上述的原因，卓仁禧几乎每天晚上都在办公室或者实验室学习，恶补"生物化学"这门课程的相关知识和实验，从而保证他的知识辅导、答疑、实验指导都能胜任，不至于被学生难住。经过自己的刻苦用功，卓仁禧的助教工作做得非常出色，尤其是课讲得很精彩，不仅深得学生的信任和好评，也吸引了生物系领导兼著名教授高尚荫的关注。[③]

在给侯金超老师做助教期间，侯金超当时在翻译一本俄语版的《植物生物化学》作为学生的教材及资料使用，卓仁禧承担了一些校对、跑印刷厂等相关的辅助工作，同时开始对《植物生物化学》有了一定的认知。

给侯金超老师做"生物化学"的助教的时间仅有一个学期，到 1953 年底就结束了，后面侯金超及卓仁禧也没有再去给生物系讲授"生物化学"这门课。1954 年初，卓仁禧重新回到了化学系上课，给王以德教授当助教，具体负责"有机化学"课程的辅导及其实验。

王以德以前曾是广西大学教授，后调至武汉大学，其人功底扎实、教学水平高，与著名化学家曾昭抡有过科研方面的合作。卓仁禧给王以德做助教的时间稍长，大概有两年左右的时间，这段时间卓仁禧受益良多，他

---

① 卓仁禧访谈，2017 年 1 月 4 日，北京。资料存于采集工程数据库。
② 同①。
③ 同①。

边教学边学习，勤学好问，专业素质得到很大提升。①

无论辅导课、实验课，卓仁禧讲课声音洪亮、抑扬顿挫、生动有趣，就像一个很有经验的老教师。同时他的思想活泼，善于激发同学们的想象力和创造力，积极参加教学实验活动，引导学生依据文献制备化学实验，教学效果好、实验水平高，受到学生及校系两级领导的广泛好评。为此，1955 年，卓仁禧被学校推荐出任湖北省青年联合会委员。②③

1955 年初，卓仁禧想起一件事，就是毕业论文还没做。当时他们在复旦大学提前仓促毕业，毕业论文没有来得及做，国家给他们的政策是上班后再补做，时间、选题不做特定的限制。卓仁禧到武汉大学工作后，一直忙于工作和学习，没来得及顾上毕业论文的事，到了 1955 年工作大体稳定了，他就想把毕业论文完成。卓仁禧三年念过四所大学，一直不断地在熟悉新环境、变换适应中度过，学业的系统性确实不够，虽然工作了几年，但对武汉大学化学系的老师还没有特别熟悉和亲近一点的。因此在论文选题、写作方面卓仁禧还是想求助于复旦大学的老师。④

复旦大学化学系的教师卓仁禧最熟悉的就是朱子清教授了。朱子清老师胸怀天下，在卓仁禧毕业后不久就响应国家号召支援西部高等教育事业，主动离开条件优裕的上海，携带全家老小及主要助手，来到"马路不平、电灯不明"的兰州，在兰州大学开展化学研究及教学工作。⑤

当卓仁禧知道朱子清老师已经调离至兰州大学后，就给朱子清写了一封信，陈述了他关于毕业论文的想法和思路。很快，朱子清老师就给他回信了，基于他的想法和思路给他列出了 6 个题目供他选择，卓仁禧思考一段时间之后确定了其中一个题目。由于没有规定时间，故此卓仁禧也没有急着做，后来因为其他工作的干扰及被指派至南开大学进修，毕业论文的

---

① 卓仁禧访谈，2017 年 1 月 4 日，北京。资料存于采集工程数据库。

② 陈志鸿：《创造，没有终点——记新当选的中科院院士、武汉大学教授卓仁禧》，《化工英才》，1998（5）：44~45 页。

③ 陈志鸿：《创造无穷期——记中科院院士、武汉大学卓仁禧教授》，《中国高校师资研究》，2003（1）：48~54 页。

④ 同①。

⑤ 同①。

事就再次被搁置下来，最终也就不了了之，也没有谁去催问这件事。[1]

在做助教这段时间里，卓仁禧也参与过侯金超、王以德及教研室的一些科研工作，不过那个时期科研工作的气氛并不浓厚，具体做过一些什么项目的研究，卓仁禧也没有留下什么清晰的印记。

1956年初，由于卓仁禧的工作表现比较突出，教学和实验指导受到学生的广泛好评。同时谦虚谨慎、积极上进、勤奋好学，在系团组织的动员下，卓仁禧递交了入团申请书，并且很快得到批准，成为一名共青团员。[2]

珞珈山麓　收获爱情

窈窕淑女，君子好逑。卓仁禧在武汉大学做助教期间，高大英俊、风华正茂，珞珈山麓，才女如云。在无数双关注的目光中，一名秀外慧中的女学生向卓仁禧表达了自己的爱慕。

这个学生叫徐勉懿，是武汉大学化学系化学分析专业1952级的学生，事实上也就比卓仁禧晚两届、小三岁。卓仁禧分配至武汉大学时，宿舍是安排在女生宿舍的三楼，徐勉懿住在一楼。卓仁禧闲暇时经常唱歌，徐勉懿在一楼就经常听到卓仁禧的歌声，一打听知道是上海来的年轻教师，而且就是化学系的，这时卓仁禧的名字和形象就在徐勉懿的心中留下了印记。[3]

后来，徐勉懿做实验时恰好被分到了卓仁禧所负责的6人小组，由卓仁禧指导做有机化学实验，这时二人开始有了交集和接触。徐勉懿小家碧玉、做事认真，卓仁禧高大英俊、潜心教导。徐勉懿胆子比较小，总是低着头不怎么说话，害怕卓仁禧叫她的名字，也害怕他问她问题。[4]

---

① 卓仁禧访谈，2017年1月4日，北京。资料存于采集工程数据库。
② 同①。
③ 徐勉懿访谈，2017年6月21日，北京。资料存于采集工程数据库。
④ 同②。

但是，徐勉懿还是因一件事被卓仁禧逮住并受到了批评。当时徐勉懿她们做实验，卓仁禧要求必须提前预习，还要准备试验报告。在做某化合物的反应实验时，必须要找到该化合物的沸点。徐勉懿因为粗心，把沸点弄错了，导致实验不仅不顺利，而且无法得到预期的结果。结果，卓仁禧不仅当场批评了徐勉懿，还在实验报告上做了批注，质问既然实验手册说明了某化合物的沸点，为何在实验报告上把沸点写成错误的数据，然后签下了一个大大的"卓"字。这份实验报告徐勉懿保存至今，可惜存放失序，徐勉懿一时没找到。①

从徐勉懿一直收藏这份实验报告看，她应该早已对卓仁禧心存好感，在内心一直关注和欣赏着卓仁禧，但那时谁也没往深处想，二人还是纯粹的师生关系。

卓仁禧喜欢唱歌，徐勉懿也喜欢。徐勉懿至今清楚记得在一场化学系的新年师生联欢晚会上，卓仁禧表演独唱，唱得非常好，博得了学生们的阵阵掌声和如潮的好评。徐勉懿也很喜欢唱歌，中学时还在一次武汉市中学生合唱团举办的纪念冼星海的大会上演唱《黄河大合唱》。共同的爱好，英俊的形象，让卓仁禧的名字渐渐占据了徐勉懿的心灵。②

同时，卓仁禧的教学能力、教学效果有口皆碑，在同学、室友中经常被谈论，同学们众口一词地认可卓仁禧，这让徐勉懿对卓仁禧更是情有独钟，卓仁禧白马王子的形象在徐勉懿心中逐渐树立起来了。

转眼间到了 1956 年夏初，徐勉懿临近毕业了，余下的学业只有毕业论文。她思前想后，认为不能把自己对卓仁禧的爱慕永远埋在心中，她必须向卓仁禧表达自己的情感。在室友的鼓励下，徐勉懿觉得她是学生，主动出击兴许更合适一些。为了避免直接开口可能被拒绝的尴尬，聪慧的徐勉懿想出了一个比较婉转的办法。③

在仲夏的一个礼拜四，卓仁禧同宿舍、同专业的徐汉生老师对卓仁禧说，有一个女生想和他处朋友，卓仁禧问是谁，徐汉生说此人你认识，也

---

① 徐勉懿访谈，2017 年 6 月 21 日，北京。资料存于采集工程数据库。

② 同①。

③ 同①。

是你的学生，就是徐勉懿。卓仁禧如果同意，就请礼拜五在行政大楼图书馆附近见面聊聊。①②

其时，卓仁禧已经25岁了，也该谈婚论嫁了，父母也偶尔催促过。徐汉生一提，卓仁禧的脑海里就出现了徐勉懿秀美的形象，琢磨一下挺好的，就美滋滋地同意见面了。

次日黄昏，6点左右，卓仁禧如约前来，稍候片刻，就发现徐勉懿和另外一个女生一起来了，相互打过招呼之后，那个女生立刻知趣离开。于是，卓仁禧和徐勉懿就在图书馆门前一个大石头上坐下，由于二人都是青涩未恋爱过的人，加上过去毕竟是师生关系，不知怎样寻找合适的话题，略显尴尬，不咸不淡地说着题外话。③

二三十分钟的光景，卓仁禧见这样谈话多少有些窘迫，灵机一动对徐勉懿说，明天是星期六，早上10点我在行政楼等你，我们一起去东湖边走走。徐勉懿觉得不错，就答应第二天见。说好后，卓仁禧起身走进图书馆，结果发现徐勉懿也跟了进来，不过二人没再在一起，各自找地方看自己的书去了。④

星期六上午10点二人准时在行政楼前碰头了，然后一起去东湖边溜达，边走边聊。两人谈论文、说实验、讲故事、聊人生，甚是投机。不知不觉间就到了中午，徐勉懿说要回学校吃饭，傻傻的卓仁禧竟然不知道就在外面请徐勉懿吃饭，后来为此还经常调侃。于是，二人就都匆匆回校，各自去食堂吃饭。⑤

尽管两人谁也没说做不做朋友的话，但那个时代这么处就算是心照不宣了，从此以后逐渐发展成为形影不离的恋人。

再后面自然就是年轻人谈恋爱的节奏和桥段，珞珈山麓、东湖之滨、磨山之上开始洒下二人甜蜜身影。那时武汉大学组织过青年教师学军，其中有一项是学开摩托车，卓仁禧高大聪明，很快就学会了，并多次借机骑

---

① 卓仁禧访谈，2017年1月4日，北京。资料存于采集工程数据库。
② 徐勉懿访谈，2017年6月21日，北京。资料存于采集工程数据库。
③ 同①。
④ 同②。
⑤ 同①。

摩托车带徐勉懿在东湖边兜风，风驰电掣、英姿飒爽，二人甚是开心。①

确立恋爱关系后，卓仁禧、徐勉懿经常出入对方的宿舍，帮助对方的生活，彼此的室友也慢慢习以为常了。花前月下之余，二人也经常一起讨论徐勉懿的毕业论文，卓仁禧也尽力帮助，提出不少修改意见。不久，卓仁禧、徐勉懿的恋人关系化学系上下人尽皆知，传为美谈。②

夏末，徐勉懿要毕业了，起初的分配方案中徐勉懿被分配至中科院水生所。可是，分析化学专业的教授们都很喜欢徐勉懿，她成绩优秀、毕业论文质量高，平时文文静静，工作认真负责，而分析化学专业恰好也缺师资，故此教研室的老师们向系里提出将徐勉懿留下来当老师，也可以顺便成全卓仁禧与徐勉懿的爱情。系领导认真研究之后，同意了分析化学专业教授们的动议，修改分配方案，徐勉懿留校做分析化学的助教。③

这样，卓仁禧和徐勉懿的恋爱过程顺风顺水，至 1956 年 7 月二人的关系就算正式确定下来了。1956 年底，徐勉懿以恋人的身份随着卓仁禧来到了鼓浪屿，拜见了卓仁禧的父母和兄弟姐妹，并且在鼓浪屿愉快地游玩了一个多月。在鼓浪屿过完年后，卓徐二人一起返回珞珈山，准备新学期开学。④

徐勉懿留校后，卓徐二人各自干着自己的教学、实验和科研工作。两人不是同一个专业，工作不在同一幢大楼，但是两人在专业上彼此帮助，工作都很努力出色，领导同事也都认同。其间卓仁禧也多次陪伴徐勉懿到汉口看望抚养她长大的奶奶，徐勉懿的奶奶也很喜欢卓仁禧，鼓励他们互相帮助、相亲相爱。

时光如梭，很快就到了 1957 年的夏天，卓仁禧、徐勉懿认真思考后决定结婚。于是，二人按照政府规定的结婚程序，先去学校人事处开一张结婚证明，然后去卫生科体检取得体检合格证，再去中南路派出所办理结婚登记，一切手续顺利办完。下午五点左右，二人拿到了鲜红的结婚证书，

---

① 徐勉懿访谈，2017 年 6 月 21 日，北京。资料存于采集工程数据库。

② 同①。

③ 卓仁禧访谈，2017 年 1 月 4 日，北京。存地同①。

④ 同①。

成为合法夫妻，此后相亲相爱、相依相助走过大半个世纪。①

拿到结婚证后，小两口相约乘轮渡过汉口，决定先去照一张结婚纪念照，再一起共进晚餐庆贺人生新的开始。于是，卓仁禧先去理发，然后两人去汉口鄱阳街老字号"启新照相馆"照了结婚照。照完相之后两人一起来到了附近当时一家很有名气的西餐店，店名叫"靠墙泰"，二人美美地享用了一顿西餐。②

那时条件普遍比较艰苦，虽然卓仁禧和徐勉懿结婚了，但并没有分配房子。两人依然还像过去一样住在单身宿舍里，卓仁禧住一楼，徐勉懿住三楼。过一阵子，同事之间打商量，让徐勉懿的室友搬出去，卓仁禧搬进来，于是就这样成了一个家。虽然简陋，但这种状况在当时是一种普遍现象。③

1957 年暑假到了，卓仁禧写信告知父母他们已经办理了结婚登记手续，暑假将偕同徐勉懿一起回到鼓浪屿看望父母。卓全成老两口非常高兴，卓仁禧的母亲陈水莲尤其重视，破天荒按照信中说定的返回日期去厦门长途汽车站迎接他们俩。可是卓仁禧及徐勉懿的行程发生了变更，他们是边玩边走，先计划走鹰厦铁路，以为会通车，结果没有，只好临时改乘长途汽车经由泉州走山路回厦门的家中，厦门长途汽车站的车是从福州到厦门的，因此陈水莲就接岔了。④

卓仁禧、徐勉懿回到家中后，父母兄弟姐妹们都很高兴，纷纷向他们俩表示祝福。卓仁禧的父母信奉基督，决定给他们俩办一场基督教式的婚礼，就征求他们的意见，要不要去教堂举办婚礼。卓仁禧鉴于他们的身份和社会形势，认为不要去教堂。卓全成尊重卓仁禧的意见，就决定在家中为卓仁禧、徐勉懿举办一场基督教式的婚礼，为他们的婚姻送上一份庄重而虔诚的祝福。⑤

卓全成按照基督教婚礼的程式，选定 8 月 15 日作为婚礼的日期。这一天，卓家人将家中布置停当，叫来家族的主要亲戚和全部的子女，由卓

---

① 卓仁禧访谈，2017 年 1 月 4 日，北京。资料存于采集工程数据库。

② 同①。

③ 徐勉懿访谈，2017 年 6 月 21 日，北京。存地同①。

④ 同③。

⑤ 同①。

全成兼职牧师，在家中主持了卓仁禧、徐勉懿的婚礼。婚礼简单而庄重，完全是基督教的礼仪，所有到场的人共同见证了他俩的承诺，并为他俩送上了虔诚的祝福。婚礼后，全家人一起照了一张全家福以示纪念。[①]

得避风潮　南开进修

1957 年的暑假，卓仁禧、徐勉懿在鼓浪屿享受了一个温馨、愉快的蜜月。暑假结束，当他们高兴地返回珞珈山时，突然发现气氛有些不对。和同事们打招呼，人家却匆匆而过，甚至躲躲闪闪；给人家发喜糖，人家也面色木然，恭喜二字都说得勉强，后来他们俩就不敢再发喜糖了。回来在校园一转，再听听新闻，就明白为何气氛这般冷峻、严肃了。

其时，反右运动席卷全国，"大鸣、大放、大字报、大辩论"在武汉大学也进行得如火如荼，一大批知识分子、领导干部、民主人士和思想不成熟的青年被划定为右派分子，遭到了无情地批斗与迫害。当时在化学界，著名化学家、麻省理工博士、中科院院士曾昭抡戴上了著名的"六教授"帽子，被打成了最大的右派分子。支持和帮助过卓仁禧的朱子清教授竟然也在兰州大学被打成右派而受尽折磨。

卓仁禧回到武汉大学时，当时的气氛很紧张，上至教授、下至普通教师，人人自危。卓仁禧出身资本家家庭，又不是共产党员，平时在系里虽然业务能力强，但也是话多、"不安分"的活跃之人，依据当时的情况，时间一长，打击的范围再扩大，他不一定能够幸免。

也许上天在眷顾卓仁禧，就在卓仁禧忧虑于当时的形势发展时，一个偶然的安排让他离开了反右斗争开展得如火如荼的武汉大学。

卓仁禧、徐勉懿从鼓浪屿回来的第二天上午，他们俩就按照学校统一安排一起参加了一场学校组织的反右斗争活动。会后，卓仁禧被系党总支

---

① 徐勉懿访谈，2017 年 6 月 21 日，北京。资料存于采集工程数据库。

罗书记叫到办公室，罗书记对他说教育部要武汉大学化学系派一名青年教师去南开大学进修，师从苏联专家，鉴于卓仁禧的业务能力，系里研究决定派他去。目前，苏联专家已经到达南开大学，要卓仁禧第二天下午开完反右运动大会，在会上表态支持反右运动后，就可以乘火车去天津。[1]

接到这个通知后，卓仁禧立刻告知徐勉懿，二人马上去汉口买了去天津的火车票，然后去看望徐勉懿的奶奶，最后一起返回学校。第二天，他们俩一起参加反右运动大会，卓仁禧按照总支书记的要求在会上表态坚决支持反右运动，然后徐勉懿就把卓仁禧送到大智路火车站。卓仁禧告别新婚妻子，也告别此时无比喧嚣的武汉大学，登上了去天津的火车。[2]

第二天，卓仁禧抵达北京，然后转乘去天津的火车，第三天顺利到达了南开大学。找到化学系之后，打听到自圣彼得堡大学（苏联时期称为列宁格勒大学）来的马丁洛夫教授正在讲课，于是卓仁禧就找到教室也走进去听课，当时听课的大概有 20 余人，来自好几所大学。[3]

下课后，卓仁禧就去找南开大学化学系系主任高振衡教授，询问他来这里学习是怎么安排的。高振衡告诉他说，具体情况他也不清楚，卓仁禧来这里是仅仅听几次课，还是在这里跟着马丁洛夫做进修生需要到人事处去了解，他让卓仁禧第二天再来。

第二天，卓仁禧再去化学系找高振衡主任，高教授说已经弄清楚卓仁禧的情况了。卓仁禧是教育部依据中苏有关教育协议的安排，来南开大学跟马丁洛夫做进修生，课程安排类似于副博士研究生，时间是两年，结束后如果发表论文了还可以申请副博士学位。卓仁禧听到这个安排心里挺高兴，这样复旦大学的毕业论文可以不做了，专心在这里学习进修，争取发表论文，结束就可以拿到副博士学位了。[4]

除卓仁禧外，当时还有来自南京大学化学系的助教周庆立，他也是跟马丁洛夫做进修生，性质和卓仁禧一样。按照卓仁禧的说法，当时中国这

---

① 卓仁禧访谈，2017 年 1 月 13 日，北京。资料存于采集工程数据库。

② 同①。

③ 同①。

④ 同①。

边给卓仁禧、周庆立的定性是进修生，而给马丁洛夫的说法是副博士研究生，马丁洛夫将他们俩按照研究生的性质培养。①

其实，当时跟着马丁洛夫一起学习的还有另外两个人，一个是山东大学的一位副教授，叫杜作栋，他可能是因为科研项目需要马丁洛夫的指导，也跟马丁洛夫学习过一段时间，不过他只是偶尔来一下，并不似卓仁禧必须每天都要跟着马丁洛夫学习。此外还有一位南开大学自己安排的博士研究生周一民。南开大学在取得马丁洛夫的同意后也让她和卓仁禧、周庆立一起跟着马丁洛夫学习。周一民是女生，还是共产党员。②

当时南开大学给卓仁禧、周庆立、周一民三人一间实验室，四周都是仪器柜架和试验台，中间摆了一个长条桌。由于空间有限，长条桌只能两边坐人，卓仁禧、周庆立两位男士年龄相当，坐一边，周一民一个女生就坐他们俩对面。他们三个每天按照学校的作息时间来实验室看书学习或者做实验，马丁洛夫每天也会来实验室给他们布置任务、看他们做实验，有时也给他们辅导答疑。③

每天早上八点，卓仁禧等三人按照要求准时来到实验室做各自的事，不过不外乎看书学习或者做实验。马丁洛夫则是按照苏联的生活习惯工作，上午是否工作或者具体干啥卓仁禧不清楚，也不方便问。但是，马丁洛夫每天都在 12 点左右来实验室，给他们布置新任务，检查头一天布置的工作，有时也回答他们的提问或者进行一下实验交流。处理完这些事后通常就下午一点左右了，这时马丁洛夫离开，卓仁禧他们三个就赶紧去食堂吃饭。④

卓仁禧告诉访谈人员，因为马丁洛夫的这个工作习惯，他在南开大学的两年，除星期天之外，每天中午都是吃冷饭剩菜。⑤

卓仁禧介绍说，马丁洛夫 40 余岁，个性比较高傲，专业是元素有机化学，欧美叫作 Metal Organic Chemistry。马丁洛夫在南开大学时有两项翻

① 卓仁禧访谈，2017 年 1 月 13 日，北京。资料存于采集工程数据库。
② 同①。
③ 同①。
④ 同①。
⑤ 同①。

译工作，一项是外交部配备的，主要负责公务活动。另外一项是南开大学给他配备的，负责化学专业方面的翻译工作。马丁洛夫会一点点中文，但不熟练，与别人交流主要还是依靠翻译。[①]

卓仁禧第一次面见马丁洛夫时，马丁洛夫脸上有些淡漠，卓仁禧估计马丁洛夫内心是有点瞧不上或者怀疑他的能力。首次见面马丁洛夫话不多，但是给了卓仁禧一本关于化学实验的书，俄文版，里面一共描述了20余个各种类型的化学实验。马丁洛夫让卓仁禧在一个月内把书上的化学实验全部重复做一遍，弄清楚原理与流程，其间他会来检查与验证。[②]

卓仁禧心里揣摩，马丁洛夫这么做有两个用意，一是在心理上给已经是大学助教的卓仁禧一个下马威，树立自己的威信。二是有些怀疑卓仁禧的专业素质，想通过这些实验来检验与摸底卓仁禧的专业能力。[③]

开始一段时间卓仁禧非常努力，每天早上 6 点就起床，吃完早餐就去实验室，中午也就午餐耽误一会儿，偶尔小憩也是在实验台上眯一会儿，晚上干到 10 点钟才离开实验室。[④]

卓仁禧的俄语基础也一般，只在复旦大学时学过一个学期的俄语，后来在武汉大学给侯金超做助教时协助翻译过俄文教材，俄语能力又提高了一点，但与他的英语水平相比，相差甚远。由于马丁洛夫主要讲俄语，提供的资料也是俄文的，卓仁禧不可能有翻译，因此日常在做实验之余，还要努力学习俄语，以方便自己的工作和学习。[⑤]

毕竟有过几年的助教经历，过去也带过本科生做了许多实验，大约20天，卓仁禧就成功完成了实验书上的十六七个实验，而且都做得很漂亮。一天马丁洛夫来检查卓仁禧的实验，抽检了几个让卓仁禧做给他看，并询问了许多问题，最终露出了赞许的微笑。[⑥]

马丁洛夫离开时告诉卓仁禧，余下的几个实验不用再做了，转入其他

---

① 卓仁禧访谈，2017 年 1 月 13 日，北京。资料存于采集工程数据库。

② 同①。

③ 同①。

④ 同①。

⑤ 同①。

⑥ 同①。

的工作，并且把那本实验书也收走了。后来卓仁禧才知道，那本书是圣彼得堡大学高年级的化学实验教材。[①]

此后，马丁洛夫每天都来布置工作，第二天来检查，卓仁禧的学习开始逐步走入正轨。

作为进修教师，卓仁禧当时在南开大学进修主要是跟着马丁洛夫学习、做实验，并围绕他制定的课题做实验研究。当时马丁洛夫交给卓仁禧的任务就是做系列的元素有机的达曾斯反应（Darzens Reaction）实验，其中以合成有机硅、有机锡的达曾斯反应为主要方向，并依据实验研究撰写论文。因此，卓仁禧就按照马丁洛夫布置的任务，围绕达曾斯反应做实验，其间也时常得到马丁洛夫的指点，偶尔也在专业翻译的帮助下进行一些专业交流。[②]

人生总是有许多的巧合，卓仁禧在马丁洛夫指导下所开展的有机硅研究，偶然与卓仁禧回到武汉大学后曾昭抡所倡导的元素有机研究形成了衔接契合，这为他结束进修学习返回武汉大学后，能够在另一位大师的指导下继续开展相关研究奠定了基础，从而让他在该领域取得了一系列的重要成果。

卓仁禧告诉我们，由于有些问题过于专业，通过中文的翻译交流有时也会出现一些障碍，这时卓仁禧与马丁洛夫会绕过翻译通过英语交流，往往这样既明确效率又高。马丁洛夫和卓仁禧的英语水平都很高，但是马丁洛夫不知是不是因为外事纪律的原因，通常并不用英语和卓仁禧及另外二位交流。[③]

在卓仁禧、周庆立及周一民各自做实验的期间，发生过一起实验爆炸事故，卓仁禧在这次事故中受伤了。

时间大致是 1958 年上半年的一个星期五的晚上，党员教师在他们实验室上面的楼层过组织生活，那晚实验室只有卓仁禧和周一民，两人各自做着自己的实验。但是那天不知是什么原因，周一民一人做两台实验，一人

---

① 卓仁禧访谈，2017 年 1 月 13 日，北京。资料存于采集工程数据库。

② 同①。

③ 同①。

在两个台子上轮流照应着，其中的一台就在卓仁禧的对面。卓仁禧正做着自己的实验，突然感觉来自对面的一股强烈的震动，同时灯也熄灭了，他没有听到任何声音，瞬间就眩晕过去了。[1]

等他醒过来时才发现实验室来了好多人，自己面前的实验仪器都没了，实验室的数百件玻璃及其他仪器也都不见了，地上到处是碎玻璃及横七竖八的仪器，自己的左耳朵正在流血，他对面的墙壁上还炸出一个约2.5厘米深的洞，周一民由于正好在照看另一台实验，所以除了碎玻璃擦了一点皮外伤也基本没事。卓仁禧在别的学生陪同下去学校医务科处理伤口，结果发现左耳郭上被玻璃击穿了一个洞，耳朵周边布满了碎玻璃，还好清除碎玻璃、处理好伤口也没大碍，没有造成严重外伤及后遗症，仅仅在卓仁禧的左耳上还留下了一个耳洞，至今也能看得见。医生说，卓仁禧当时没听到爆炸声，可能是因为瞬间冲击受伤短暂失聪所致。[2]

第二天，南开大学保卫部还来实验室调查、询问、拍照，确认卓仁禧没有任何责任。学校后来怎么处理这件事卓仁禧没有过问，他也不想知道，也没有人告诉他。但毕竟只是实验失误，应该处理不重，实验室恢复后周一民照常来学习、做实验，不过后来谨慎得多。

卓仁禧按照马丁洛夫的部署进行实验研究还是取得了比较理想的效果，经过一段时间的探索，卓仁禧的达曾斯反应实验主要围绕以含硅羰基化合物的方向进行，不久就有了理想的结果和发现，并分别于1958年、1959年撰写了《含硅羰基化合物的Darzens反应》（图4-1）和《三甲硅烷基苯基酮与有机镁化合物的反应》两篇学术论文，前者以马丁洛夫和卓仁禧的名义发表于《化学学报》1960年的第24期上，这是卓仁禧人生的第一篇公开发表的学术论文，其时卓仁禧29岁，这在当时来说算是比较优秀的。后一篇论文在经过多次修改完善后同样以马丁洛夫和卓仁禧的名义刊发在《武汉大学学报（自然科学版）》1964年的第17期上。[3]

卓仁禧是以进修教师的身份来学习和工作的，因此南开大学还是按照

---

[1] 卓仁禧访谈，2017年1月13日，北京。资料存于采集工程数据库。

[2] 同[1]。

[3] 同[1]。

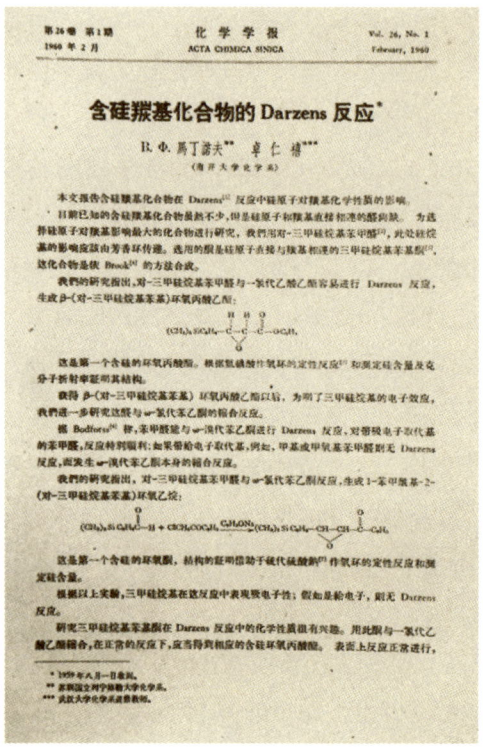

图 4-1　卓仁禧与马丁洛夫联合发表的学术论文
（资料来源：王艳明扫描）

教师的模式来安排他的工作，除了跟着马丁洛夫学习和研究之外，南开大学化学系也给他布置了一些助教任务。

两年间，基本上每周四或者周五的晚上，卓仁禧要在实验室等候学生来问问题，给他们辅导答疑。此外，南开大学还给他们布置一些翻译任务，卓仁禧参与过好几本英文参考书的翻译工作，还与另外一位留德回来的教师一起翻译过一本德文版化学参考书，供学生和教师使用。①

卓仁禧和周庆立也参与南开大学化学系的思想学习活动，卓仁禧当时是参加工会学习小组的学习，卓仁禧因为年轻活泼，还被推选为工会学习小组的组长。他记得当时不仅多数情况下每周都要开会学习，而且还要每月收取会费，开展一些与政治学习有关的活动。②

当时来南开大学进修的教师统一住在第八宿舍楼，里面也住南开大学自己的助教，每间宿舍放四张高低床。卓仁禧当时是住四人间，每人一张高低床，上下铺自己选择放行李或者睡觉。卓仁禧和周庆立住在同一间宿舍，记忆中是四楼或者五楼。关于伙食，从 1957 年刚去时至 1958 年都还不错，到了 1959 年质量就日渐下滑，最后只能保证基本供应了，主要是窝头咸菜，虽然吃不饱，但也没有太苦，比社会上还是强多了。第八宿舍楼出去左转就是天津大学，当时两所大学没有围墙，相距很近，闲暇时卓

① 卓仁禧访谈，2017 年 1 月 13 日，北京。资料存于采集工程数据库。
② 同①。

仁禧也会去天津大学走走。①

卓仁禧回忆说，他们进修生偶尔也搞点文体娱乐活动，马丁洛夫也参加。马丁洛夫身体比较健壮，参加过卫国战争，在体育运动上不逊色于卓仁禧等小伙子。卓仁禧印象最深的是马丁洛夫的手榴弹投得很远，当时因为"保家卫国"的需要，投手榴弹是一项常见的运动。马丁洛夫一投就是50米开外，卓仁禧他们最多也就40余米。②

卓仁禧在南开大学的学习生活是紧张、丰富而忙碌的，以至于1958年春节都是在天津度过的，没能回武汉和新婚妻子团聚，尽管其时他已经知道徐勉懿怀孕了。③

总理接见　进修结业

在南开大学学习期间，卓仁禧经历了一件让他毕生激动而难忘的事，就是见到过敬爱的周恩来总理，和南开大学其他进修教师及学生们一道受到过周恩来总理的接见。

1959年5月28日上午9时45分，周恩来总理在当时的天津市委、市政府及国家有关部委领导的陪同下回到母校南开大学视察工作。一时南开大学师生奔走相告，大家不约而同地来到图书馆前的广场上，等待周恩来总理接见。④

上午10点左右，周恩来总理听说3000余名师生已汇聚在图书馆前面，立刻改变视察安排，来到图书馆东侧前的会见广场，与全体师生见面。3000余名师生席地而坐，认真聆听周恩来总理的讲话。总理精神振奋，发表了热情洋溢、语重心长的讲话，讲话涉及国家政治、经济、外交、教

---

① 卓仁禧访谈，2017年1月13日，北京。资料存于采集工程数据库。

② 同①。

③ 同①。

④ 关于周恩来同志在南开中学、南开大学上学和新中国成立后几次来南开大学情况的报告。南开大学校史网，2016-01-07. http://news.nankai.edu.cn/xwzt/system/2016/01/07/000264084.shtml.

育，也谈到了大跃进、教育与生产劳动相结合，鼓励大学生们努力学习，为国家发展做贡献。整个讲话持续了一个多小时，临近中午才在工作人员及其他领导的催促下结束讲话。①②

卓仁禧当时就和南开大学的数千名师生一起坐在图书馆前的广场上，认真听取了周恩来总理的讲话，总理的身影和形象就这样一辈子刻在脑海中。总理走了，部分同学追随着总理的身影，卓仁禧和另外部分同学一样，坐在广场上久久不肯离去。③

下午，周恩来总理一行还来化学系视察工作，参观了化学的高分子及其他几个实验室，了解了几个当时比较有前景的研究项目及化工产品。在化学系的参观中，马丁洛夫也获准参加了，并就一个预防原子战争中毒的项目研究回答过周恩来总理的提问。其后周恩来总理还与马丁洛夫夫妻一起合影留念。④

这是周恩来继 1951 年、1957 年之后第三次，也是最后一次回到母校，这一天总理从上午 9 点多到晚上 6 点多一直在南开大学视察，南开师生永远记得这一天，这一天永铭校史。

1959 年底，马丁洛夫按照协议要结束他在南开的教学工作并返回苏联，卓仁禧、周庆立自然也就随之结束他们在南开大学的进修学习，返回各自的单位工作。按照程序，南开大学化学系要给卓仁禧两年多的进修学习进行总结评定，并给出成绩。不过这个评语及成绩只会以组织的名义寄送给武汉大学人事处，卓仁禧不可能知道。不过化学系有关领导私下给他透漏过，说马丁洛夫对卓仁禧比较满意，评价很高。那么据此推定，南开大学给卓仁禧的进修评语应该不差，因为他们给定的成绩主要依据的是马丁洛夫的评价。⑤

综合卓仁禧进修返回武汉大学不久，即被授予"湖北省劳动模范"的

---

① 周总理三回母校南开大学。南开大学校史网，2015-03-05. http://news.nankai.edu.cn/xs/system/2015/03/05/000223914.shtml.

② 卓仁禧访谈，2017 年 1 月 13 日，北京。资料存于采集工程数据库。

③ 同②。

④ 同①。

⑤ 同②。

荣誉来看，南开大学给他的进修评价应该是积极而正面的，否则他应该不可能在当时取得那么高级别的荣誉。

卓仁禧在南开大学的两年多进修学习也给南开大学化学系的部分教师留下了比较深的印象，在二十世纪八九十年代以后的学术交流中，卓仁禧也常来到南开大学，南开大学化学系的部分同行也偶尔谈起他当年进修的一些事儿。

马丁洛夫离开中国之前，向中国外交部及南开大学方面提出了两个要求。一是希望得到他们夫妇与周恩来总理的合影照，二是要求南开大学给卓仁禧、周庆立授予副博士学位。因为他对卓仁禧二人的培养完全是按照他在东欧及苏联副博士的模式实施的，他们无论学制和成绩也都达到了副博士的要求。[①]

对于第一个要求，南开大学反映上去后，得到的答复是报纸上刊登了周恩来总理与马丁洛夫夫妇的合影，找到报纸即可。可马丁洛夫不满意这个回复，执意要求拿到这张照片，要求再次反馈上去后，不知最终通过什么途径，马丁洛夫最终如愿拿到这张照片。[②]

对于第二个要求，南开大学直接给予了拒绝。原因很简单，新中国成立后所有高等学校取消了民国时期沿袭欧美的学士、硕士、博士的学位制，新中国自己的学位制虽然几经动议，但因为"左倾"思潮的影响及其他原因并未建立起来，因此南开大学此时并没有授予学位的权力。退一步讲，即使可以授予，按照卓仁禧的进修教师的性质能否授予某种学位，或者可以授予，但是否是因袭苏联的学位制也未可知。[③]

不过，据卓仁禧回忆，他们当时到南开大学进修时，有关人士确实给他说过如果进修成绩合格有可能被授予副博士学位的。以访谈人员对卓仁禧的了解，卓仁禧院士对于没有取得副博士学位还是留下了很深的遗憾。

跟随马丁洛夫两年多的进修学习给予卓仁禧的最大收获就是在科研上的滋养，经过这次学习，他的研究视野变得开阔、专业思维变得敏锐、思

---

① 卓仁禧访谈，2017 年 1 月 13 日，北京。资料存于采集工程数据库。

② 同①。

③ 同①。

维方法得到创新、对实验的分析与判断更加精准，这是他自己对进修收获的总结与梳理，这些收获让他在以后的科研工作中受益无穷。

短暂度假　弥补妻儿

　　两年多的进修学习，卓仁禧最亏欠的就是夫人徐勉懿。徐勉懿一个人带着孩子，又当爹又当妈，还要紧张地工作及参加各种运动，卓仁禧在此期间仅在一个短暂的暑假里回来了一趟，稍微弥补了一下对妻子及女儿的亏欠。

　　1957年秋，卓仁禧至南开大学进修时徐勉懿刚刚怀孕，卓仁禧走后不久徐勉懿开始有了妊娠反应，卓仁禧也不在身边，她要教学、要参加反右运动的各种活动，只能一个人艰难地扛着。1958年春节，卓仁禧都没能回来过年，徐勉懿也好强，没有给卓仁禧诉苦，明白他在那里进修也不轻松。

　　1958年上半年，徐勉懿的肚子越来越大了，可是工作环境和气氛越来越紧张，反右运动刚刚缓下来，"大跃进"运动又开始了，年轻教师更是要在这个运动中积极表现，参加学校工厂的各种劳动及社会活动，徐勉懿挺着大肚子极不方便，可是也得克服困难、咬紧牙关坚持参加。

　　徐勉懿想请产假，当时的产假只有56天，一打听，产前请长了产后就短了，一天都不能多休。"大跃进"运动，人人要求"鼓足干劲，力争上游"，谁也不能例外，徐勉懿没有办法，只好拖着大肚子在教室、实验室、工厂、街道工作和劳动，为教学和"大跃进"运动贡献自己的力量。[1]

　　徐勉懿对访谈人员说，当时的困难至今记忆犹深。别的困难不多说，单说当助教带学生做实验，化学实验的瓶瓶罐罐很多，每次准备实验要在仪器架上频繁拿取仪器，一天不知要弯多少次腰，以前不觉得，怀孕挺着大肚子时常常弯腰，实实在在是痛苦不堪。[2]

---

① 　徐勉懿访谈，2017年6月21日，北京。资料存于采集工程数据库。
② 　同①。

预产期临近了，徐勉懿才请假回到奶奶家待产。七月初，徐勉懿生下了大女儿卓扬，其时卓仁禧也不在身边，由年迈的奶奶一手操持。女儿生下来不久，由于一次疏于看护，从竹床上翻了下来，小小的身体多处擦伤，这时卓仁禧才结束1958年上半年的进修学习，趁着暑假立马从天津赶回来。①

看着自己从未谋面而又受伤的女儿，卓仁禧既高兴又愧疚。高兴的是自己做爸爸了，愧疚的是对不住妻子和女儿。

1958年的暑假卓仁禧在武汉待了一个多月。添了女儿，不能再在单身宿舍住了，卓仁禧要做的第一件事就是向学校申请住房，还算幸运，学校给他们在现在早已拆除的二区分了两间房。但是这两间房需要原住户腾出，由于没有协调好，原住户不愿腾退，卓仁禧他们住不进去。无奈，卓仁禧又赶紧想辙。②

好在学校又在原新二区分配一小套房子，其实也只有两小间。一楼住着一个教授，卓仁禧夫妻俩住二楼，邻居是一位学校图书馆的职员，人很友善，卓仁禧立刻把房子简单粉刷布置了一下，购置一应生活必需品，然后把徐勉懿母女俩从汉口奶奶家接过来。③

把母女俩的一切料理妥当后，卓仁禧赶紧离开武汉赶赴天津南开，继续他的进修学习。徐勉懿也在产后休息42天之后，开学进入新学期的工作。此后直到1959年底的一年多，徐勉懿又是一个人带着女儿，继续在工作之时又当爹又当妈地对付着艰苦的日子。④

但是徐勉懿也是一个不服输的人，虽然困难重重，但并没因此而影响工作，同样是克服困难认真教学，兢兢业业地备课、准备实验、答疑辅导，受到学生及同事的好评，各种政治活动、社会活动也是按照规定积极参与，各方面的表现在当时都是出色的。

徐勉懿回忆说，由于上班要认真工作，不方便给孩子喂奶，衣服经常

---

① 卓仁禧访谈，2017年1月13日，北京。资料存于采集工程数据库。

② 同①。

③ 同①。

④ 徐勉懿访谈，2017年6月21日，北京。资料存于采集工程数据库。

被奶水浸湿了，既难受又尴尬，可别无选择，只能等到下班才能处理。①

　　1959 年底，徐勉懿可算盼到卓仁禧进修结束回到武大了。虽然接下来就是"三年自然灾害"，日子依然艰难，但至少一家人能相濡以沫，共渡难关。

---

① 徐勉懿访谈，2017 年 6 月 21 日，北京。资料存于采集工程数据库。

第五章
崭露头角　致力有机硅研究

1959 年底，卓仁禧回到武汉大学，报到后等待系领导重新分配工作。

其时，历经反右运动之后的武汉大学化学系出现了一个比较大的变化，这种变化在客观上给卓仁禧创造了新的进步和提升的契机，也确立了他前半生的研究领域和成果类型。

得遇良师　获评劳模　成果丰硕

1958 年 4 月，史无前例的反右运动将我国著名的化学家曾昭抡先生（图 5-1）裹挟至武汉大学。曾昭抡先生只身来到武汉大学之后，不敢过问世事，天天从早到晚泡在图书馆和资料室，如饥似渴地查询、阅读各种化学及其他科学文献，做了大量的读书笔记及资料卡片。在采集小组所做的访谈中，一位强调隐去姓名的中层干部回忆说，当年曾昭抡先生所做的蝇头小楷资料卡片有数千张之多，极其珍贵，可惜后来都散失了。[①]

---

① 刘基万：《缅怀曾昭抡先生在武汉大学的杰出贡献》.《化学通报》，1999（11）：45~48.

图 5-1　我国著名化学家、教育家和社会活动家曾昭抡先生（资料来源：网络采集）

至今，多位武大化学系的教师和领导都清晰记得，当年曾昭抡先生由于学习和思考极度专注，多次在往返住处和图书馆、资料室的途中受过伤。①

来到武汉大学，对于曾昭抡先生来说是遗憾和灾难性的，但对于武汉大学化学系而言则是一份幸运和一个契机，他对武汉大学化学系的发展，尤其在学科建设、科学研究、人才培养上起到了至关重要的作用。

从 1959 年开始，思想敏锐的曾昭抡在武汉大学主持开展了元素有机化学的研究，亲自编写《元素有机化学》的教材，并亲自给学生主讲这门课程，同时率先指导成立有机氟科研小组，并提携后来成为武汉大学校长、我国著名高等教育专家的刘道玉出任组长，卓有成效地开展以二氟二溴甲烷灭火剂等为代表的多项专题研究，取得了显著的研究突破和实际应用成果。②③

有机氟研究小组之后，曾昭抡先生又先后倡导成立了有机硼、有机磷、有机硅、高分子等五个研究小组。1959 年底，武汉大学化学系元素有机教研室正式成立，曾昭抡被任命为教研室主任，其时卓仁禧刚好从南开大学结束进修学习回到武汉大学，鉴于卓仁禧在南开大学的学习内容和成绩，在曾昭抡的提议下，卓仁禧被任命为有机硅研究小组的组长，成为曾昭抡的得力助手，后来还协助曾昭抡指导研究生。④⑤

自 1960 年开始几年间，卓仁禧在曾昭抡的指导及合作之下，结合在南开大学马丁洛夫手下的研究成果与经验，开展了一系列有机硅方面的研究，取得了多项有价值的研究成果。

---

① 王积涛：《忆曾昭抡先生的风采》。《化学通报》，1999（11）：54.

② 刘基万：《缅怀曾昭抡先生在武汉大学的杰出贡献》。《化学通报》，1999（11）：45-48.

③ 卓仁禧访谈，2017 年 3 月 9 日，北京。资料存于采集工程数据库。

④ 卓仁禧教授，《武汉大学学报（自然科学版）》，1988（02）：131-132.

⑤ 同③。

据卓仁禧回忆，当时在曾昭抡指导下，他所进行的一项最有价值的研究就是耐高温、耐油脂的硅晴橡胶研究。天然橡胶不耐高温和油脂，通过添加有机硅材料进行化学处理使其具备耐高温、耐油脂的性能，从而扩大橡胶的用途，这无论是在人民生活领域，还是工业用途上都具有广阔的应用前景。[①]

经过一段时间的研究，卓仁禧在硅晴橡胶、丙烯酸橡胶的研究上均取得了一些进展与突破，经与曾昭抡一起分析预测，取得更大成果应该没有问题，预期前景也应该不错。可是，随着文化大革命到来及曾昭抡先生再次受到致命性迫害，良好的阶段性成果很快毁于一旦，卓仁禧谈及此事总是遗憾不已。[②]

1960年，卓仁禧的第一篇学术论文《含硅羰基化合物的Darzens反应》在《化学学报》刊发，其合作者就是他在南开大学进修学习的指导老师马丁洛夫，这在当时的武汉大学化学系的年轻教师中还算是一个不大不小的新闻，在那个年代，以不到30岁的年龄在如此高水平的学术刊物上发表学术论文还是挺不容易的。这也让曾昭抡先生及当时化学系其他的领导和教授们对卓仁禧刮目相看。

除此之外，1960年卓仁禧还以第一作者的身份，与林颐庚、陈远萌、刘基万、王光辉等合作者一起，基于在有机硅研究上的成果，在《武汉大学学报》第13期自然科学版上发表了《氰烷基氯硅烷的合成》《氰烷基氯硅烷的酯化》两篇学术论文。卓仁禧在马丁洛夫和曾昭抡指导下的有机硅研究取得了良好的开端。

由于卓仁禧在南开大学进修时获得的良好评价、在助教岗位上的出色表现、在有机硅研究上所体现的专业能力及取得的初步成绩，经过校系两级的提名、酝酿及征求意见，卓仁禧被评上了"1960年度湖北省劳动模范"，这一年他仅29岁。省级劳模，无论在过去还是在今天，都是一个等级比较高的荣誉，以当时卓仁禧的情况，自然是凭借自己的不懈努力和优秀成绩所取得的。[③]

---

① 卓仁禧访谈，2017年3月9日，北京。资料存于采集工程数据库。
② 同①。
③ 同①。

在获得湖北省劳动模范之后不久，卓仁禧正式晋升为讲师，工资也由65元涨至72元。①

1960年的确是卓仁禧小有收获的一年，除了在工作上取得了成绩得到了组织的肯定与表彰，卓仁禧还喜得贵子，儿子卓夫来到了这个世界，卓仁禧、徐勉懿儿女双全，虽然处在"三年自然灾害"的艰苦环境中，但欢声笑语不断。②

图 5-2　曾昭抡主编、科学出版社出版的《元素有机化学》（资料来源：网络采集）

1960年至1966年间，武汉大学元素有机教研室在曾昭抡的主持下取得了丰硕的成果，逐步在全国形成较大的影响。卓仁禧积极参与其中的教学和科研工作，曾昭抡先生主持编写的140余万字的《元素有机化学》教材（图5-2），卓仁禧也参与了其中关于有机硅及其他相关部分内容的编写工作，在《元素有机化学》系统性研究中做出了应有的贡献，同时发表了多篇学术论文。③

据统计，1960年至1966年间，卓仁禧以第一或者第二作者的身份共发表以有机硅研究为主体的元素有机化学方面的研究论文12篇，其中与马丁洛夫合作2篇，与曾昭抡先生合作5篇。这些仅仅是曾昭抡先生当年在武汉大学创立的元素有机化学研究成果的一个缩影。

卓仁禧与曾昭抡合作的论文有5篇分别发表在《科学通报》《化学学报》《高等学校自然科学学报》及《武汉大学学报（自然科学版）》等具有较高学术水平的刊物上，其中一篇是以英文的形式发表的。这些学术论文

---

① 卓仁禧访谈，2017年3月9日，北京。资料存于采集工程数据库。
② 同①。
③ 同①。

无论从数量还是从质量上至少说明了两个问题，一是卓仁禧当年与曾昭抡先生关系密切、合作频繁（图5-3），卓仁禧深得曾昭抡的器重与提携。事实也是如此，1964年前后，经曾昭抡先生提议，有机硅研究组组长卓仁

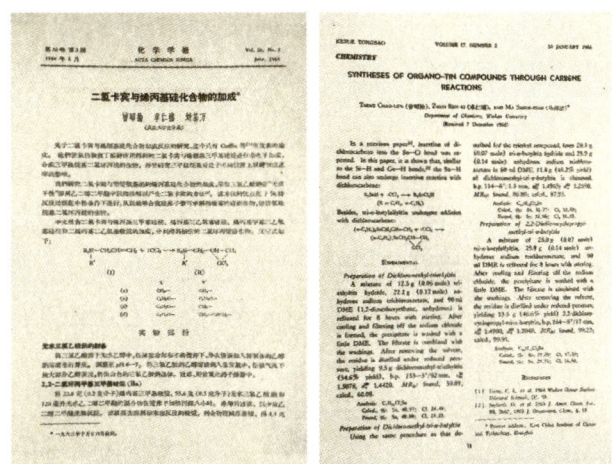

图5-3 卓仁禧与曾昭抡合作发表的两篇学术论文（资料来源：王艳明扫描）

禧被任命为化学系元素有机化学教研室副主任，直接协助曾昭抡主任的工作。二是当年武汉大学化学系在曾昭抡的引领下，元素有机化学取得了丰硕的成果，卓仁禧在有机硅上的研究也已达到了比较高的水平。[①]

南开大学进修学习的研究范畴及在曾昭抡指导下的元素有机化学的专业选择，形成了卓仁禧早期的研究方向，但这种研究由于那个时代的特殊性，良好的研究开端并未得到延续，其后不断受到政治运动的干扰，其间更是充满偶然性和戏剧性。

遭遇"文化大革命" 下放"五七干校"劳动

1966年，"文化大革命"波及武汉大学校园，武汉大学揪出了以校长李达、原党委书记朱劭天、常务副校长何定华为首的"珞珈山三家村"，整个校园陷入空前混乱的状态，学校正常的教学和科研被严重冲击和扰乱，武汉大学化学系也很快进入到了混乱惨烈的状况之中。随着曾昭抡先生再

---

① 卓仁禧访谈，2017年3月9日，北京。资料存于采集工程数据库。

次遭到迫害并罹难，他一手创办且已取得良好开局的元素有机化学的研究顷刻间分崩离析，卓仁禧等一批科研人员也都受到了不同程度的影响，研究工作难以为继。

"文化大革命"中的武汉大学是很喧嚣的。和全国所有高校一样，正常的教学和科研都无法维系，处于瘫痪状态，卓仁禧和许多教师一样，基本都裹挟在这场运动之中。于武大而言，武斗之后工宣队进驻学校，武汉大学化学系自然也是由工宣队来主导一切工作，其间化学系的组织结构不断变化，甚至有一段时间实行军事部队化管理，化学系改称三大队，卓仁禧所在的元素有机教研室叫 14 连，徐勉懿所在的化学分析教研室叫 12 连。开始一段时间，卓仁禧由于家庭背景及其身份的缘故开始受到冲击。①

此时，化学系出现了针对卓仁禧的大字报，说他出身于大资本家家庭，是与无产阶级对立的资产阶级，虽然业务能力强，但专而不红，不向党组织靠拢。当时针对他的大字报被装订在一本名叫《烈火》的册子里，里面有 30 余张批判揭发多位教师的大字报，对卓仁禧主要是批判，大概有好几张。②

卓仁禧很长一段时间保留了这本名叫《烈火》的大字报册子，可后来还是在一次搬家中扔掉了。③

不过，那时这种大字报满天飞，大多数人都未能幸免，也许因为年轻，历史毕竟简单，也没有得罪过什么人，因此经过几次不痛不痒的检讨和思想汇报，也未给卓仁禧带来大的灾难。虽然很多教师在长达 10 年的运动中因为各种原因被抄过家，但卓仁禧很幸运，一次也没有被抄家过，他也没有去抄过别人的家。

但是，大资本家的出身在那个时期就像一颗定时炸弹，说不定哪一天就被再次引爆，果然，又有人拿他的出身和家庭社会关系做文章，卓仁禧这次没那么幸运，夫妻俩因为这个吃了一点苦头。

这件事牵涉到今天武汉大学化学系的一些具体的人和事，许多人依然

---

① 徐勉懿访谈，2017 年 6 月 21 日，北京。资料存于采集工程数据库。

② 卓仁禧访谈，2017 年 3 月 9 日，北京。存地同上。

③ 同②。

健在，因此采集小组只能含糊交代一个梗概。

由于"文化大革命"前卓仁禧的业务能力比较突出，在青年教师中已经脱颖而出，化学系某位主要业务领导比较器重卓仁禧，但另一位党组织领导与业务领导有过节，却又抓不到这位业务领导的把柄，就选择拿卓仁禧开刀，希望从卓仁禧这里打开缺口，借此整那位业务领导。①

于是，鉴于卓仁禧出身资本家家庭，其堂姐卓一龙嫁给了傅聪，傅聪当时被污蔑为"叛徒"，其父傅雷更是全国著名的"亲美、反苏、反党"分子，因此卓仁禧一定也有问题。由于卓仁禧一直读书，因此那位领导就认定以卓仁禧的家庭背景及在中学阶段的表现，卓仁禧一定在学校读书期间参加过国民党的"三青团"。②

那位领导及追随者多次威胁利诱，希望卓仁禧承认自己参加过"三青团"。但卓仁禧确实没有参加过"三青团"，心里明白这事的利害关系，始终坚定地否认自己参加过这个反动组织，他甚至激愤地对那位领导说："我没有参加过，如果有证据证明我参加了，可以枪毙我，我签字。"③

那位领导在卓仁禧这里没有达到目的，又去做徐勉懿的思想工作，诱骗徐勉懿说承认就没事，可以帮助过关，好在徐勉懿并不糊涂，同样坚定地回答没有参加"三青团"，人生履历清清白白。④

在卓仁禧、徐勉懿这里没有取得突破，那位领导又通过工宣队派出调查人员到厦门，在原英华中学调查走访多位人士，大家一致否认卓仁禧参加过"三青团"这个组织。派人外调这件事卓仁禧还是很久以后才从一位原来的工宣队员口中知道的。⑤

虽然那位领导没有达到目的，但也不肯善罢甘休，最终瞅到一个机会到工宣队告卓仁禧的状，工宣队也借口出身资产阶级的名义将卓仁禧夫妇下放到"五七干校"，接受劳动改造。⑥

---

① 卓仁禧访谈，2017 年 3 月 9 日，北京。资料存于采集工程数据库。
② 同①。
③ 同①。
④ 徐勉懿访谈，2017 年 6 月 21 日，北京。存地同①。
⑤ 同①。
⑥ 同①。

不过，尽管卓仁禧长期被那位领导盯着，工宣队并未对卓仁禧采取极端措施。这既由于不实之词始终查无实据，又因为卓仁禧的文艺特长及专业特长是工宣队经常需要的，故此卓仁禧还算比较自由。

工宣队进校进系后，经常有各种各样的政治宣传活动，需要一些能歌善舞有文艺特长的人参与。卓仁禧一方面比较活泼，另一方面有歌唱天赋和文艺组织才能，这给工宣队开展各种活动提供了有力的帮助，从而让工宣队多少对卓仁禧网开一面。①

此外，当时学校及化学系有很多工厂，这些工厂也出一些产品，同时也要应付一些口号搞一些生产活动。当时搞过一些半导体产品，这些产品需要硅材料，这又恰恰是卓仁禧的专业专长，故此又经常被工宣队请来指导生产。由于工宣队抓生产需要倚重卓仁禧，卓仁禧的态度又好，随叫随到，故此这也给卓仁禧带来了一些便利。②

由于查无实据及工宣队对卓仁禧的好感和一定程度上的需要，卓仁禧、徐勉懿在下放"五七干校"劳动的处置方式上也多少得到过关照和优待。

1972年，由于两个孩子尚幼，经卓仁禧夫妇的请求，夫妻俩获准轮流去位于沙洋的武汉大学"五七干校"劳动锻炼。前半年是卓仁禧去，徐勉懿在家工作并照看孩子们。后半年卓仁禧回到学校工作，徐勉懿再去沙洋劳动。由于他们是普普通通的青年教师，也没啥具体的罪名，因此和当时无数的"五七战士"一样度过了特殊时期的特殊日子。相比当时在此接受监督劳动的一干社会名流，他们算是优裕和幸运的。③④

特殊的时代也会有特殊的际遇，由于卓仁禧的研究专长，在动荡的文化大革命中，也出现了几次天降大任于斯人般的幸运，让卓仁禧的专业能力得到展现和发挥。

---

① 徐勉懿访谈，2017 年 6 月 21 日，北京。资料存于采集工程数据库。
② 卓仁禧访谈，2017 年 3 月 9 日，北京。存地同①。
③ 同①。
④ 同②。

天赐际遇　研发军用玻璃防雾剂

1973 年初，就在卓仁禧从"五七干校"劳动回来半年之久的样子，有一天学校科研处的人带着一位解放军战士来到化学系找卓仁禧。一聊，这名战士叫甄广全，过去是卓仁禧的学生，毕业后服役成为一名负责军事科研的解放军干部。甄广全告诉卓仁禧，他此行来到武汉大学是专门来找卓仁禧的，希望他能够帮助部队研制出军用玻璃防雾剂，解决部队望远镜、炮镜、潜望镜的防雾问题，提高部队武器的作战效率。[①]

甄广全为何专程来到武汉大学只找卓仁禧呢？据卓仁禧分析，制作透镜的玻璃主要成分是包括二氧化硅在内的硅酸盐，基本原料就是沙子。甄广全在武大读书期间了解到卓仁禧在曾昭抡开创的元素有机化学教研室主持有机硅的研究，结合其他的科研资料，甄广全估计卓仁禧的研究或许有助于解决军用玻璃的防雾问题。因此，经请示部队领导后，来到武汉大学科研处，征得科研处的同意径直来找卓仁禧的。[②]

卓仁禧当时有点听不明白防雾剂是什么东西，甄广全就把随身带着的望远镜给卓仁禧看，果然视场雾蒙蒙一片，啥也看不清。同时，甄广全对卓仁禧介绍说，部队自 1958 年开始就委托上海及北京的几家著名研究机构研究这个问题，可结果始终不尽如人意，没有彻底解决好这个问题。[③]

在甄广全把情况介绍完毕之后，科研处的负责同志当场向卓仁禧下达了这项科研任务。当时正处于文化大革命中，部队的科研任务就是政治任务，同意不同意都必须服从。

卓仁禧心里思忖，人家那么有名的研究机构十几年都没解决的问题，我有能力解决么？可再细细思考，觉得似乎也不见得不可能，再说当时确实也没有什么正经的工作可干，能有一项带有政治性质的研究任务也算是

---

①　卓仁禧访谈，2017 年 3 月 9 日，北京。资料存于采集工程数据库。
②　同①。
③　同①。

一份幸运。于是，卓仁禧就当着科研处领导的面微笑着对甄广全说："我们试试看吧"，但语气里透着一股自信。①

为了更好地了解军用望远镜、炮镜、潜望镜的用途和使用环境，卓仁禧提出需要到使用部队考察，同时在其他相关的科研机构进行调研。卓仁禧提出的要求甄广全当场就同意了，因此卓仁禧就在工宣队及系领导的支持下，在原元素有机化学教研室挑选了几个人，加上系里安排的一位领导，组成了一个考察调研小组，并依据研究需要制定了考察方案及调研计划。②

1973 年夏初，有关部队很快批准了卓仁禧拿出的考察方案和调研计划，由部队提供全部经费并联络考察单位。于是，卓仁禧带着一行 8 人的调研小组分赴全国各地，执行考察和调研任务。③

按照计划，他们首先去了上海，到中科院著名的上海有机所了解情况，寻求帮助，但是毫无收获。接着去了济南，走访了几家化工企业和研究机构，收效甚微。离开济南后，考察调研组分开行动，卓仁禧带着张先亮、刘高伟去了福建，其他人直接去北京。

到了福建后，部队的同志将他们带到福建南平，专门查看了炮兵射击时炮镜的生雾现象和特点，同时通过部队的安排了解了潜望镜的生雾问题。在部队考察完毕，卓仁禧一行人立马风尘仆仆赶到北京与先期到达的几位同志会合，并调研和咨询了有关研究机构，依然没有得到有价值的启发。④

结束北京的考察后，一行人来到了西安。在这里对口部队机构给卓仁禧他们介绍了先期研究的具体成果，拿到一些关于军用玻璃的技术资料。与此同时，考察组也调研了几家相关研究机构，结果仍是带着失望返回武汉。⑤

两个多月的考察虽然没有达到预期的目的，但通过考察与调研，卓仁禧一行把这项任务的来龙去脉、基本情况、性质特点和目标要求掌握得很

---

① 卓仁禧访谈，2017 年 3 月 9 日，北京。资料存于采集工程数据库。
② 同①。
③ 同①。
④ 同①。
⑤ 同①。

全面、很系统。同时，卓仁禧也在考察、调研的行程中对这项研究进行了深入思考，并偶尔和同事们交换一些分析。因此，这次考察调研对于最终有效成果的提出，还是起到了积极作用。

当然，卓仁禧也坦率地开玩笑说，这次考察也顺带兼顾了一下考察组成员个人的私事。时值"文化大革命"，武汉的物资非常匮乏，考察组的同志也大都想借这次有部队关照的特权购买一点生活必需品，卓仁禧也不例外。①

卓仁禧回顾说，由于儿子卓夫生于1960年，正值自然灾害，因此身体健康状况一直不好，"文化大革命"中物资供应短缺，十几岁的卓夫正长身体，他们常常因为食品问题而揪心，卓仁禧想借这次去上海、北京及回家的机会给儿子购买一点白糖等副食品，改善一下卓夫的健康状况。

最终，考察组的同志们既舟车劳顿地完成了考察任务，也都或多或少地带回来一些生活必需品。卓仁禧也不例外，并借回福建南平之机，顺道回到鼓浪屿看望了家人，也从家人那里得到一点生活上的援助。②

回到武大后，卓仁禧和教研室的同志们即投入到研究之中。卓仁禧首先分析这些军用透镜的玻璃材料，发现这是世界著名的蔡司镜头，玻璃本身没有质量问题，而且发现这些透镜表面已经涂上了一层防雾处理材料。经过对这些防雾处理材料的分析，卓仁禧发现了问题所在。

原有的防雾材料主要成分是醋酸和石蜡，它们和玻璃之间的结合是以物理吸附的方式实现，结合并不牢固，在室外及海水等各种理化环境的作用下，防雾涂层容易脱落和衰变，最终无法起到防雾、抑雾的作用。③④

不过，这个症结此前的研究机构也发现了，只不过他们没有找到更加理想的替代物质，探索过的其他化学品依然无法彻底解决问题，达不到军方的要求。

在马丁洛夫和曾昭抡指导下的多年有机硅研究的积累，很快让卓仁禧发现了解决问题的曙光，科研的积累和传承发挥出了巨大的作用。

① 卓仁禧访谈，2017年3月9日，北京。资料存于采集工程数据库。

② 同①。

③ 陈志鸿:《创造无穷期——记中科院院士、武汉大学卓仁禧教授》。《中国高校师资研究》，2003（1）：48-54.

④ 同①。

卓仁禧设想，如果合成长链烷基三乙氧基硅烷，然后用它来处理透镜表面，使其与玻璃中的二氧化硅发生化学反应，生成稳定牢固的化学键，从而让具有与石蜡同等防雾效果的长链烷基三乙氧基硅烷牢固结合在光学玻璃表面，不就能达到稳定、长效的防雾目的么？[①]

设想仅仅是通向成功的蓝图，要让它变成符合预期的科研成果还需要锲而不舍的努力及应用场景的验证。于是，通向成功的第一步实验开始了。

卓仁禧和他的助手们日夜忙碌在实验室里，专心地进行实验探索。多少个夜晚灯下苦思，多少次寻觅新的组合，他们满怀希望地尝试着、分析着、探索着，失败了再来，再失败再尝试。终于，三个月后，卓仁禧及张先亮、甄广全、刘高伟等人成功研制出多种"有机硅光学玻璃防雾剂"，提供给军方进行鉴定筛选。[②]

配方研制出来了并不意味着就成功了，还必须取得试验验证。1973年秋冬之时，卓仁禧带着配方和生产、涂布工艺来到陕西西安，在军方指定的基地进行生产试验。卓仁禧亲手指导他们配制原料、生产产品、涂敷防雾剂，其间也依据实际情况进行调整改良。[③]

很快，经过无数次的试验及各种环境下的产品验证，最终筛选出了合理的配方在军工单位批量生产。参与试验的解放军干部及战士看着各种条件下铮亮、清晰的透镜，一个个对应邀来参观的卓仁禧伸出大拇指。卓仁禧也开心欣慰不已，有什么能比看到自己的研究成果得到有价值的应用更高兴的呢？[④]

从此，军队的各种炮镜、海上潜望镜以及广大指战员作战训练用的望远镜，因涂上它，格外透亮。

不囿权威、勇于创新，成为卓仁禧在科研道路上取得成功的要诀之一。

其后，卓仁禧及同事们对有机硅光学玻璃防雾剂进行了产品的系列化研究，其中"GF-24光学玻璃防雾剂""49号光学玻璃防雾剂"成为代表

---

① 徐爱珍:《卓仁禧与"防雾剂"》。2011-04-13，http://news.whu.edu.cn/info/1005/24387.htm.

② 卓仁禧访谈，2017年3月9日，北京。资料存于采集工程数据库。

③ 同②。

④ 同②。

性产品，得到广泛的应用。据卓仁禧介绍，"49号光学玻璃防雾剂"中的"49"这个数字，就源于他们为这个配方及相关工艺试验了49次。上述两个配方是民用版，而军用版的"有机硅光学玻璃防雾剂"配方至今仍是军事机密。①

由于"有机硅光学玻璃防雾剂的研制"这项成果所产生的巨大军用与民用价值，因而卓仁禧在1978年获得了全国科学大会奖，卓仁禧及同事们后续的研究成果"长链烷基三甲氧基硅烷的合成方法和用途"项目也获得了1983年国家科技发明奖三等奖（图5-4）。

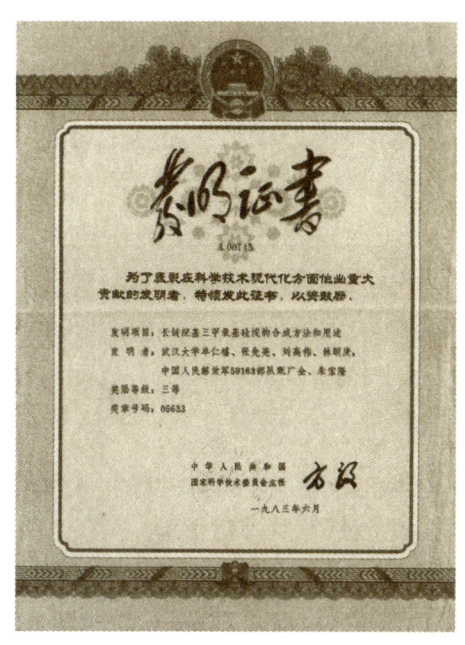

图5-4 "长链烷基三甲氧基硅烷的合成方法和用途"项目的获奖证书（资料来源：卓仁禧提供）

"有机硅光学玻璃防雾剂"的研制成功，是卓仁禧科研道路上的第一座里程碑，这也确立了他在科学研究上的自信和在武汉大学化学系的地位。

锦上添花　再克磁带漏码与闪点难题

"有机硅光学玻璃防雾剂"研制成功及来自军方的好评，让卓仁禧在武汉大学声名鹊起。1975年，武汉大学化学系鉴于他的科研能力，又将一项七机部关于仪用磁带改良的科研任务交给了他。

事情的原委是这样的。当时，负责我国航天事业发展的七机部在武汉市汉阳区有一家名为"824"的工厂，是军工企业，主要承担我国卫星用

---

① 卓仁禧访谈，2017年3月9日，北京。资料存于采集工程数据库。

磁带的生产任务，也生产其他仪器用磁带。但是，无论他们生产的哪一种磁带，在磁带播放还原时均会出现漏码和图像闪点的问题，严重影响信号及图像质量。824厂的技术实力也非常雄厚，有一大批留苏的技术人才，工厂自己的技术人员经过长期的研究探索始终无法解决这个问题，因此就通过七机部看看武汉大学的科研人员能否解决这个问题。①

武汉大学科研处的领导接到这个任务后，脑海里跳出的第一个名字就是卓仁禧。

卓仁禧说，在"文化大革命"中能够拿到带有政治性质的科研任务做，的确算是一种运气，不用无所事事，不用尔虞我诈，关键能远离政治纷争和无休止的思想汇报，个人也因此能得到特别的保护。因此，卓仁禧很爽快地再次应承了这项任务。

为了尽快完成这项任务，卓仁禧在对其进行分析判断后，预计这跟高分子材料有关，据此判断成立了一个三人研究小组，另外两人是叶大铿及卓仁禧的一名留校任教的陈姓学生，他们俩在高分子研究上具有相当的实力。②

武汉大学当时也相当重视这项研究任务，经与824厂沟通后，时任武汉大学教务长的高尚荫院士带领卓仁禧研究小组来到汉阳龟山脚下的824厂。卓仁禧一行三人首先看了磁带的样品，听取了技术人员的汇报，观看了磁带播放时的漏码及闪点现象，初步分析了故障照片及资料，然后到磁带生产车间查看生产原料，浏览整个生产及工艺流程。经过这些环节，卓仁禧等三人对情况有了初步的了解。③

为了方便卓仁禧研究小组的研究，824厂专门给他们准备了一间面积很小的办公室，由于卓仁禧的姓氏缘故，当时他们笑称这间办公室叫"卓办"。办公室给卓仁禧准备了一桌、一凳，另外两人只有一张办公桌，凳子则他们来时再去别的办公室挪借。④

---

① 卓仁禧访谈，2017年3月9日，北京。资料存于采集工程数据库。
② 同①。
③ 同①。
④ 同①。

卓仁禧从未接触过磁带，磁记录采用的是物理原理，但磁带的带基材料及磁浆层的制作又与化工有着密切的关系。不懂的比较多，怎么办？是借此推辞掉这项工作还是迎难而上？

"不懂就学，在干中学，在学中干。"卓仁禧就有这种不服输、不畏难的性格和闯劲。当年他在生物学系做"生物化学"课的助教时面对自己的同龄人，他不也是边学边教干得有声有色么？卓仁禧暗暗下定决心一定要攻克这个难关。①

就这样，卓仁禧每天不是泡在车间观察研究磁带磁浆制作的配方与工艺，就是回到武汉大学图书馆查阅资料，或者去实验室试验新的配方。经过三个多月的记不清多少次的观察、分析、实验、测试，卓仁禧分析得出磁带出现漏码、闪点的主要原因在于磁粉与带基的黏合性能不佳、磁粉的分散性不够好，如果在原有磁带黏合剂和助剂中加入有机硅化合物，就可以改善磁粉与带基的黏合能力，同时提升磁粉的分散性，确保信号还原的质量及记录信号的完整性，从而避免漏码及闪点问题的出现。②

824厂立刻依据他的建议改进磁带黏合剂及助剂的配方，调整生产工艺，新制造出来的磁带经过测试果然没有闪点现象，图像及信号质量稳定可靠，运用到计算机磁带上测试也没有漏码现象，问题一举得到攻克。③

后来，这项成果还推广到卫星用记录磁带上，信号稳定、质量可靠。由于这项研究成果产生的良好效果及巨大的应用价值，"彩色录像磁带黏合剂和助剂的研制"获得了1978年全国科学大会奖。

在短短三个月内攻克又一项难题，年轻的卓仁禧再次震惊了武汉大学，成为一个小有名气的科研新星，也开始让化学系的同仁们刮目相看。

---

① 卓仁禧访谈，2017年3月9日，北京。资料存于采集工程数据库。

② 同①。

③ 同①。

再接再厉　巧合水晶透亮剂

接连在科研上攻坚克难，大大激发了卓仁禧的科研热情，让他兴致盎然，在有机硅的研究上有了更多斩获，并创造了更多的际遇。

卓仁禧以有机硅为主体研制的"有机硅光学玻璃防雾剂"其实是一个系列的产品，有很多的配方，不同配方的功能和效用都有所差异。在卓仁禧所研制的系列有机硅防雾剂中，也许是命运的垂青，有一个配方恰好被用在了毛泽东同志的水晶棺上，不仅有效预防与消除各种原因造成的雾霾，还能提升水晶的透光率。

在多次追问下，卓仁禧给访谈人员还原了这一事件的大致过程。

军用玻璃防雾剂的研究成功激发了卓仁禧对此的兴趣。由于"文化大革命"期间大部分时间无事可做，故此卓仁禧没事就待在实验室琢磨改进和丰富配方。军用玻璃防雾剂研制成功后，卓仁禧与军方人员建立起经常性联系，一次在与军方人员的接触交流中，了解到一件事，这件事引起了他的好奇和兴趣。

原来，海军的各种舰艇在海水里浸泡一段时间之后，船底会附着生长很多诸如海藻等微生物，还有一些海虫及蛤蜊等贝类生物也会附着其上，这样就会破坏掉船底的防锈漆，甚至进一步腐蚀船的金属底壳，同时还极大降低舰艇的行驶速度。①

了解到这一情况后，卓仁禧自告奋勇地说我来试试，经过反复琢磨后在船底油漆中加入一种有机硒，阻止或者抑制微生物及虫贝类生物的附着生长。卓仁禧在实验室反复试验觉得有效后，就把这个有机硒的样品和配方交给了军方人员，军方人员拿到样品和配方后就进行试验，果然很有效，船底附着生长的生物大为减少，有效改善了舰船养护过程，同时提高了舰船的航速。②

---

① 卓仁禧访谈，2017 年 3 月 9 日，北京。资料存于采集工程数据库。
② 同①。

由于这一研究任务没有通过武汉大学校方，是卓仁禧自己与军方人员的一项技术交流，也谈不上类似于今天的经费项目什么的，纯粹是卓仁禧自己兴趣使然，因此没有见诸官方的记录与报道。①

但是，卓仁禧受到解决这个问题的启示，想到有机硅防雾剂中如果加入类似有机硒等其他化合物，是否能产生一种新的组合，起到对于某些类型的硅酸盐材料更好的抑雾效果呢？②

沿着这个思路，卓仁禧又在实验室捣腾出了含有包括有机硒在内的有机硅防雾剂配方。

1976 年 9 月 9 日，毛泽东同志逝世，卓仁禧和全国人民一样，用悲痛的心情悼念我们敬爱的领袖。

10 月初的一天，卓仁禧刚吃完午饭，突然听到敲门声，打开门一看是一位解放军干部，他说找卓仁禧老师。卓仁禧虽然不认识他，但也不觉得奇怪，因为在 1973 年以后，他开始经常和部队的同志因为科研问题打交道。③

那位部队干部进门寒暄完毕后，就切入所来目的的话题，问卓仁禧是不是做过一种有机硅油，他现在需要这种硅油。这种有机硅油用来充装喷气式飞机驾驶舱的仪表内舱，因为喷气式飞机速度很快，高速飞行时仪表指针会不停抖动，飞行员无法准确读取各种仪表的数值，因此必须在表内充满油脂，这样表的指针抖动幅度就很微小，方便飞行员阅读仪表。飞机仪表的表镜多为合成水晶，充斥的油脂既不能腐蚀仪表的表壳，同时又必须保证表镜的晶莹透亮，所以充装的是有机硅油。这种有机硅油卓仁禧也参加过研制，知道它的配方，并告诉解放军干部这种硅油在武汉大东门的一家化工厂有生产，让他们去这家工厂看看。④

下午，卓仁禧正在实验室做实验，一台小汽车来到卓仁禧住宿院内，那位解放军同志又找来了，告诉卓仁禧他们刚去了大东门那家工厂，他们生产

---

① 卓仁禧访谈，2017 年 3 月 9 日，北京。资料存于采集工程数据库。
② 同①。
③ 同①。
④ 同①。

的硅油不是他们想要的东西，"我们还是得找你，要去你实验室看看"。①

　　于是，卓仁禧将他们带到化学系的有机硅实验室，进一步沟通后，卓仁禧大致弄明白了来者所需要的东西的性质与特点。这种东西必须不能让水晶起雾，不能腐蚀水晶，还要保证水晶的晶莹透亮，透光率必须要高。

　　尽管这位解放军干部提到了水晶，水晶的主要成分也是二氧化硅，与卓仁禧研究的范围契合，但是卓仁禧压根不会联想到毛泽东同志的水晶棺，再说那时候哪有老百姓知道毛泽东同志遗体的处理方式。

　　依据这位解放军干部的描述，卓仁禧略作分析后，给来者介绍了自己研制"有机硅防雾剂"系列中添加了类似于有机硒的某种元素有机化合物的有机硅防雾剂。由于该配方目前依然是严格保密的，因此卓仁禧没有给采集小组透漏具体是哪一种元素有机化合物，但与他研制的前述添加在舰船船底油漆中含有机硒的有机硅化合物的技术路线有些相似。②

　　这位解放军干部听完卓仁禧的介绍后，就让卓仁禧把这种有机硅防雾剂的样品送给他一点带走。卓仁禧就取了一支钢笔大小的试管，将这种防雾剂的样品装了 10 余毫升，封好后交给这位解放军干部，这位同志拿到样品后啥也没说就与卓仁禧握手告别了。③

　　事后，卓仁禧也没把这事放在心上，继续着自己的工作。

　　约莫月余后的一天，时任武汉大学党委书记的纪辉同志打电话找到了卓仁禧，问卓仁禧前不久是不是将一种防雾剂样品给了一位解放军干部，卓仁禧回答有这么回事。纪辉书记说北京有关部门来电话，需要你那种防雾剂样品 40~50 千克，卓仁禧回答说那只是我在实验室配制的一种样品，现在只剩 10 毫升都不到。④

　　当纪辉问他有什么办法尽快制取数十千克产品时，卓仁禧告诉他，制取这种防雾剂缺乏一种关键性原料，叫作三氯氢硅，这种东西卓仁禧在实验室可以通过实验手段少量制取，但需要数十千克的话必须直接采购这种

①　卓仁禧访谈，2017 年 3 月 9 日，北京。资料存于采集工程数据库。

②　同①。

③　同①。

④　同①。

原料。纪辉问他哪里可以买到，卓仁喜回复说上海浦东有一家玻璃制造厂有售，这家工厂过去曾经给卓仁禧赠送过少量的这种化学品。[①]

纪辉说那好，你赶紧乘飞机去上海采购原料。为稳妥起见，纪辉还安排化学系的一位总支副书记陪同卓仁禧一起去，协助卓仁禧购买和运送采购的原料。

纪辉高度重视这件事，立刻命人安排好卓仁禧的机票，并派车把卓仁禧二人送到当时武汉的南湖机场。卓仁禧说这是他这辈子第一次坐飞机，以前上海往返武汉要两三天，这次坐飞机真快，打个盹差不多就到了。到了上海后，卓仁禧二人迅速赶到浦东的那家玻璃制造厂，并顺利地采购到了几十千克三氯氢硅。[②]

返回武汉就比较麻烦，三氯氢硅易挥发，有一定的危险性，而且散发出的气味很刺鼻、不好闻。故此，回来坐飞机是行不通的，只能坐船，这样万一遇到危险就可以扔进江里。所幸一路无事，三天后顺利返回武汉。

回到学校后，校方责成化学系迅速组织人力日夜加班赶制，因此卓仁禧只好公开配方，带领 20 余位教师在实验室按照流程合成那种防雾剂。大约两个礼拜后，50 千克的防雾剂合成完毕，经检验合格后交给北京来的人员。至于是什么人、干啥用、怎样运至北京的，卓仁禧一概不知，也不好打听，但是他自始至终感觉有点神秘，不像过去什么事情都清清楚楚。[③]

又过去 20 天左右，一个电话从北京打到武汉大学，让卓仁禧立刻赶赴北京。卓仁禧到达北京后，有专人把他接到国务院招待所住下。一宿无话，第二天用过早餐后一辆小汽车把他接走，到达毛主席纪念堂。[④]

进到纪念堂后他被工作人员带至东边的一个大厅里，大厅非常漂亮，铺着厚厚的地毯。一会儿又有两个年纪和卓仁禧相仿的同志来到这个大厅，卓仁禧一问是来自清华大学的两位教师。[⑤]

---

① 卓仁禧访谈，2017 年 3 月 9 日，北京。资料存于采集工程数据库。

② 同①。

③ 同①。

④ 同①。

⑤ 同①。

坐下不久，来了一位领导同志和他们说话。这时卓仁禧才慢慢知道是怎么回事了，大约清华大学两位同志和卓仁禧一样都是处理毛泽东水晶棺的水晶材料的。原来，毛泽东水晶棺用卓仁禧提供的这种防雾剂处理，水晶棺既不会起雾，又不会被棺内其他化学物质腐蚀，同时又能保持晶莹透亮，非常利于全国人民瞻仰毛主席的遗容，效果非常好。①

那位领导同志还告诉卓仁禧他们，水晶棺的透光率是中科院长春光机所的王大珩亲自来检验测试的，透光率非常高，已经超过规定的指标。实际上，当时中央有关机构在全国采购了类似功能的样品 20 余种，但经过比较、遴选、测试，最终发现卓仁禧提供的产品效果最好。②

至此，卓仁禧才彻底明白了这件让他觉得有点神秘的事件的原委，同时也很激动，没想到他的成果竟然被用到如此重大而有意义的事情上。

稍顷，那位领导同志提议卓仁禧去看看水晶棺，然后领着卓仁禧来到瞻仰大厅，工作人员按动一个按钮，中间地面一会儿就打开了，毛泽东的水晶棺缓缓升上来，覆盖着鲜红党旗的毛泽东同志安详地躺在水晶棺中。③

卓仁禧一个人围着水晶棺仔细地端详着伟大领袖毛泽东同志的遗容，同时也仔细地观察了水晶棺的每一个细节部分，似乎是在寻找他的产品。工作人员没有催促他，卓仁禧一个人以最近距离瞻仰了毛泽东同志。大约半小时之后，他示意工作人员可以离开了，然后他被带至另一间办公室，有同志拿来一份文件让卓仁禧在指定地方签字，并告诉他以后有问题可能还会找他。④

签完字，卓仁禧就离开了毛主席纪念堂。此后，也没有任何人就此事再找他，这正好说明他研制的产品质量稳定、功能可靠。

卓仁禧研制的成果运用到毛泽东水晶棺的防雾透亮处理的新闻迅速传到了湖北武汉，传到了武汉大学，一时之间成为珞珈山的爆炸性新闻，卓

---

① 卓仁禧访谈，2017 年 3 月 9 日，北京。资料存于采集工程数据库。

② 同①。

③ 同①。

④ 同①。

仁禧也因此成为武汉大学的新闻人物，当时的湖北省及武汉市的媒体多有报道，可惜采集小组花费了很大精力也没能找到当年的报纸。

卓仁禧游离于当时的政治运动之外，以不懈探索、勇于创新的精神与干劲在动荡的"文化大革命"时期创造出了一段科研佳话，且成果的研制攻克过程极具故事性，甚至带有几分传奇色彩，也俨然成为那个荒诞时代的一股清流。

成果小结　出席全国自科规划会议

1976 年底，灾难性的文化大革命基本结束，拨乱反正、改革开放的曙光初绽，高等学校的教育也逐渐回归正确的轨道。此时，卓仁禧也开始静下心来总结与梳理"文化大革命"期间所做的关于有机硅，尤其是有机硅玻璃防雾剂方面研究的成果，在已出的产品之外，将成果以学术论文的形式进行总结与归纳，发表在学术刊物之上，从而有利于成果的推广及进一步推进有机硅的研究。

1977 年至 1979 年间，卓仁禧与其主要的合作者张先亮、甄广全、刘高伟等人将"文化大革命"期间研制的"有机硅玻璃防雾剂"等方面的成果进行系统性总结及扩展性研究，先后在《武汉大学学报（自然科学版）》《光学机械》等学术刊物发表了《光学玻璃的生雾与防雾》《光学玻璃防雾剂 GF-24 的研制》《光学玻璃防雾剂研究》《49 号光学玻璃防雾剂的研制》《玻璃防雾剂化学结构与性能的关系》等学术论文，为这一阶段及这一系列科研成果做了一个系统性总结。

有机硅的研究是卓仁禧科研生涯中前期的主要研究领域，取得了丰富且有创新意义的成果，及至他在科研转型之后的初期，也没有完全放弃其在有机硅领域的研究。1992 年以后，他仍然和一位博士后研究人员开展了关于有机硅方面的研究，他们在生物活性有机硅合成、结构及水解反应的机理研究中，首次发现并证实杂氮硅三环轴向氮原子可质子化，存在酸式和盐式两种异构体，随后又分离出首例杂氮硅三环单水合物，确定了其晶体结构并提出了其水解机理。[①]

卓仁禧与这位合作者的研究为阐明杂氮硅三环的水解反应机理提供了非常重要的理论与实践依据。国家著名的有机硅研究专家伊博先生诚恳邀请他将研究成果发表在国际著名学术刊物《金属有机化学》杂志1993年有机硅研究特刊上。[②]

1977年11月初，国家为了推进科技事业的发展，在北京友谊宾馆召开了全国自然科学学科规划会议，自然科学各个领域的精英们汇聚一堂，共商学科发展大计，卓仁禧以其在有机硅研究领域的卓越贡献应邀参会。

时任中共中央政治局委员方毅主持会议，叶剑英、邓小平、李先念等党和国家领导人亲切接见了卓仁禧等与会者。会议气氛热烈，与会专家都积极兴奋，既分析国际科学发展的态势，也共商祖国科技发展的方略。卓仁禧也与化学界的其他专家一道，会上会下各抒己见、商榷交询、钩深致远，共谋化学科学发展的重点与方向。

会议期间，卓仁禧在思索与展望化学科学发展的前景时，也开始反思自己的科研方向。虽说自己在以有机硅为代表的元素有机化学方面的研究既有心得，也有不俗的成果，但这不是自己的主动选择，而是一种历史担当。从内心而言，他对于有机硅的研究并没有强烈的兴趣，在当时也并不看好这个领域的研究前景，因此他开始对自己的研究有了新的思考，也许，他可能会有一个更合适自己的志趣选择。

该怎么办？可不可以有新的抉择？适合自己的方向在哪里？他希望得到他人的建议，渴望有人给他指点迷津。

一次晚餐后，卓仁禧邀请著名化学家、北京化学研究所王葆仁教授一起走走。几天的交流下来，王葆仁比较欣赏卓仁禧，欣然同意一起散步。卓仁禧陪着王葆仁教授且走且聊，大致介绍自己的研究历程与心得，也畅

①　陈志鸿：《创造无穷期——记中科院院士、武汉大学卓仁禧教授》，《中国高校师资研究》，2003（1）：48-54.

②　同①。

谈了自己对未来研究方向的设计，并真诚希望王教授给自己指点迷津。[①]

王葆仁教授略微停顿，而后认真地对卓仁禧说："你们在元素有机方面基础雄厚，你也取得了研究成果，可以考虑向元素高分子方面发展。"[②]

王葆仁教授的话说到了卓仁禧的心坎上。卓仁禧继续对王葆仁教授说："您老讲得太好了，我在这次会前会中一直在琢磨我们武汉大学的高分子学科应该怎样发展，如何选好、选准科研方向，您讲的对我很有启发。我想，现在国外正在搞生物医学高分子材料，国内在这方面的研究工作还比较少，我对这一领域很有兴趣。而且，我校在有机高分子研究方面有一定的基础，把生物与化学结合也许能出新成果。您看呢？"[③]

王葆仁教授兴奋地肯定："好！很好！你这个想法很好！"并补充道："生物与化学交叉是个新方向，会有新发现。"[④]

卓仁禧与王葆仁教授这段对话在自己的内心产生了深刻的影响，从这一天开始，卓仁禧开始谋求研究转型，其科研生涯即将翻开新的一页。

---

① 陈志鸿:《创造无穷期——记中科院院士、武汉大学卓仁禧教授》,《中国高校师资研究》,2003（1）: 48-54.

② 同①。

③ 同①。

④ 同①。

第六章
广泛国际交流　实现研究转型

　　"文化大革命"结束，全国各行各业拨乱反正，1977年"文化大革命"后首届高考在经过激烈的正本清源工作后顺利实施，高等教育渐趋正轨，1978年全国科学大会后高等学校的科研工作迎来了新的春天，卓仁禧历经风雨之后掀开了新的科学研究历程。

晋升副教授　担纲武大高分子教研室

　　"文化大革命"后期，在曾昭抡先生遭迫害逝世后，武汉大学化学系原元素有机化学教研室基本处于瘫痪状态，没有谁敢组织教研室的相关活动，曾昭抡先生在生命后期耗费巨大心血艰辛做出的诸多成果相继散失。据曾任武汉大学化学系党总支书记汪文学回忆，曾昭抡先生历经数年所做的近万张资料卡片在"文化大革命"中无人打理保存，几箱子资料卡片放在一个房间的角落里任由鼠咬虫蛀，渐渐不知所终。后来，可能由于曾昭抡创立的缘故，工宣队不同意化学系继续搞元素有机化学的研究，元素有机教研室宣布解散。[①]

元素有机化学教研室解散了，人员一分为二，一部分根正苗红的分到金属有机小组，研究火箭助推剂之类的军工保密项目，负责人是张国敏老师。剩下的另一部分留在原有的高分子小组，刘高伟是负责人。不过名义上虽然这么划分了，但是那个时候除了个别人之外，也没什么正规的教学和科研，大家原来做什么还做什么，并无实质性变化。卓仁禧带领的几位教师因为取得了关于有机硅方面的系列研究成果，已经在武汉大学化学系成为一个事实上的研究团队。

"文化大革命"结束后，鉴于以前在元素有机化学领域的研究成果、师资力量及原元素有机化学教研室就有一个高分子研究小组，武汉大学化学系于1977年底大抵以原元素有机化学教研室师资为基本班底组建了高分子化学教研室，成为化学系五大教研室之一。卓仁禧因为在以有机硅为代表的高分子科学研究上的杰出成就，被任命为高分子教研室主任，领衔在此领域的科研及教学工作。[②③]

1978年初，卓仁禧因为在科学研究上的突出贡献，在职称评审工作尚未正常启动时被破格晋升为副教授。

当时卓仁禧在化学系的教师中已经很有名气，这不仅仅体现在他是五大教研室主任的职务上，也出自学生的口碑中。在采集小组对化学系1977级学生，现在是武汉大学化学与高分子学院的教授、博士导师高志龙先生进行访谈时，高志龙先生就回顾说他们1978年3月报到入学不久，就听同学们说着卓仁禧的名字，讲述他的研究成果，尤其是他的研究成果作为毛泽东水晶棺的防雾剂更是让他们这批听着毛主席语录长大的学生敬慕不已。按照现在高校流行的学生语言，那时候他们1977级、1978级学生入校后，卓仁禧就被认为是化学系的"大牛"级人物，至今都让他们这些事业已经较为成功的学生们敬重。[④]

---

① 汪文学访谈，2017年4月18日，北京。资料存于采集工程数据库。
② 刘胜荣:《武汉大学化学系》.《化学通报》，1982（02）：54-55.
③ 卓仁禧访谈，2017年3月16日，北京。存地同①。
④ 高志龙访谈，2018年10月10日，北京。存地同①。

受到 1977 年全国自然科学规划会议、1978 年全国科学大会上王葆仁院士的谈话启示，高分子化学教研室的学术带头人卓仁禧、徐羽悟、李培森等教师将高分子研究与生物医学相结合，重点开展医药高分子、高分子催化剂、高分子物理化学方面的研究工作，并在短期内取得了一些有影响力的研究成果，相继发表了一系列研究论文。20 世纪 80 年代初，卓仁禧领衔的医药高分子材料研究开始崭露头角，在全国的化学研究领域产生了一定的影响力，并很快成为武汉大学化学系重点研究领域。

出访法国　与法国学者广泛交流

1979 年 10 月下旬初，卓仁禧接到了大哥卓仁松的电报，得知父亲卓全成病重，于是迅速赶回鼓浪屿老家看望父亲。由于忙于工作，卓仁禧已经好几年没回去看望父母了。卓全成此次病情确实很危重，故此给海内外的儿孙们纷纷拍发电报，希望孩子们都回来聚聚，因此卓仁禧回家也见到了久未见面的二哥卓仁声及其他姐妹们，据说二哥卓仁声在美国已经取得很大成就。①

卓仁禧在家待了约一周时间，在 27 日左右，卓仁禧接到了武汉大学拍发给他的电报，要他接到电报后立刻赶回武汉，电报中没有说明具体啥事情。卓仁禧看着父亲的病情有所好转，同时料及学校一定有重大事情，因此接到电报也没有耽搁，立刻告别病重的父亲、年迈的母亲及兄弟姐妹们，踏上了返回武汉的旅程。②

回到武汉大学后，卓仁禧把行李往家中一丢就赶到学校办公室。有关领导告诉他学校安排他参加一项外事活动，去法国访问，时间很紧迫，首先要赶紧定做一套西装，于是学校立刻安排一台小汽车把他送到汉口一家服装店，裁缝师傅马上给卓仁禧量尺寸，第二天学校就派人去那家服装店

---

① 卓仁禧访谈，2017 年 3 月 16 日，北京。资料存于采集工程数据库。
② 同①。

取回了武汉大学访法人员集体定制的西装。①

第三天，武汉大学赴法访问一行 7 人启程赴北京，成员中包括校长庄果、副校长刘道玉、副校长高尚荫、卓仁禧及其他三位较年轻的教授。到达北京后，武汉大学一行人就去教育部报到，报到后就安排他们学习。此时卓仁禧才知道他们参加的是一个教育部组织的代表团，成员包括教育部的有关领导及其他高校领导、教授。这个代表团是依据中法文化交流活动安排的，目的是去法国考察法国的高等教育及高校的科研工作。②

卓仁禧此时心里既诧异又高兴，武汉大学卓有成就的思想贤达、专家教授很多，他当时只是一个副教授，也没有什么正式的领导职位，仅仅一个教研室主任而已，能安排他参加这么高规格的访法代表团确实有点不合常规。不过，能赴法考察实实在在是一次极好的交流学习机会，不论学校领导出于什么原因让他参加，于他而言都是一件好事，故此他非常激动高兴。

多年以后卓仁禧才逐步知道这件事情的一个大概。

首先，还是得力于自己的成就和努力，由于在"文化大革命"期间有机硅研究的突出成就及"文化大革命"后在医药高分子领域所展现的研究潜力，他被武汉大学领导视为未来科研之星，学校打破常规安排他去交流学习、开阔眼界。

其次，也得力于当时副校长高尚荫、刘道玉的青睐。

高尚荫院士是武汉大学泰斗级人物、我国病毒学的奠基人。高尚荫在 20 世纪 50 年代中期就认识卓仁禧，卓仁禧自复旦大学毕业分配至武汉大学后，由化学系安排至生物学系担任生物化学课的助教，当时卓仁禧给学生辅导授课、指导实验的能力就得到了学生的普遍赞许，也得到了时任生物系主任的高尚荫的认可。加上卓仁禧非常勤奋，每天很早就来到实验室备课、准备实验，学生都走了还要看书学习一阵，直到很晚才离开。一段时间之后，高尚荫越来越喜欢这个年轻人，就找机会和卓仁禧谈话，要求他调到生物系。卓仁禧考虑后，认为当时生物系的强项就是高尚荫教授领衔的病毒学，这个于他而言完全是陌生的领域，因此婉拒了高尚荫的邀

---

① 卓仁禧访谈，2017 年 3 月 16 日，北京。资料存于采集工程数据库。
② 同①。

请。高尚荫不仅没有生气，心里反倒更喜欢这个有主见的年轻人。①

刘道玉是我国杰出的高等教育家，出任武汉大学校长时是我国最年轻的大学校长。刘道玉、卓仁禧是同时间进入武汉大学化学系的，不过前者是进校读书，后者是来校任教。刘道玉1958年毕业后留校任教，与卓仁禧一起在元素有机化学教研室工作，不过刘道玉是在有机氟小组，卓仁禧在有机硅小组，二人都曾受到过曾昭抡先生的提携。刘道玉回到武汉大学出任常务副校长之后，对化学系的发展也是非常关心，对卓仁禧的成就更是关注得多一些，因此选拔卓仁禧参加访法代表团，刘道玉也是建议者和推动者。②

1979年11月底，由庄果任团长、刘道玉任副团长的中国教育部访法代表团乘飞机飞赴法国，经停巴基斯坦后于次日天亮抵达巴黎。法国外交部、中国驻法大使馆有关人员来机场迎接，在机场完成程序化礼节后车队将他们送到巴黎协和广场附近的索菲特酒店（Sofitel）入住。③

第二天，法国外交部工作人员来到酒店，给代表团送来此行的活动经费，用于住宿、交通、餐饮及各种服务等费用支出。因为此行是法国政府邀请，故此依据协议这次访问的一切费用由法方承担。代表团决定所有经费由卓仁禧保管，并且负责经费的开支，因此卓仁禧就按照代表团的安排当起了这次访问的会计兼出纳。④

多年以后，有知情者透露当时为何选择让卓仁禧管钱。因为在当时的代表团成员中，除翻译外，只有卓仁禧的英语能力很强，具备很好的与外国人交流的能力。此外，卓仁禧还在复旦大学学习过法语，也具有一定的法语听说能力，考虑到与欧洲人结账交流的需要，让卓仁禧管钱管账显然更加便利。⑤

第二天，按照工作安排，代表团首先去了中国驻法大使馆。当时中国驻法大使馆的地位很高，具有兼管我国驻其他欧洲国家的大使馆的职责。代表团抵达大使馆后，韩克华大使接待了他们，韩大使和代表团团长庄果

---

① 卓仁禧访谈，2017年3月16日，北京。资料存于采集工程数据库。
② 同①。
③ 同①。
④ 同①。
⑤ 同①。

以前是同事兼朋友。①

　　大使馆工作人员给代表团成员交代一些政策、纪律之类的大问题，也给他们嘱咐了一些生活细节。当时中国改革开放不久，代表团大多数人员都是第一次出国，加上在当时我国还很贫困，而欧洲则非常发达，故此大使馆特别强调一些生活上的细节，以免丢了中国人的面子和尊严。

　　譬如，大使馆工作人员告诉代表团各位代表，在酒店绝对不要自己洗衣服、晾衣服，全部交由酒店洗衣服务打理，包括内衣。服务生给每个客房的客人送来洗好、熨烫好的衣服时，必须要付小费。其他在外访问期间接受的服务也要付小费。因为管钱的缘故，卓仁禧就好奇地问，那要是钱花光了怎么办？大使馆官员回答说，钱要是花光了告诉大使馆，大使馆会承担不足的费用。②

　　卓仁禧对访谈人员说，他当时也是第一次出国，在家穷惯了、苦惯了，这次住在索菲特酒店，整个代表团每天仅仅支付给洗衣服务生的小费就是300法郎左右，这在当时的国内可是一大笔钱啊！卓仁禧戏谑地告诉采访者，给得心疼啊！③

　　大使馆官员还特别给他们强调一点，就是无论在哪里、在任何场合，千万别大声说话，要有礼貌、守规矩。尤其在酒店用餐或者休闲时，要注意小声交谈，法国酒店及餐厅等公共区域都播放轻音乐，尽量不要发出噪声。

　　大使馆工作人员还交代，由于代表团是官方性质的，出去访问或者观光要向酒店要车，如果酒店安排不了就致电大使馆，由大使馆负责安排。

　　最后一点则是保密问题，代表团中的一些重要涉密的话不要在酒店或者其他公共场合讲，也不能在电话里说，要到大使馆的密室（eavesdrop）交流。④

　　代表团的参观考察活动从巴黎开始。首先他们重点考察了著名的巴黎

---

① 卓仁禧访谈，2017年3月16日，北京。资料存于采集工程数据库。

② 同①。

③ 同①。

④ 同①。

第六大学（亦称皮埃尔和玛丽·居里大学）、巴黎第七大学（亦称巴黎狄德罗大学）。了解了这两所法国顶尖大学的办学理念、学科设置及科研状况，参观了其中的几个重点研究机构和实验室。①

而后，代表团一行又考察了位于巴黎邬尔姆路的巴黎高等师范学院（Ecole Normale Superieure，ENS）。巴黎高等师范学院历史悠久，也是法国顶尖大学之一，在世界大学中排名也很靠前。卓仁禧告诉访谈人员，据当时巴黎高等师范学院的工作人员介绍，法国政府和法国公民很重视师范教育，最优秀的学生很多都选择读师范大学，最优秀的教授也热爱在师范大学任教。②

在巴黎，卓仁禧等代表团成员还参观了位于巴黎南部的巴黎第十一大学（亦称巴黎南大学），该校也是世界百强大学，其化学、医学和生物科学等专业在法国享有盛誉，在世界上具有领先的地位和卓越声望，卓仁禧在这里感受到了化学和生物学、医学相结合的发展趋势。③

结束了在巴黎参观考察的安排后，法国外交部副部长告诉代表团成员，下一步可依据代表团成员各自的专业需求提出参观考察意见，具体想见哪所大学或者研究机构的教授也可以提出，法方采纳后就安排考察行程。卓仁禧依据自己的研究领域，提出了想去参观考察法国东北部的斯特拉斯堡大学，并想见见该校的 Jean-Marie Lehn（让·马里·莱恩）④ 教授。⑤

卓仁禧为何提出要见斯特拉斯堡大学的 Jean-Marie Lehn 教授呢？这里有一个原因。卓仁禧担任武汉大学高分子教研室主任以来，他的研究方向和注意力逐步转向生物医用高分子方向，由于他的英语基础非常好，因此经常查阅和关注外文文献。此时他注意到法国斯特拉斯堡大学的 Jean-Marie Lehn 教授在此领域非常活跃，其研究方向非常前沿，研究成果也很

---

① 卓仁禧访谈，2017年3月16日，北京。资料存于采集工程数据库。

② 同①。

③ 同①。

④ Jean-Marie Lehn 为法文名，英文名为 Jean Mary Lean，中文名多译为让·马里·莱恩，1939年9月30日出生，法国化学家，1987年与 Donald Cram 和 Charles Pedersen 一起获得诺贝尔化学奖。

⑤ 同①。

有开创性，应用前景也非常好，卓仁禧当时就对业内的多位研究人员预测，这位 Jean-Marie Lehn 教授的研究成果很有可能在将来会获得诺贝尔化学奖。因此，当卓仁禧在北京知道此行是作为专家去法国考察访问时，心里就产生了想见见这位 Jean-Marie Lehn 教授的愿望。[①]

当法国外交部副部长告诉代表团成员可以提出自己想约见的专家教授后，卓仁禧几乎是脱口而出想去斯特拉斯堡大学见见 Jean-Marie Lehn 教授，当时法国外交部的一位男性秘书记录了卓仁禧提出的要求，并说联系后再回复。很快，法国外交部有了反馈信息，Jean-Marie Lehn 教授此时正在斯特拉斯堡，愿意会会他这个中国同行。[②]

依据代表团成员的要求，离开巴黎后代表团分为两个考察小组，一个小组往法国东南部，另一个小组奔法国西南部。卓仁禧因为要去斯特拉斯堡大学约见 Jean-Marie Lehn 教授，故此安排在东南部的考察小组，武汉大学的一行人也大都安排在这个小组。[③]

离开巴黎后，卓仁禧所在的小组乘火车抵达了斯特拉斯堡。斯特拉斯堡是欧洲议会中心等多个欧盟总部所在地，东侧与德国隔莱茵河相望。斯特拉斯堡大学始建于 1538 年，是欧洲最古老且最负盛名的大学之一，世界学术百强名校，卓仁禧要见的 Jean-Marie Lehn 教授当时就在该校任教。

卓仁禧等一行抵达的当天恰逢部分法国工人罢工，在火车上都没吃饭，赶到斯特拉斯堡大学后校方得知他们还没吃饭，就立刻安排代表团成员用餐，用完餐后并没有休息，而是马上去会议室开会。卓仁禧一行到达会议室时，发现斯特拉斯堡大学的参会人员已经等候在会议室，可见法方的效率之高。[④]

会议室中间是一个长条桌，中方访问团坐一边，斯特拉斯堡大学人员坐另一边，卓仁禧当时并不认识 Jean-Marie Lehn 教授，只是在文献上及部分专业学术刊物上看到过他的名字。当介绍完双方人员后，卓仁禧发现

---

① 卓仁禧访谈，2017 年 3 月 16 日，北京。资料存于采集工程数据库。

② 同①。

③ 同①。

④ 同①。

Jean-Marie Lehn 教授正巧坐他对面。①

会谈交流是双方轮流发言的形式，双方基本上都是用英语发言，卓仁禧和 Jean-Marie Lehn 教授也都讲了话，而且二人不约而同谈的都是医用高分子方面的研究问题。②

在自由交谈中，卓仁禧也和 Jean-Marie Lehn 教授在会议桌上间或有过一些交流。在会谈中间，卓仁禧分别请示校长兼党委书记庄果、常务副校长刘道玉，问能否邀请这位 Jean-Marie Lehn 教授访问中国，并去武汉大学做学术交流。没想到两位领导未加思索，一致同意卓仁禧的主张。③

这样，在会议茶歇期间，卓仁禧找到 Jean-Marie Lehn 教授，诚恳邀请他方便的时候来中国的武汉大学做学术交流。Jean-Marie Lehn 教授欣然应允，告诉卓仁禧他即将于 1981 年访问日本，到时可以顺道去中国。卓仁禧回应说那很好，到时他亲自去上海迎接 Jean-Marie Lehn 教授。④

会谈结束后，征得校方和 Jean-Marie Lehn 教授的同意，卓仁禧一行人去参观了 Jean-Marie Lehn 教授的实验室，也让中方人员感慨当时与他们在研究条件上的巨大差距。

卓仁禧这次与 Jean-Marie Lehn 教授只是一次短暂的交流与接触，但是二人达成了交流的约定，也为他们日后的友谊奠定了基础，同时也让卓仁禧增强了在该领域研究的信心。

结束斯特拉斯堡大学的访问，同时感受过这个欧洲古老滨海城市的文化之后，代表团一行继续往法国南部进行访问，其间先后参观了法国南部其他两三所大学，由于时间过去比较久，卓仁禧对后面的几所学校的访问已经没有留下什么记忆了。⑤

结束全部访问回到巴黎时，正巧是 1980 年的元旦，卓仁禧等代表团成员在异国他乡迎来了新的一年。回到巴黎后，距离预期的访问结束时间还有十多天，法国外交部、教育部问代表团，还有没有想见的专家教授、高

---

① 卓仁禧访谈，2017 年 3 月 16 日，北京。资料存于采集工程数据库。

② 同①。

③ 同①。

④ 同①。

⑤ 同①。

校及研究机构。卓仁禧听说后很高兴，又一口气点了几所在巴黎的高校及研究机构的几位教授及研究人员，其中比较著名的就是巴黎第六大学的希瓦教授。[①]

法方的工作态度好、效率高，很快就安排了卓仁禧与希瓦的见面。

卓仁禧当然不认识希瓦教授，也是从著作及论文中了解到希瓦教授的。希瓦教授专门从事含硫有机化合物（高分子）方面的研究，成果丰硕，还著有该领域的一本专著，卓仁禧就读过这本书，印象很深，也很受启发。故此提出约见希瓦教授。[②]

卓仁禧按照约定的时间抵达巴黎六大后，巴黎六大的校长亲自迎接，并把他领到了希瓦教授的工作室。希瓦教授的工作室在巴黎六大一幢很高的建筑的上层，可以俯视巴黎市区，很是壮观，工作室布置得也很井然典雅，文化氛围很浓厚。[③]

希瓦当时并不在工作室，秘书接待了卓仁禧，并告知卓仁禧希瓦教授知道他要来，他处理完一件要事后马上赶过来，让卓仁禧稍等，并给卓仁禧递上了一杯咖啡。[④]

仅仅五六分钟后，希瓦教授就来到了工作室，彼此握手问候后，开始用英语交流。希瓦教授感叹卓仁禧的英语流利，卓仁禧调侃说希瓦不是法国人，听口音应该是德国人，希瓦教授惊讶地认同。友好的交流拉近了二人的距离，不久二人即转入正题，谈到了希瓦教授的含硫化合物研究问题，卓仁禧过去有搞元素有机研究的基础，并结合自己现在的高分子研究谈了自己的认知和见解，希瓦对卓仁禧的观点也表达了兴味。二人聊完后，卓仁禧提出参观希瓦的实验室，希瓦也毫不吝惜地同意了。[⑤]

除希瓦教授外，卓仁禧还约见了多位法国同行，形式有单独约见，也有集体会晤，在继续感受法国科研实力雄厚的同时，也学习到了很多新鲜的东西及观念，在科研上也受到了许多启发和教益。

---

① 卓仁禧访谈，2017 年 3 月 16 日，北京。资料存于采集工程数据库。
② 同①。
③ 同①。
④ 同①。
⑤ 同①。

卓仁禧在谈完他和 Jean-Marie Lehn 教授、希瓦教授及其他法国学者见面交流的情况后，有两点感慨。一是外语很重要，既能让你有能力浏览外文原文文献，获得大量的外国同行的研究成果信息，又能让你方便、流利地与外国专家交流，面对面感受对科学研究的认识和见解。他们这次出国访问，大部分人外语都一般般，不敢开口和法国人交流，而他是一个例外，最终收获也最多。二是自己要有研究成果的积累，要多读书、多学习，否则和别人没得聊，别人也瞧不起你的浅薄及研究工作。[1]

见完想见的人，也浏览了巴黎的名胜古迹，代表团回国的时间也到了。1980 年元月中旬，代表团完成全部访问交流项目后乘机回国，结束了这次长达月余的访问。[2]

对于卓仁禧而言，这次访问收获满满，不仅认识到了中法高校在教育和科研上的巨大差距，深切感受到时不待我的责任感，同时通过与以 Jean-Marie Lehn 教授、希瓦教授为代表的法国同行的交流，卓仁禧基本坚定了自己在科研上的转型方向，并建立了与法国一流大学的交流渠道。

卓仁禧访法归来不久，父亲卓全成病逝，卓仁禧回鼓浪屿料理完父亲的丧事后，即回到武汉大学投入紧张的研究工作之中。

数晤莱恩结友谊　游历东瀛阔视野

访法归来，卓仁禧收获良多，也认识到中法在科学研究上的巨大差距，肩膀上似乎陡增了一份责任感，并立刻把这种责任感体现在紧张的工作中。据卓仁禧夫人徐勉懿回忆，访法回来后，卓仁禧在科研上几乎就是夜以继日，每天早去晚回，绝大部分时间都投入在实验室中。通过一段时间的研究，在以"5-氟尿嘧啶"为主体的高分子药物的研究方面取得了一

[1] 卓仁禧访谈，2017 年 3 月 16 日，北京。资料存于采集工程数据库。
[2] 同[1]。

系列的突破。[①]

1981 年春季的一天，卓仁禧突然接到了 Jean-Marie Lehn 教授自日本打来的电话，告诉卓仁禧他即将结束在日本的访问，下一步想来中国，希望参观一下中科院上海有机化学研究所，然后去武汉大学讲学交流。

卓仁禧接到 Jean-Marie Lehn 教授的电话非常高兴，在征得已经担任武汉大学校长的刘道玉及化学系的领导同意后，立刻打电话联系上海有机所，上海有机所所长、学部委员汪猷教授得知这一消息后欣然同意，表示会亲自接待 Jean-Marie Lehn，并告诉卓仁禧上海有机所其实也一直想邀请 Jean-Marie Lehn 教授来进行学术交流。[②]

参观上海有机所的事情落实后，卓仁禧飞赴上海，去虹桥机场迎接 Jean-Marie Lehn 教授，并陪同他来到上海有机所，受到上海有机所汪猷所长的热情接待。交流期间，汪猷还给卓仁禧仔细说明了 Jean-Marie Lehn 的英文读法和法文读法的差别。卓仁禧全程陪同 Jean-Marie Lehn 教授在上海有机所的参观交流活动，自己也因此深刻了解了这个在国内外享有盛誉的上海有机所的科研实力及在本领域研究的动态，也算得到了一个意外的学习和交流机会。[③]

结束了在上海有机所的考察交流活动后，卓仁禧带领 Jean-Marie Lehn 教授来到了武汉大学。武汉大学校方和化学系都很重视 Jean-Marie Lehn 教授的来访，给他安排了满满当当的各种考察、指导、交流活动，做了多场学术报告，卓仁禧一直陪同 Jean-Marie Lehn 教授参与几乎所有的活动，并借此机会和他做了非常深入的交流，也请他就武汉大学高分子化学的研究提出建议、给予帮助。Jean-Marie Lehn 教授也并不保守，显示了极大的热情和宽阔的胸怀，给卓仁禧及化学系提出了很多有价值的建议，同时也对卓仁禧的研究抱有浓厚的兴趣。[④]

Jean-Marie Lehn 教授在武汉大学的交流活动持续了一周的时间，在

---

① 徐勉懿访谈，2017 年 6 月 21 日，北京。资料存于采集工程数据库。
② 卓仁禧访谈，2017 年 3 月 16 日，北京。存地同上。
③ 同②。
④ 同②。

图 6-1　卓仁禧赴法国斯特拉斯堡参加第 27 届国际高分子研讨会的留影（资料来源：卓仁禧提供）

当时的化学系产生了较大的影响。结束在武汉大学的交流活动后，Jean-Marie Lehn 教授告诉卓仁禧他想去看看中国伟大的长城，然后从北京返回巴黎。于是卓仁禧和 Jean-Marie Lehn 教授一起飞赴北京，并作为导游陪伴他游览了长城等名胜古迹，最后送他登上返回巴黎的航班。①

此后，卓仁禧就与 Jean-Marie Lehn 教授建立了良好的友谊，二人也因此成为朋友，并建立了长期的合作交流关系。

1981 年夏末，卓仁禧接到了 Jean-Marie Lehn 教授的邀请信，邀请卓仁禧来斯特拉斯堡大学参加第 27 届国际高分子研讨学术会议，并希望卓仁禧能在会议上将他的一项研究与与会者分享。卓仁禧非常高兴，立刻答应一定赴会。②

接到邀请后卓仁禧立刻着手准备自己的会议论文，反复推敲、多次征求同事和国内其他同行的意见，数易其稿。

1981 年秋，卓仁禧启程赴法，乘飞机经停德国到达巴黎，再乘火车抵达斯特拉斯堡（图 6-1）。到了斯特拉斯堡大学后，卓仁禧至会议举办机构报到注册，在注册时会议工作人员发现是卓仁禧后就告诉他，说 Jean-Marie Lehn 教授吩咐过，卓仁禧教授抵达后就给他打电话，同时交给卓仁禧一个电话号码。③

工作人员电话打出没多久，Jean-Marie Lehn 教授就赶过来，和卓仁

---

① 卓仁禧访谈，2017 年 3 月 16 日，北京。资料存于采集工程数据库。

② 同①。

③ 同①。

禧握手寒暄，然后邀请卓仁禧去他的工作室。在工作室卓仁禧又和Jean-Marie Lehn 教授进行了一番交流，并且仔细参观了 Jean-Marie Lehn 教授的实验室及研究成果。①

这次会议大陆学者有两人参会，时任中国科学院化学研究所所长、我国著名高分子化学家钱人元院士在大会上做了一场主报告，引起了较大的反响。卓仁禧则在一个分组会议上做报告，这个分组会议经Jean-Marie Lehn 教授提议，由卓仁禧担任主持人，体现了 Jean-Marie Lehn 教授对他的高度信任及对其会议报告的认同。②

会议结束的当晚，Jean-Marie Lehn 教授邀请卓仁禧去家里做客，他的夫人做了法式晚餐招待卓仁禧。餐后卓仁禧参观欣赏了 Jean-Marie Lehn 教授的家庭收藏，当闲聊中得知卓仁禧很喜欢唱歌后，Jean-Marie Lehn 教授的太太很是高兴，邀请卓仁禧高歌一曲，她钢琴伴奏。卓仁禧也没有拒绝，小时候在鼓浪屿家里经常他唱歌，他的妈妈或者姐姐们给他钢琴伴奏。两人选好歌曲后，卓仁禧就在 Jean-Marie Lehn 教授家中引吭高歌，Jean-Marie Lehn 太太热情伴奏，Jean-Marie Lehn 教授在旁边打着节奏、低声唱和，演绎了一幕中法友谊的画卷与传奇。③

次日，Jean-Marie Lehn 教授又陪伴卓仁禧游历斯特拉斯堡市区各个旅游景点，给卓仁禧不厌其烦地介绍城市历史和一个个著名的城市雕塑，给卓仁禧上了一天生动的关于斯特拉斯堡及法国文化的课程，让卓仁禧大呼过瘾，开心不已。④

临行前，卓仁禧又和Jean-Marie Lehn 教授交流过生物医学高分子方面的研究热点与趋势，卓仁禧判断 Jean-Marie Lehn 教授的研究成果很有可能获得诺贝尔化学奖，Jean-Marie Lehn 大笑着对卓仁禧说希望借他吉言，展现了法国人的幽默与坦率。⑤

1987 年，诺贝尔科学奖公布，Jean-Marie Lehn 教授与美国化学家

① 卓仁禧访谈，2017 年 3 月 16 日，北京。资料存于采集工程数据库。
② 同①。
③ 同①。
④ 同①。
⑤ 同①。

图 6-2　2001 年 10 月 26 日，卓仁禧与来访的诺贝尔化学奖得主 J. M. Lehn 在实验室交流学术问题
（资料来源：卓仁禧提供）

Donald Cram（克拉姆）和 Charles Pedersen（佩德森）一起分享了当年的诺贝尔化学奖，卓仁禧的预测变成了现实。卓仁禧得知消息后异常兴奋，第一时间给 Jean-Marie Lehn 教授发去贺信，Jean-Marie Lehn 教授也给卓仁喜回复，感谢他神一般的预测。[①]

Jean-Marie Lehn 教授获得诺贝尔化学奖之后，在国际上博得了"超分子化学之父"的美誉，和中国的合作也越来越多，并当选中国科学院外籍院士，无数次来中国的高校和研究机构做学术访问，与卓仁禧也多次见面，共同探索生物医用高分子的研究问题。

2001 年 10 月 25 日，Jean-Marie Lehn 教授再次应邀来到武汉大学化学与高分子科学学院，卓仁禧热情接待与陪同（图 6-2）。26 日，Jean-Marie Lehn 教授参观了卓仁禧院士的实验室、给全院师生做学术报告、与多位研究人员进行了广泛而深入的学术交流，在化学学院引起了很大反响，让师生们感受了这位诺贝尔奖获得者的魅力与才华。

1981 年，就在卓仁禧忙于自己的教学科研及接待 Jean-Marie Lehn 教授来访，筹备赴法开会并旋即赴法交流等事项时，卓仁禧还曾接到来自日本学术振兴会要求其去日本交流考察的邀请。日本学术振兴会（JSPS）是一个独立行政法人的日本基金机构，它基于公平公正的审查、评价体系，资助以大学为主体的学术研究以及国际交流活动。

当时，日本学术振兴会依据中日间的有关协议，在中国邀请了不同学科领域的专家共 10 人赴日本考察交流，时间是一个多月。这 10 人中化学

---

① 卓仁禧访谈，2017 年 3 月 16 日，北京。资料存于采集工程数据库。

方面的专家就是卓仁禧，至于为何确定当时还是副教授职称的他，卓仁禧到现在也没有弄清楚原因。虽然原因不重要，但至少说明了他当时在全国高分子化学研究领域已经具有一定的地位与影响力。据卓仁禧后来的推测，日方也可能收到了来自 Jean-Marie Lehn 教授的推荐。①

由于 1981 年卓仁禧的日程太紧凑，无法安排日本之行，经请示后教育部及日方同意将卓仁禧的访问交流推后至 1982 年，不过得只身一人前往，卓仁禧当时也同意了。

到了 1982 年，日本文部省篡改教科书、美化侵华历史的事件发生，中日关系遇到一定的障碍。这对于亲眼见证了日寇侵占鼓浪屿的卓仁禧刺激较大，卓仁禧气愤不已，因此致信教育部要求取消日本之行。可教育部回复说政治归政治、学术归学术，这项邀请协议应该得到执行，况且全部考察费用也是由日方支出，日方对于卓仁禧的行程也做了比较周全的安排。卓仁禧冷静思考后觉得也对，日本的科学技术当时已经非常发达了，去参观交流应该会有不少收获，也能扩大自己的研究视野。于是，经与日方沟通，卓仁禧确定于 1982 年夏季赴日本考察交流。②

约在 1982 年 6 月底，卓仁禧飞赴日本东京，日方接待工作很周密，日本学术振兴会安排车辆来机场迎接，到酒店后安排了一个小型欢迎会，振兴基金会主席致欢迎词，然后卓仁禧发言致谢，最后基金会工作人员给卓仁禧送来一大笔钱，作为此次考察交流的费用。③

次日，卓仁禧就开启了参观考察、学习交流的活动。每到一地，基金会都有车辆接送，具体日程安排和内容也完全尊重卓仁禧的意见。

卓仁禧的第一站是东京工业大学，该校的工程技术和自然科学研究实力非常雄厚，化工方面的研究也是世界一流。卓仁禧参观了该校的化工方面的实验室和研究机构，也应邀与有关科研人员座谈，并且做了一个小型的学术报告。④

---

① 卓仁禧访谈，2017 年 3 月 16 日，北京。资料存于采集工程数据库。

② 同①。

③ 同①。

④ 同①。

卓仁禧的第二站是早稻田大学。早稻田大学是世界著名的研究型综合大学，该校人才辈出，是日本的政治家、企业家摇篮。卓仁禧参观了该校化学与高分子方面实验室，与该校的研究人员进行了交流，并依据安排做了生物医用高分子方面的学术报告。①

东京大学也邀请卓仁禧去该校交流，卓仁禧在东京大学做完学术报告后，被报告会主持人、一位著名的化学教授邀请参加晚宴。晚宴安排于一个僻静的乡间，晚上主持人太太开车，同行的还有一位美国某大学的教授。车行乡间公路时，教授太太开车不小心在转弯处有轻微违章，被躲在暗处的警察逮住，该教授打开车门准备去解释并接受违章处罚时，没成想这位警察认识这位大名鼎鼎的教授，于是也徇私毕恭毕敬地放行了。由于时间过去太久，卓仁禧忘记了这位东京大学教授的名字。②

离开东京后，卓仁禧选择去了位于东京东北方向仅有 50 余公里的筑波。筑波是日本著名的科学城，那里聚集了大量的科学和工业研究所，大量的新式科学设备与仪器都是这里研制出来的。卓仁禧在这里参观考察了许多研究机构，对于日本的科研成果的转化率非常惊讶，感慨日本的科学研究对于工业技术的促进作用之强大。同时，卓仁禧也参观考察了此地的筑波大学，不过没有在此做学术报告。③

图 6-3　日本京都岚山公园周恩来题词（资料来源：王艳明采集）

离开筑波后，卓仁禧开始南下，南下的终点是长崎。南下的第一站是京都大学，该校在日本的声望仅次于东京大学，也是世界顶级名校之一。卓仁禧在这里同样进行了参观、交流，也应邀做了学术报告。在京都岚山公园，卓仁禧在

---

① 卓仁禧访谈，2017 年 3 月 16 日，北京。资料存于采集工程数据库。
② 同①。
③ 同①。

此见到了周恩来总理早年的题词（图 6-3），心里非常高兴。[1]

京都大学之后是大阪大学，这同样是一所日本的顶级名校，几与京都大学齐名，卓仁禧在这里的行程与安排也大致与京都大学类似。

继续南下的途中经过了广岛，匆匆参观了当年原子弹爆炸处建起的广岛和平纪念公园，出于人道主义精神，卓仁禧为在原子弹爆炸中逝去的无辜死难者默哀祈福。[2]

最后，卓仁禧乘火车到达了长崎市，长崎大学派出的轿车准确地停在卓仁禧所在车厢的门口处等候，这让卓仁禧既惊奇又有些许感动，惊讶当时日本人做事的精确守时。[3]

在长崎大学卓仁禧同样是参观、考察、交流、做学术报告，然后在长崎大学的化学教授陪同下，卓仁禧参观原子弹的爆炸地。卓仁禧当时看到爆炸处一块十几层楼高的石头被原子弹炸得像斧劈一样时，心里震惊于原子弹的巨大威力。然后，卓仁禧又去长崎市看望了当年原子爆炸幸存者的疗养院，在那里看到了许多终身需要在轮椅上生活的无辜市民，卓仁禧看到这一幕，心里就默默祈祷不要战争、原子弹永远不要在人类头上爆炸。[4]

在返回东京的途中，卓仁禧途经福冈市，在这里他参观了九州大学、福冈大学并做了学术报告。在福冈，卓仁禧参观了郭沫若在此留下的几处足迹，看到了九州大学为他设立的纪念碑。福冈的海滨不错，卓仁禧认为和他出生的鼓浪屿一样秀丽。卓仁禧参观完当地几个研究机构后还被安排坐船去大海里游玩了一番，欣赏了那里独特的海滨风光。[5]

福冈是卓仁禧日本之行的最后一站，至此卓仁禧先后游历过日本近 10 个市县，参观了十几所高校、近 20 所研究机构与企业，科研视野又一次得到了拓展，对日本在科学研究上形成了两点认识。一是日本的整体科研水平很高，国民重视教育与科技；二是日本的科技成果的转化率很高，科

---

① 卓仁禧访谈，2017 年 3 月 16 日，北京。资料存于采集工程数据库。

② 同①。

③ 同①。

④ 同①。

⑤ 同①。

学研究对于企业产品及技术研发促进作用很强，科研与生产结合得很好。①

1982 年 7 月中旬，经过近一个月的奔波，卓仁禧结束了在日本的访问交流回国，在归国前后发生了一件事，这件事让访谈人员对卓仁禧产生了深深的敬意。

卓仁禧日本之行的所有费用是由日本振兴基金会提供的，经费非常宽裕，卓仁禧结束日本之行时经费尚富余不少，另外他在各高校及研究机构做学术报告对方都支付了不菲的报酬，故此准备回国时身上总计将近有 60 万日元。当时的 60 万日元可不是一笔小钱，卓仁禧说足够买一辆豪华的丰田轿车。②

卓仁禧不知道如何处理这笔钱，思考一下后他找到我国驻日本大使馆，可大使馆不要，说这是人家支付给你的报酬，你可以自己留着。无奈，卓仁禧只好带回国内。③

回到北京后，他又找到教育部，教育部的回答和我国驻日大使馆是一样的，他又只好带回武汉。回到武汉后，他又去找武汉大学人事处，人事处也回复说这钱属于你的访问工作报酬，国家又没有为你赴日本交流出一分钱，你尽可以收着，不违反任何纪律。④

可卓仁禧还是不要，夫人也有微词。后来卓仁禧就把这钱交到武汉大学外事处，外事处出于无奈，只好收下，说算是他的捐赠，留着支付学生的对外交流使用。⑤

耶鲁访学　实现研究转型

在先后出访法国与日本之后，卓仁禧对这两个发达国家在生物高分子领域的研究成就有了更深入、更直观的了解，心里对自己所选定的生物医

---

① 卓仁禧访谈，2017 年 3 月 16 日，北京。资料存于采集工程数据库。
② 同①。
③ 同①。
④ 同①。
⑤ 徐勉懿访谈，2017 年 6 月 21 日，北京。存地同①。

用高分子方向越来越有底气了，认为在此领域的研究应该大有可为。

既然这么想，就这么行动。故此，卓仁禧一方面计划将自己在有机硅高分子方面的研究工作进行收尾，将研究精力逐步完全转入至生物医用高分子的研究上来。另一方面不断和同事们商榷，对同事们分析生物医用高分子方向的发展前景，从而形成团队，集中力量展开研究，这样有利于更快地取得高质量的研究成果。

落实在行动上，1978 年以来，卓仁禧就带着自己的研究生们开始了在此方向上的探索性研究。同时，像陈衢生、刘高伟、范昌烈、刘振华、余蕙等一批同仁也和卓仁禧一道，集体开始了在生物医用高分子方向上的研究。当时的研究基本围绕"5-氟尿嘧啶"展开。

卓仁禧告诉来访者，"5-氟尿嘧啶"属于生物活性聚合物，人体基因 DNA 转录 RNA 时需要尿嘧啶，如果把癌细胞尿嘧啶中的氢替换成氟，这个基因转录复制就被阻止了，从而控制癌细胞的复制，癌症就被控制，也不能扩散，这样就容易被治愈。因此，"5-氟尿嘧啶"的药用价值就在于可以用来控制癌症，起到辅助治疗的作用。

1982 年 6 月，卓仁禧赴上海参加第二届中日美金属有机和无机化学国际学术讨论会，并提交会议论文 *Studies on Polymer Containing Tributyltin*。

1982 年底，忙于科研的卓仁禧接到学校的通知，要他准备在 1983 年去美国耶鲁大学做访问学者，方向可以在耶鲁大学现有的任何专业中选择。[①]

事情的原委是这样的，武汉大学和美国耶鲁大学签订有互换学者交流的协议，这个协议执行得很好，耶鲁大学已经有好几位学者在武汉大学做访问学者了，而武汉大学这边一位也没有派出。学校研究时，时任武汉大学的副校长高尚荫又一次强烈推荐卓仁禧，认为他年轻有活力、思想敏锐、英语交流能力强、勤奋努力，很有科研前途。刘道玉对卓仁禧的能力和前途也深信不疑，因此就确定派卓仁禧去耶鲁大学访学。[②]

能去享誉全球的耶鲁大学访学自然是一件极其幸运的事情，卓仁禧岂会放弃学校安排、辜负高尚荫等校领导的美意。可是去耶鲁什么专业学习

---

① 卓仁禧访谈，2017 年 3 月 16 日，北京。资料存于采集工程数据库。
② 徐勉懿访谈，2017 年 6 月 21 日，北京。存地同上。

呢，这倒是让卓仁禧有些犯难，生物医用高分子方向是确定无疑的，可是这依然是一个庞杂的门类，每个学校不同的教授研究的对象都不同，选择得当才能为自己今后的研究获取最大的裨益。

卓仁禧仔细研究耶鲁大学的专业设置及知名教授们的研究成果，然后去向高尚荫院士咨询，听取他的意见。高尚荫依据卓仁禧的研究方向及意愿，给他推荐了耶鲁大学医学院药理系 W.H.Prusoff 教授，此人在耶鲁名气极大，在国际上地位也很高，研究方向也是利用生物活性聚合物来预防癌症、防治疱疹病毒等，这与卓仁禧此时的研究内容具有较高的相似度、相近度。①

高尚荫进一步对卓仁禧说，应中国药学会和医学科学院抗生素研究所的邀请，W.H.Prusoff 教授曾于 1981 年 8 月 5 日至 11 日在北京进行了讲学和参观访问，高尚荫现场听过他的报告，感觉他的判断力及研究内容既新颖、也有前景，高尚荫建议卓仁禧去耶鲁跟 Prusoff 教授学习。②③

卓仁禧对 W.H.Prusoff 教授其人、其研究成果也略知一二，此前已然心仪，经高尚荫这么一推荐，就决定去医学院药理系访学，争取师从 W.H.Prusoff 教授。

当然，这仅仅是一厢情愿，依据武汉大学及耶鲁大学的协议，去医学院药理系应该问题不大，但是能否争取到 W.H.Prusoff 教授的认同就难说了。故此，经高尚荫推荐后，卓仁禧又给 W.H.Prusoff 教授去信，争取能得到他的青睐。

很快，卓仁禧得到了 W.H.Prusoff 教授的回信，同意接受他这位访问学者。卓仁禧心里别提多高兴，立刻准备赴美的各种准备工作，一切妥当之后，卓仁禧于 1983 年 3 月 1 日飞赴大洋彼岸的美国纽约。次日，卓仁禧被中国驻纽约领事馆总领事接见。④

在耶鲁安顿好后，卓仁禧就去药理系 W.H.Prusoff 教授的工作室，

① 卓仁禧访谈，2017 年 3 月 16 日，北京。资料存于采集工程数据库。

② 本刊通讯员：《美国 Prusoff 和 Kaufman 教授等在我国进行学术交流》。《角膜病杂志》，1981（04）：250.

③ 同①。

④ 同①。

W.H.Prusoff 教授也正好在等他（图6-4）。当时 W.H.Prusoff 教授 70 多岁，精神矍铄；卓仁禧 50 岁出头，年富力强。卓仁禧以为 W.H.Prusoff 教授会问他在武汉大学所做的研究，可出乎他的意外，W.H.Prusoff 教授并没有问他这些，而是直接告诉

图 6-4　卓仁禧在耶鲁大学访学时在药理学院前留影
（资料来源：卓仁禧提供）

他计划让他在这里做核苷－顺铂抗癌药物方面的研究，尝试在核酸中植入铂金，药理是控制与治疗癌症，也包括控制病毒。[①]

卓仁禧听说让他研究这个，心里很高兴，这与他在武汉大学的研究非常契合。可他心里不免有些奇怪，难道如此不谋而合？后来才得知，W.H.Prusoff 教授是一个极负责任的人，在得知卓仁禧要来师从他做访问学者时，就开始做功课，查阅了卓仁禧发表的论文，了解了卓仁禧在武汉大学所做的研究，因此依据他的研究需要给他选定了这个课题。[②]

W.H.Prusoff 教授给卓仁禧确定了研究题目后，交给卓仁禧一瓶实验用的核酸，告诉他这瓶核酸价值一万美元。卓仁禧听说后惊呆了，这可相当于卓仁禧当时好几年的工资收入啊。至于试验该怎么做，W.H.Prusoff 教授并没有谈具体的思路，交给卓仁禧自己去思考和发挥。[③]

当时在 W.H.Prusoff 实验室做访问学者的除了卓仁禧之外，还有另外三名中国人。上海医学院有一个，北京的科学院药物所有两个，由于时间太久远了，卓仁禧没能回忆起他们的姓名。四名中国学者所做的项目都不同，不知出于什么缘故，彼此之间对各自的研究并没有多少交流，不过在

　　① 黄世猛：《走进高分子的自由王国》。见：湖北省科学技术协会编，《科学家的故事——湖北院士风采》，2013 年出版，第 162~168 页。
　　② 卓仁禧访谈，2017 年 3 月 16 日，北京。资料存于采集工程数据库。
　　③ 同②。

生活上还是相互有所照应。

W.H.Prusoff 教授和蔼可亲，他的太太也热情友善，对待卓仁禧等几位中国学者也很客气，先后十多次在周末邀请他们去家中做客，时间一长卓仁禧与 W.H.Prusoff 教授及夫人相处越来越融洽。

W.H.Prusoff 教授非常佩服卓仁禧的英语能力，他说没想到卓仁禧的英语如此流利、发音也准，这在中国的学者中非常少见。此外，W.H.Prusoff 教授对卓仁禧的研究能力也大加赞赏，他并没有对卓仁禧的研究指导太多，但每次检查及交流完之后，对卓仁禧的研究方法及工作进展都非常满意。①

该年圣诞节，卓仁禧自耶鲁大学赶赴芝加哥，见到了多年未见的二哥卓仁声，与二哥一家人共度佳节。②

时光荏苒，白驹过隙，一年的时光很快就要过去了。1984 年初，卓仁禧接到了时任武汉大学化学系系主任查全性院士的信，要他赶快结束在耶鲁的访学返回武汉大学。至于什么事情，查全性教授没有说明，只催快回。③

图 6-5　耶鲁大学赠送给卓仁禧的访学纪念牌（资料来源：卓仁禧提供）

其实，W.H.Prusoff 教授交给卓仁禧的实验卓仁禧早已结束了，论文也基本完成。接到查全性的信后，卓仁禧就告诉 W.H.Prusoff 教授要结束访学返回国内了。W.H.Prusoff 教授也没有挽留，给卓仁禧安排了一场欢送会，并赠送给卓仁禧一枚耶鲁大学访学纪念牌的铭牌（图 6-5），同时对卓

---

① 卓仁禧访谈，2017 年 3 月 16 日，北京。资料存于采集工程数据库。
② 同①。
③ 同①。

仁禧的访学工作给予了极高的评价。

卓仁禧回国途中在旧金山机场转机，第一次在美国与三姐卓明纯、五姐卓明哲亲切会面，姐弟们在机场近叙 1 小时后，卓仁禧登上了返回祖国的航班。①

告别 W.H.Prusoff 教授及亲友后，卓仁禧回到了武汉大学，一个更加艰巨的工作、一份更加难得的信任将交付给他。

一年多的访学让卓仁禧与 W.H.Prusoff 教授建立了深厚的情谊。此后师徒经常书信往来，交流科学工作和生活琐事。后来 W.H.Prusoff 教授还应邀来武汉的中科院武汉病毒所进行学术交流，卓仁禧也因此再次见到 W.H.Prusoff 教授。

在卓仁禧的大孙女考入哈佛大学时，卓仁禧、徐勉懿夫妻俩去美国与儿女及孙子们团聚。到哈佛大学后，卓仁禧给 W.H.Prusoff 教授打电话告知他的行程，W.H.Prusoff 教授听说后非常高兴，虽然 80 多岁了，但还是亲自驾车自耶鲁赶到哈佛，坚持要宴请卓仁禧一家人。②

卓仁禧很是精明，他想让大孙女和 W.H.Prusoff 教授好好交流一下，就暗示夫人借故提早退席，并到酒店外溜达，留下大孙女和 W.H.Prusoff 教授在餐桌上交流。③

后来，大孙女竟然和 W.H.Prusoff 教授聊了一个多小时，与 Prusoff 教授告别后孙女对爷爷奶奶说 Prusoff 教授有多了不起、获过多少奖，还透露说 W.H.Prusoff 教授是犹太人。孙女说的别的情况卓仁禧大体都知道，但 W.H.Prusoff 教授是犹太人他还真是第一次听说。④

耶鲁大学访学归来后，卓仁禧的研究就完全转向了生物医用高分子了，并继续围绕"5- 氟尿嘧啶"进行深耕，取得了显著的效果。自 1983 年至 1987 年，卓仁禧及其合作者共发表关于"5- 氟尿嘧啶"的学术论文 16 篇，其中多篇论文产生了较大的影响，明确了"5- 氟尿嘧啶"的抗癌

---

① 卓仁禧访谈，2017 年 3 月 16 日，北京。资料存于采集工程数据库。
② 同①。
③ 同①。
④ 同①。

活性机理。

另外，耶鲁大学归来又给卓仁禧开辟了一个新的方向，这就是关于核酸的抗肿瘤活性研究，为化学系的生物医用高分子研究开辟另一条道路，并同样在几年之内取得了系列成果。

1986 年，卓仁禧与 W.H.Prusoff 教授合作的研究论文 *Synthesis and biological activity of several amino nucleoside-platinum（I）complexes* 发表在 1986 年的 *J Med Chem* 上，这既是卓仁禧对他在耶鲁大学访学一年研究的成果总结，也是他在核酸领域展开研究的开篇之作。

卓仁禧的研究转型是成功的，他开创了国内在生物医用高分子研究上的先河，不仅持续取得了丰富的研究成果，而且提升了我国在该领域的研究水平。伴随着在此领域研究的成功，卓仁禧的学术影响也越来越大。

不过，卓仁禧并没有完全放弃在有机硅方面的研究，而是依据实际需要间或在此领域兼顾做一些与生产相关的应用研究，以提升行业的生产水平，丰富产品系列与功能。

第七章
掌舵化学系　建设重点实验室

自 1978 年 3 月卓仁禧出任武汉大学高分子教研室主任、在科研上逐步转向生物医用高分子以后，成效显著，迅速进入科研的黄金时期，而后卓仁禧开始执掌武汉大学化学系，长期承担重大研究项目，科研成果接踵而至，建设了生物医用高分子实验室，于 1997 年当选为中国科学院院士，取得了令人瞩目的成就。

成长迅速　出任系主任

卓仁禧通过出访法国、日本等地，研究视野得到明显扩展，也感觉到国内在生物医用高分子的研究上与国外存在巨大差距，认识到这些既是压力、也是契机，只要努力耕耘，一定会有巨大的收获。

1978 年 3 月 18 日，因为卓仁禧在科学研究上的成就与勤奋，卓仁禧赴京参加了全国科学大会，参与了对《一九七八——一九八五全国科学技术发展纲要（草案）》（即八年规划）的审定工作。在这次大会上，卓仁禧的两项研究成果获得了奖励，引起热议。5 月，因为同样的原因卓仁禧获得了"湖北省科学技术先进工作者"称号。

1978 年，卓仁禧开始招收硕士研究生，在对研究生不遗余力培养的同时，自己的研究队伍也开始得到壮大，研究的效率也得到了提升。

1981 年初，卓仁禧因为在教学、科研工作中的出色表现，获得了校长兼党委书记庄果的表彰，并被授予"先进工作者"的称号。1981 年 6 月，经武汉大学推荐，卓仁禧获得了"湖北省高等学校先进科研工作者"的荣誉。

1982 年，年已 51 岁的卓仁禧因为教学工作突出、科研业绩显著晋升教授，并经时任化学系主任查全性院士提议，出任武汉大学化学系副主任、应用化学研究所副所长，以及新组建的高分子研究室主任。此时，卓仁禧不仅要承担自己的繁重的科研任务，还逐渐肩负起化学系及高分子研究室发展和进步的重任。

1983 年 4 月，就在卓仁禧赴耶鲁大学做访问学者前不久，卓仁禧作为科技界的优秀代表，以无党派人士的身份在湖北省政协会议上当选湖北省政协常委，任期 1983 年至 1988 年。在后来的 1987 年湖北省政协会议上，还作为主席团成员与会，参与湖北省科技发展前景的提案讨论。

1983 年 6 月，卓仁禧作为第一发明人，其研究成果《长链烷基三甲氧基硅烷的合成方法和用途》获得科技部科技发明奖三等奖。该成果在军工及部分民用领域已经得到了广泛的应用，产生了较好的经济效益。

1983 年 6 月，卓仁禧被国务院学位办批准为高分子化学博士导师，开始招收博士研究生。自此，卓仁禧不仅培养了更多、更高水平的专业人才，而且充实和扩大了自己的核心研究队伍，形成了可靠的、效率更高的研究团队，为后期生物医用高分子实验室的组建和发展创造了条件。

1984 年 3 月，卓仁禧应武汉大学化学系主任查全性院士之召结束在耶鲁大学的访学返回学校，回到学校后查全性及高分子教研室党支部书记李峰找卓仁禧谈话，要求他写入党申请书，加入党组织，并将会有重要的任命。①

其实，改革开放以后，卓仁禧早已产生了入党的动机，只是因为工作

---

① 卓仁禧访谈，2017 年 3 月 23 日，北京。资料存于采集工程数据库。

繁忙始终没有把这事提上议事日程，这次经领导们谈话，他也觉得该解决组织问题了，这样既可以更加严于律己，也便于开展工作。于是，1984 年 6 月 12 日，卓仁禧非常认真地撰写了入党申请书，写完后递交给了高分子教研室支部书记李峰（图 7-1）。

卓仁禧的入党过程办理得比较迅速，6 月中旬卓仁禧的申请即被接受，1984 年 6 月 23 日被批转为中国共产党预备党员，7 月 1 日参加了当年入党宣誓活动，一年后办理转正手续，正式成为一名中国共产党党员。[1]

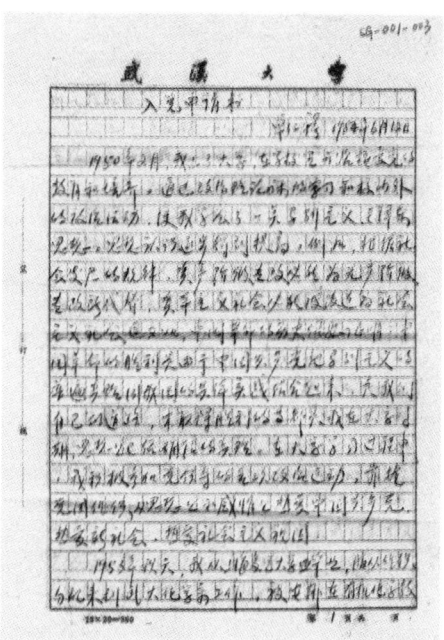

图 7-1 卓仁禧写的入党申请书（资料来源：卓仁禧提供）

1984 年 10 月 18 日，武汉大学化学系召开全系教师大会，学校领导到会宣布中共武汉大学委员会的人事任免决定，任命卓仁禧教授接替查全性院士出任武汉大学化学系系主任，汪文学出任化学系党总支书记。

据卓仁禧及其他知情人士回忆，卓仁禧出任系主任是由查全性院士提议的，学校主要领导也都支持查全性院士的动议，在正式任命之前，学校通过组织程序解决了卓仁禧的入党问题，并就卓仁禧的系主任任命征求过化学系部分教师的意见，鉴于当时卓仁禧的科研成绩、工作态度及国内的影响力，绝大部分教师都支持卓仁禧出任系主任的职务。[2]

在担任系主任期间，卓仁禧和总支书记汪文学密切配合，思考化学系的改革与提升。

首先，卓仁禧和汪文学创立了系党政联席会议制度，系领导班子畅所欲言、各抒己见，共商化学系发展大计及日常性事务，做到了既坚持党的

---

① 卓仁禧访谈，2017 年 3 月 16 日，北京。资料存于采集工程数据库。

② 同①。

领导，又充分发挥民主。平时，主任、书记两人配合密切，相互支持。卓仁禧坚决支持党总支的决定，汪文学也放手卓仁禧抓行政事务、教学工作、科研工作，绝不干预卓仁禧在学科建设、科研激励、人才培养上的举措。①

其次，卓仁禧集思广益、充分尊重老教师的意见。在任主任期间，卓仁禧依据国外的经验，充分认识到研究性大学及学科性学院的特点，经常找骨干教师调研，征求他们的意见。同时，卓仁禧充分尊重化学系一批老教授，经常听取他们关于科研工作、人才培养的建议，要求他们发挥余热，为化学系的发展献计献策。②

譬如，卓仁禧对查全性尊重有加，但凡化学系在教学科研上任何较大的动议，卓仁禧都会去听取查全性的意见，有时甚至要求查全性院士率先垂范，以减小工作的阻力，提升决策的效率。③

第三，卓仁禧在化学系实施了一系列的实质性改革，在招生就业、教学管理、学科发展、科研激励、报酬分配、提职晋升、后勤保障、行政管理、人员定编诸方面兴利除弊，激发每一位教师的教学、科研积极性，调动和盘活科研资源。④

卓仁禧刚就任系主任时，面临着一个很现实的问题，就是教师的职称问题。由于"文化大革命"前后已经很长时间没有正常评定职称了，教师们的待遇也提不上来，大部分教师在这个问题上多少都有些怨言和情绪，在很大程度上也影响到教师的教学、科研的积极性。

卓仁禧、汪文学抓住这个既解决教师现实需要、又能激发教师科研积极性的问题，专门成立职称评定委员会，并坚持通过职称评定来引导教师们重视教学和科研。系职称评定委员会每年优先解决教学、科研上比较突出的教师的职称晋升问题，经过持续几年的坚持和努力，这个问题逐步得到解决，同时达到了激励教师的作用。⑤

---

① 汪文学访谈，2017 年 4 月 18 日，北京。资料存于采集工程数据库。
② 同①。
③ 同①。
④ 同①。
⑤ 同①。

经过一段时间的适应与坚持，卓仁禧、汪文学领导下的化学系呈现出一派积极向上的局面，全系所拿到的科研项目、研究经费及获奖成果不断增多，整体科研能力得到了明显的提升。据采集小组采访卓仁禧任化学系主任时期在任部分教师的情况来看，那时化学系的科研实力和学科地位在全国名牌大学的化学系中很快位居前列，产生了较大的影响力。而其中，访谈者一致认为卓仁禧功不可没。[①]

卓仁禧就任化学系主任期间，还和国内外高校及研究机构展开科研合作，互派访问学者，积极参加国际交流。譬如，1987 年 6 月，卓仁禧以武汉大学化学系系主任的名义邀请美国华盛顿大学生物工程与化学工程的 Allan S. Hoffman 教授来武汉大学交流，并做多场学术讲座。

此外，卓仁禧还采取措施，引进国外著名高校高水平研究人员来武汉大学化学系开设"生物化学"等跨学科课程及专题讲座，以此提升生物医用高分子研究的基础和潜力。[②]

当然，卓仁禧并没有因为自己工作繁忙就忽略了自己的进步。办公楼人群散尽之时，他走进实验室开始了自己的研究工作，殚精竭虑、夙夜匪懈，将自己的科学研究和对外交流带入了一个新的层次。

1985 年 8 月 18 日至 23 日，卓仁禧与沈家骢、徐僖等学者作为中国代表赴荷兰海牙参加 IUPAC 第 30 届国际高分子研讨会（图 7-2）。在会议上卓仁禧不仅了解和洞悉了国际高分子研究的现状与趋势，还就自己研究的问题与许多国外学者进行了交流，并获得了一些有价值的建议。

图 7-2　卓仁禧（左三）、沈家骢（左一）、徐僖（右三）赴荷兰海牙参加 IUPAC 第 30 届国际高分子研讨会的留影（资料来源：卓仁禧提供）

---

① 　高志龙访谈，2018 年 10 月 10 日，北京。资料存于采集工程数据库。
② 　卓仁禧访谈，2017 年 3 月 16 日，北京。存地同上。

1986 年上半年，卓仁禧又与北京大学的冯新德教授、四川大学的徐僖教授等 5 名国内著名学者应美国华盛顿大学的邀请，去做访问讲座。翌年，卓仁禧只身应邀再去美国讲学，给美国同行留下了很深的印象，可惜具体内容和行程已经记不清了，只记得是一个人前往的。

1987 年 9 月 21 日至 23 日，卓仁禧与冯新德、何炳林等共 9 名科学家应邀赴西雅图参加中美生物医用高分子材料会议，并在会上做了生物活性高分子材料的研究报告，产生了良好的反响。

1989 年初，卓仁禧与冯新德、沈家骢、徐僖等专家一同再赴荷兰海牙，参加学术会议，然后顺道去德国拜访多位大学教授，可惜名字已经记不太清了。

同年 6 月 26 日至 28 日，卓仁禧赴韩国首尔参加 IUPAC 功能聚合物分子设计研讨会，介绍了国内在这方面的研究进展，并担任会议主席。同年底，赴台湾参加高分子领域的两岸学者交流会。

此后，卓仁禧又多次赴美国、加拿大、欧洲等国参加国家学术会议或者应邀做学术交流，至于国内的各种学术会议就不计其数，在此不一一罗列。

在任系主任期间，卓仁禧及其合作者承担各类研究课题十余项，研究经费数百万元，在国内外学术刊物发表论文 60 余篇，其中多篇论文的被引用率位居相应著名期刊的前 50 名。

可见，卓仁禧不仅作为系主任是尽职尽责、劳苦功高的，而且作为一名教师和科研人员也是杰出和优秀的。

由于在教学、科研及人才培养方面持续做出重要的贡献，所获得的荣誉和社会兼职也越来越多，这也是从另外一个角度对卓仁禧所做的工作的肯定和褒奖。

1986 年 10 月，卓仁禧被增补为《离子交换与吸附》副主编。

1986 年 12 月，卓仁禧被人事部评为国家级有突出贡献的中青年科技专家。

1987 年 4 月 30 日，卓仁禧被评为"1986 年度武汉大学模范教师"。

1987 年 8 月，卓仁禧被聘为《高等学校化学学报》编辑委员会委员。

1987 年 9 月，卓仁禧再次被选为"湖北省劳动模范"。

1988 年 5 月，卓仁禧出任国家自然科学基金委员会化学学科评审组成员，1990 年 5 月 10 日，被聘为国家自然科学基金委员会高分子化学学科评审组成员。

1991 年 5 月，卓仁禧先后获得武汉大学先进科技工作者、武汉大学优秀科技工作者的荣誉。

1991 年 11 月 1 日，由于卓仁禧在发展高等教育事业及科学研究上做出的突出贡献，从 1991 年 7 月起享受国务院特殊政府津贴。

卓仁禧在任系主任期间承担过多项重大研究项目，也获得了多个重大科技成果奖，这些具体内容后文将有具体的介绍。

不过，有一件事采集小组需要在此交代，1989 年，卓仁禧打破常规，不拘一格选人才，将毛海泉招收为硕士研究生，获得博士学位后又将其推荐去美国继续深造。毛海泉是卓仁禧杰出的弟子之一，约翰·霍普金斯大学材料科学与工程系终身教授，后来与卓仁禧及国内多所高校和研究机构有过频繁的合作（图 7-3）。

图 7-3 卓仁禧得意弟子、约翰·霍普金斯大学终身教授毛海泉（资料来源：卓仁禧提供）

1991 年，年过花甲的卓仁禧卸任武汉大学化学系系主任一职，自此潜心科学研究，并开始筹划新的研究平台。

深耕教研　建设生物医用高分子实验室

卸任系主任一职后，卓仁禧专心教学科研，继续在生物医用高分子领域斩获新的成果。

此时，经过自 1978 年以来持之以恒的探索，以卓仁禧为代表的武汉大学高分子研究室不仅主持了国家自然科学基金、湖北省自然科学基金等重要项目，积累了一大批成果，也建立和培养了一大批在此领域的高水平研究人员，在国内产生了巨大的影响力，甚至在国际上也渐有名声。

1991年离任起，卓仁禧就开始思考一个问题，今后的研究工作怎么做？继续这样依靠以研究生为主体的研究人员的自识、自觉的研究，还是寻求新的方式和动力？继续按部就班，可能因为关键研究人员的变动而自生自灭。

因此，卓仁禧寻思，必须建立新的科研平台、新的机制，并利用国家扶持科学研究的政策建立可持续发展和提升的策略，从而在获得研究人才、研究资金保障的前提下将生物医用高分子研究做大、做强。[①]

1991年4月28日，国家教委颁布了《高等学校开放研究实验室管理办法》，鼓励研究方向明确、研究成果雄厚、研究目标明确、培养研究生特色与优势明显，处在学科发展的前沿或有广泛应用背景的高等学校重点实验室或者其他具备相似条件的实验室申报国家教委开放研究实验室。卓仁禧一直在分析和研究这个办法，他希望以此为突破，凭借他在生物医用高分子材料领域的研究成果及该领域的发展前景，申报国家教委生物医用高分子开放实验室。

想法有了，但是操作起来却面临着很多困境。按照国家教委颁布的开放实验室管理办法，申报该实验室必须是以现有高水平实验室为基础，他本人的编制虽然在高分子研究室，可高分子实验室并不属于他，而且这个实验室当时的状况与水平也够不上国家教委开放实验室的申报条件。

到了1992年底，由于客观原因的限制，国家教委对开放实验室的申报条件有所放松，此时卓仁禧觉得条件勉强能够凑得上，于是考虑以最初的元素有机实验室划分而成的金属有机实验室和高分子实验室打包作为申报开放实验室的基础，然后与这两个实验室达成君子协定，开放实验室批准下来后独立运作，不占用金属有机实验室及高分子实验室的任何资源。

在访谈人员问及生物医用高分子材料教育部重点实验室发展渊源时，

---

① 卓仁禧访谈，2017年9月19日，北京。资料存于采集工程数据库。

卓仁禧坦陈其建立的背景就是金属有机实验室和高分子化学实验室。这一点，现在武汉大学化学与高分子科学院的许多教师，甚至包括今天在这个重点实验室工作的研究人员都不太清楚。①

当时，在武汉大学校方的鼓励下，卓仁禧得到了化学系继任系主任的支持，继而与金属有机实验室负责人张国敏教授、高分子实验室负责人刘高伟教授充分沟通后，也取得了他们的同意。于是，卓仁禧同毛海泉、吕正荣、廖俊、刘立建等几位博士、硕士研究生一起立刻设计、起草国家教委生物医用高分子材料开放实验室的申请书（图7-4）。起草完毕后，卓仁禧又一再完善修改，其间也征求国内其他专家及刘高伟、陈衢生等部分系内合作研究者的意见，在觉得比较稳妥之后，于1993年12月经武汉大学上报至国家教委待批。

由于生物医用高分子当时在国内是一个新的方向，并且很有发展前景，据卓仁禧介绍以前仅有上海有机化学研究所零散涉及过这个方面的研究，但没有作为一个重点。卓仁禧把生物医用高分子研究作为一个学科或者一个研究方向，确实是开国内风气之先，加上卓仁禧及其合作者们在那时已经承担了"863"计划、国家自然科学基金等一系列重大项目，积累了相当丰富的成果，产生了较好的影响，获得了不少的奖励，且不论在理论研究还是在应用上都展现出了很好的前

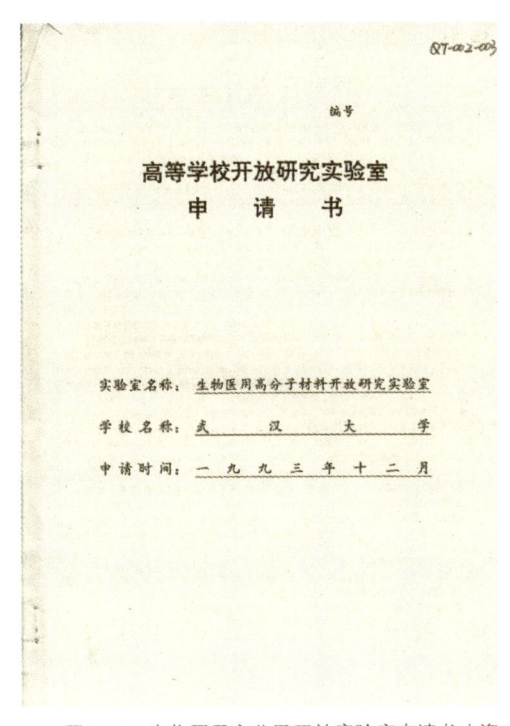

图7-4　生物医用高分子开放实验室申请书（资料来源：卓仁禧提供）

---

① 卓仁禧访谈，2017年9月19日，北京。资料存于采集工程数据库。

景。因此，武汉大学化学系卓仁禧所申请的开放实验室在当时很有新意，符合国家教委创办开放实验室的宗旨。

由于上述原因使然，卓仁禧所申报的生物医用高分子材料开放实验室批准过程比较顺利。1993 年 12 月，武汉大学申报的生物医用高分子材料开放实验室得到了国家教委的批准立项，沈家骢任学术顾问，卓仁禧任实验室主任，刘立建任副主任。实验室主要研究方向有生物医用高分子、生物医药等，实验室主要研究人员包括吕正荣、范昌烈、付功成等人。①②

自此，生物医用高分子材料实验室正式建立，年过花甲的卓仁禧也在这个平台开始了新的生命历程，并勤奋不辍，带领这个实验室不断成长壮大，直至其成为武汉大学化学与分子科学学院的核心研究平台，成为国内生物医用高分子研究领域的主要阵地。

但是，创业的过程是非常艰辛的，虽然生物医用高分子开放实验室是以金属有机和高分子实验室为基础申报成功的，但君子协定还是要履行，不得占用。无论对于当时的武汉大学化学系还是卓仁禧本人来说，生物医用高分子实验室实际上是一个新成立的实验室。可是，当时化学系的房子很紧张，根本拿不出房子给新成立的生物医用高分子实验室做办公室和实验室，仪器设备更是毫无着落。

当时，卓仁禧很是着急。没有房子，没有实验用设备仪器，除了他和自己的一帮博士、硕士外，再无其他人员。③

然而，毕竟生物医用高分子实验室是国家教委立项的实验室，在当时算是化学系级别最高的实验室，不给个地方化学系也不好向学校和国家教委交代，万一来个检查评比啥的岂不难堪？后来经过多方协调、通融，总算在现在的化北楼旁边的一个原属于金属有机实验室的非常小的二层小楼中找到了一个栖身之所。④

---

① 卓仁禧访谈，2017 年 9 月 19 日，北京。资料存于采集工程数据库。

② 徐勉懿访谈，2017 年 6 月 21 日，北京。存地同上。

③ 同②。

④ 同①。

这栋二层小楼现在已成记忆，它的第二层有四间房子，原来是金属有机实验室做军工项目实验时建设的防爆实验室，后来逐渐弃置不用了。系领导和卓仁禧经与金属有机实验室的教师们商定，让出了他们这四间房，这样生物医用高分子材料国家教委开放实验室总算挂牌成立了。初期的研究就是卓仁禧带着自己的一批博士后、博士及硕士研究生在这里筚路蓝缕、艰苦创业的。①②

据卓仁禧、徐勉懿及卓仁禧的一帮弟子回忆，虽然国家教委批准了这个开放实验室的立项，但很长时间并没有拨付任何经费来建设，这就苦了卓仁禧及其弟子们了，虽然有了几间简陋的实验室，但是没有设备也不行啊，虽然东拼西凑再捡点瓜落仍是捉襟见肘。故此早期很多实验只能借别人的实验室来做，或者委托别的实验室检测。在化学系，当时他们就经常借刘高伟教授的高分子实验室使用，好在刘高伟教授也算是生物医用高分子方面的研究人员，也支持和理解他们的困境，客观上帮了他们不少的忙。③

再往后，经过卓仁禧及其弟子们的勤奋工作，高水平研究论文不断涌现，先后承担国家自然科学基金项目、国家自然科学基金重大项目、国家自然科学基金国家合作项目、国家高科技发展"863"计划项目、国家教委博士点基金项目、湖北省自然科学研究项目，项目经费也越来越多，再加上后来升级的化学学院及国家的科研环境越来越好，生物医用高分子实验室的规模就越来越大，人员也不再限于自己的弟子们了，开始有了固定的研究人员，实验室用房也越来越宽裕，仪器设备日益丰富，逐步发展成为真正的高水平实验室。④

1996 年 8 月 5 日至 9 日，卓仁禧赴哈尔滨参加国家教委召开的开放研究实验室管理工作经验交流暨工作汇报会，代表生物医用高分子材料实验室做重点发言，从生物医用高分子材料实验室情况、研究方向和内容、实

① 卓仁禧访谈，2017 年 9 月 19 日，北京。资料存于采集工程数据库。
② 徐勉懿访谈，2017 年 6 月 21 日，北京。存地同上。
③ 同②。
④ 同②。

验室建设、仪器更新和补充以及建设经费等 6 个方面介绍经验，并提出了下阶段发展问题，产生了良好的反馈。

由于卓仁禧在生物医用高分子研究领域的杰出贡献及其国际影响，同时也因为卓仁禧在科学研究上所表现出的严肃态度和公正品格，卓仁禧于 1996 年起担任 *Polymer International*（《国际聚合物杂志》）副主编。

1998 年，卓仁禧主持的生物医用高分子开放实验室顺利通过教育部首届评估验收，评定等级为优秀，其后进入第二阶段的建设与发展。第二阶段的学术委员会主任调整为沈家骢院士，实验室主任依然是卓仁禧。此时，生物医用高分子开放实验室已经成为武汉大学化学院的特色实验室及重要研究和人才培养基地。

2003 年，生物医用高分子材料开放实验室迎来了新的发展契机，鉴于该实验室自建立以来所取得的系列高水平研究成果及在国内外产生的较大

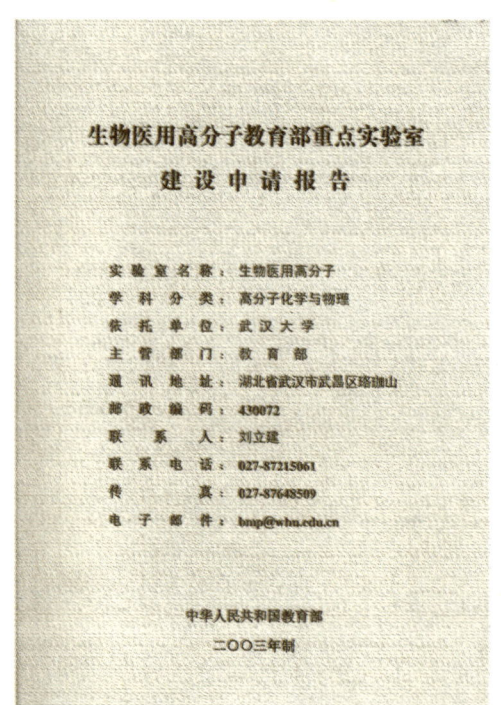

图 7-5　生物医用高分子教育部重点实验室申请报告（资料来源：卓仁禧提供）

影响，经评估验收后，该实验室经申请同意，升级转变为教育部重点实验室，成为国内一流的、武汉大学化学与高分子科学学院首屈一指的实验室及研究和人才培养基地（图 7-5）。

生物医用高分子材料教育部重点实验室首任主任依然是其建立者卓仁禧教授，生物医用高分子材料实验室成为教育部重点实验室后迎来了新的、更高、更好的发展契机，实验室的面积扩大到数千平方米，装备了大量关于细胞、生物监测等先进仪器设备，研究人员扩大到十余人，张先正、黄世

文、程巳雪、贺枫等核心研究人员迅速成长起来。[①]

成为教育部重点实验室之后，卓仁禧带领研究人员承担了多项973、863及其他重大研究项目，成果水平也提升到一个新的层次，国际与国内合作更加广泛，人才交流更加活跃，整个实验室充满活力与朝气。目前，该实验室正在卓仁禧院士的鼓励与关注下向更高的目标冲刺。

成就斐然　当选科学院院士

在改革开放以前，由于时代背景、成长经历及特殊的际遇，卓仁禧的研究主要围绕有机硅展开，取得了以玻璃防雾剂为代表的一系列使用成果，这些科研产品的特殊用途更让他的经历颇具故事性。

改革开放以后，卓仁禧站在了更高的平台上思考和选择自己新的研究方向，他敏锐地捕捉到把材料科学和生命科学相结合的研究思路，将这种交叉产生的生物医用高分子作为自己的研究方向，并通过二十余年的努力成功地实现了自己的转型，取得了一系列的重要研究成果。

卓仁禧的研究转型是逐步完成的，1978年开始与陈衢生、刘高伟等几位合作者开始生物医用高分子领域的研究，但也没有完全放弃有机硅的持续研究。1983年卓仁禧与几位合作者的研究取得初步成果，开始发表关于《5-氟尿嘧啶为中心链节的生物活性高分子》的系列论文。1984年耶鲁大学访学归来后，卓仁禧的研究方向就彻底转向生物医用高分子。

1985年，卓仁禧与陈衢生、李宗曲发表于《武汉大学学报（自然科学版）》上的《肽的柱上合成法研究——亮氨酸脑啡肽和抗毒素 Antamanide 类似物线型 10 肽的合成》一文，提出了改进固相肽合成新方法，因此获得国家教委科研成果奖。

1991年，卓仁禧主持的"生物活性聚合物研究"获国家教育部科技进

---

① 卓仁禧访谈，2017年9月29日，北京。资料存于采集工程数据库。

图 7-6　卓仁禧 1991 年获国家自然科学奖四等奖证书（资料来源：卓仁禧提供）

步一等奖，与其合作者在获该奖前在该方向发表高质量论文 10 余篇。同年，卓仁禧主持的"5- 氟尿嘧啶为中心链节的生物活性高分子"获国家自然科学奖四等奖，共发表相关论文 20 余篇，其中高水平论文占到一半的数量（图 7-6）。

在上述研究的基础上，卓仁禧于 1992 年申报了国家自然科学基金项目《抗肿瘤活性聚合物研究》，并顺利获得资助立项，继续展开对抗癌活性聚合物的研究。同年，卓仁禧及其合作者还获得了两项湖北省自然科学基金资助项目《缓释醋高诺酮肟的硅橡胶皮下埋植剂》《聚（乳酸 - 羟基乙酸）—醋高诺酮肟缓释微球的研究》。前者研究如何制备能长期恒速释放醋高诺酮肟的硅橡胶皮下埋植剂，后者拟选用乳酸、羟基乙酸共聚物为缓释材料，以醋高诺酮肟为活性药物制备长效缓释注射微球，研究它在动物体内的释药特性以供临床研究。

1993 年，卓仁禧克服重重困难建设了生物医用高分子材料教育部开放实验室，这是国内第一个跨学科的关于医用材料研究的实验室，它不仅代表着国内一个新的研究领域的诞生，而且构建了一个高水平的人才培养及科学研究平台，引领着化学科学向着更全面服务于人类健康的方向发展。

1993 年底，卓仁禧以生物医用高分子开放实验室的名义申报的生物材料基础研究《药物控制释放高分子材料》得到了国家自然科学基金重大项目的资助，继续在药物控制释放高分子、生物活性高分子领域持续研究。

由于在生物医用高分子研究领域的突出成就与贡献，卓仁禧在 1993 年

前后被聘为 *Chinese Journal Polymer Science*（《中国聚合物杂志》）副主编。

20 世纪 90 年代初，我国各大医院相继引进了磁共振成像设备，同时也进口用于提高诊断准确性的造影剂。当时这种造影剂每支 2000 余元，而实际成本仅几十元，这给患者造成了很大的经济负担。卓仁禧经过分析判断，认为这个难题应该可以攻克。考虑成熟之后，卓仁禧于 1992 年初申报了国家"863"计划项目《磁共振造影剂的研制》，并顺利立项，随即带领自己的团队争分夺秒，投入紧张的磁共振造影剂的系统研究之中（图 7-7、图 7-8）。

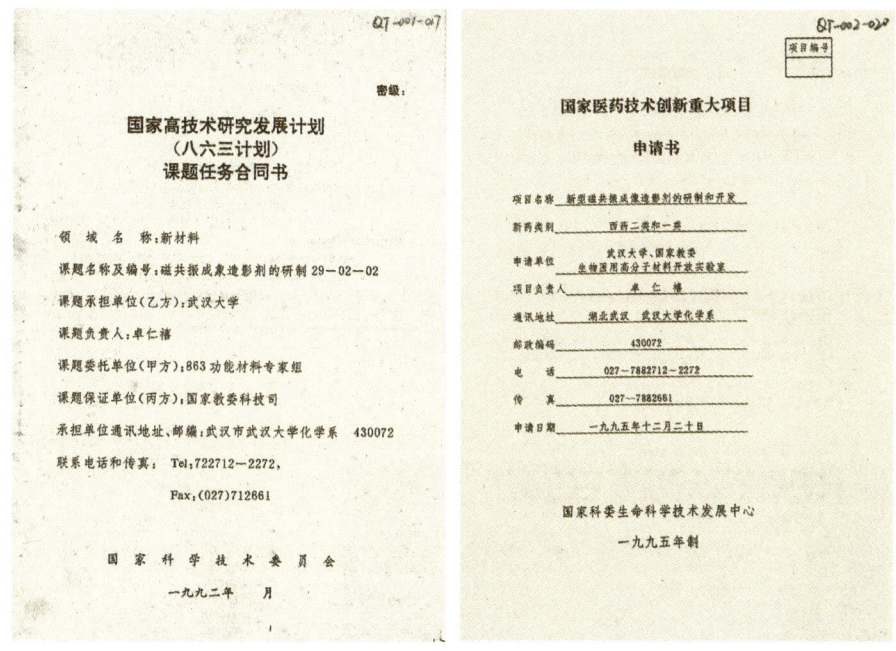

图 7-7　卓仁禧 1992 年承担国家 863 项目《磁共振造影剂的研制》的课题任务书（资料来源：卓仁禧提供）

图 7-8　卓仁禧 1995 年申报的国家医药技术创新重大项目的申请书（资料来源：卓仁禧提供）

1993 年，卓仁禧又拿到了国家教委博士点基金项目《核磁共振成像造影剂的研究》，带领自己的博士研究生们开展核磁共振造影剂的研制。1995 年卓仁禧进一步就此申报了国家医药技术创新重大项目《新型磁共振成像造影剂的研制和开发》，提出了研制性能更好、毒性更低的新型磁共振造影剂的构想，同样顺利获得批准。

卓仁禧领导的研究团队通过反复实验，历经多个日日夜夜的鏖战，不仅很快合成了含 DTPA 配体、DOPA 配体、氨基酸配体和高分子配体的钆配合物，还研制了对器官有靶向性的钆配合物，并完成了理化性能和毒性测定，指标达到国外造影剂的标准。①

他山之石可以攻玉，卓仁禧比较重视科学研究上的国家合作。1994 年，卓仁禧与毛海泉、王均和约翰·霍普金斯大学的梁锦荣合作，其合作项目《生物医用材料基础研究——高分子药物控制释放材料》得到了国家自然科学基金委员会国际合作项目的资助，在此领域展开了国家合作研究。后来，卓仁禧及其团队一直保持与约翰·霍普金斯大学的研究合作。2002 年，经弟子毛海泉的成功斡旋，卓仁禧领衔的生物医用高分子实验室与约翰·霍普金斯新加坡中心签署了合作研究协定。

1994 年，卓仁禧因为在人才培养、科学研究上的优异成绩，获得了该年度武汉大学优秀教师和武汉大学优秀研究生指导教师的荣誉。

1995 年 11 月 14 日，卓仁禧、吕正荣、魏俊发、鄂国平等四人将在磁共振造影剂研发中取得的成果《合成环状多氨多羧酸螯合物造影剂的新方法》向国家专利局申请实用新型专利，并成功受理及获准。

在这一年度，卓仁禧以其在科学研究上的重要成就，获得了"吕振万教师科技二等奖"。随即于 4 月 27 日，卓仁禧被国务院授予"全国先进工作者"称号，以表彰他在科学研究、人才培养上的巨大成就。

1996 年，第一届中国生物材料委员会在两院院士师昌绪的推动下由中国科协主持成立，

图 7-9　卓仁禧、徐勉懿夫妇 1996 年 6 月 2 日参加第五届世界生物材料大会在多伦多会议中心的合影（资料来源：卓仁禧提供）

---

① 扛鼎珞珈系列专题片文案。内部资料，藏于馆藏基地，档号 BD-001-068.

卓仁禧因为在该领域的突出贡献被推举为第一副主席。同年，卓仁禧作为中国生物材料委员会代表团成员赴加拿大多伦多参加当年的国际生物材料大会，经过努力成为 ILC（国际生物材料学会联络委员会）正式成员，并由此奠定了卓仁禧在该领域的国际与国内地位（图 7-9）。①

1997 年 1 月，卓仁禧所主持的国家"863"计划《磁共振成像造影剂的研制和开发》项目研究所发表的成果性论文《大分子聚酯配体及其钆配合物的合成和弛豫率研究》一文获得 1996 年度中国化学会高分子化学创新论文奖。

7 月，卓仁禧应邀去美国西雅图，参加药物控制释放高分子国际会议，其报告及会间的交流引起了国际同行的赞扬与关注。10 月 16 日至 17 日，卓仁禧参加在北京举办的 1997 年海峡两岸高分子学术研讨会，并提交两篇关于磁共振造影剂研究的论文，引起两岸学者的极大兴趣。

1997 年 10 月 24 日，这是卓仁禧人生中一个极具纪念意义的重要日子，在他已届 66 周岁时，因为在有机硅高分子、生物医用高分子研究领域的巨大成就和创新性贡献，当选为中国科学院化学部院士，获得了中国科学界的最高荣誉（图 7-10）。

在得知自己当选科学院院士并收到中国科学院院长路甬祥给他发来的贺信时，卓仁禧反倒显得很平静，在接受记者采访时说："当选之后与当选之前没有什么差别。最要紧的是积极促进科学技术的发展和应用，努力做出成绩，培养人才，维护科学精神，发扬优良学风，起表率作用，把生物医学高分子研究的工作做得更好些。"②

图 7-10　卓仁禧中科院院士证书
（资料来源：卓仁禧提供）

---

①　师昌绪：《我国生物材料科技前进的脚步》。《科技日报》，2005 年 8 月 16 日，综合新闻版。
②　陈志鸿：《创造无穷期——记中科院院士、武汉大学卓仁禧教授》。《中国高校师资研究》，2003（1）：48-54.

老骥伏枥　犹争朝夕

　　66 岁，一个大多数人计划颐养天年的年龄。更何况荣誉无数、成果等身，院士头衔加身，几至事业顶峰的人。倘若其顺势而退，亦是顺理成章、无可厚非之事。但卓仁禧没这么想过，他甚至丝毫都没有歇下来的意思，他并没有把当选中科院院士看成事业的终点，而是把它看作科学研究、人才培养、再攀高峰的新的起点，继续老骥伏枥、劳碌奔波、用功不辍。

　　1998 年，卓仁禧在了解到法国蒙彼利埃大学人造生物聚合物研究中心所开展的研究工作与他所主持的生物医用高分子实验室的研究内容有较强的关系与互补性时，产生了与其展开合作研究的愿望。于是在 5 月 14 日致信该中心的李速明博士，邀请其来武汉大学生物医用高分子实验室做学术交流。6 月间，李速明博士应邀来到武汉大学化学与分子科学学院交流讲学，其间卓仁禧与其多次交换合作意见。李速明返回法国后，又两次致信卓仁禧院士，在表达其中心 Vent 教授大力支持后，敲定了在开环聚合制备生物可降解高分子领域展开研究合作。①

　　这样，卓仁禧院士又给自己的实验室打开了一扇对外合作、拓展研究能力的窗口，以期提升实验室的研究水平及国际影响力。

　　1998 年 7 月 12 日至 17 日，卓仁禧应莫纳什大学的 George P. Simon 博士的邀请，赴澳大利亚的黄金海岸参加第 37 届国际大分子研讨会，并在该会上做学术报告，介绍其在国内的研究成果，反响较好。

　　1999 年 1 月，卓仁禧以第三合作者的身份，获得教育部科技进步奖一等奖，获奖项目为《生物医用高分子》。3 月，卓仁禧赴韩国参加学术会议，并应主办方邀请做学术报告。

　　世纪之交的 2000 年，卓仁禧院士特别繁忙，不仅再次获得多项重点

---

　　①　卓仁禧与李速明关于来武汉大学讲学及研究合作的往来信件，1998 年 5 月 14 日。资料存于采集工程数据库，编号 XJ-002-047.

项目研究资助，而且进行了一系列的对外合作交流。

2000 年初，卓仁禧主持的《器官靶向性磁共振成像造影剂的研究》获得了武汉市科技计划项目的重点资助，带领鄢国平、文杰、赵霞等研究人员进行研究攻关，最终顺利完成研究任务。

年初，赴香港和台湾，与学者同行进行了大量的学术交流。

同年 5 月 15 日至 20 日，卓仁禧赴美国夏威夷卡姆埃拉镇参加第六届世界生物材料大会，16 日当选为国际生物材料科学与工程学会会士（Fellow），成为在生物医用高分子研究领域具有国际声誉和影响力的科学家（图 7-11）。

8 月初，卓仁禧院士偕夫人徐勉懿教授再赴美利坚，与学生李已平、吕正荣交流近况，并了解他们的研究进展，而后受邀至犹他州立大学做学术报告（图 7-12）。8 月 6 日飞赴弗吉尼亚里士满，受弗吉尼亚联邦大学 Raphael M. Ottenbrite 教授与学生胡斌的邀请，参观该校并进行学术交流。①

8 月 9 日卓仁禧夫妇离开弗吉尼

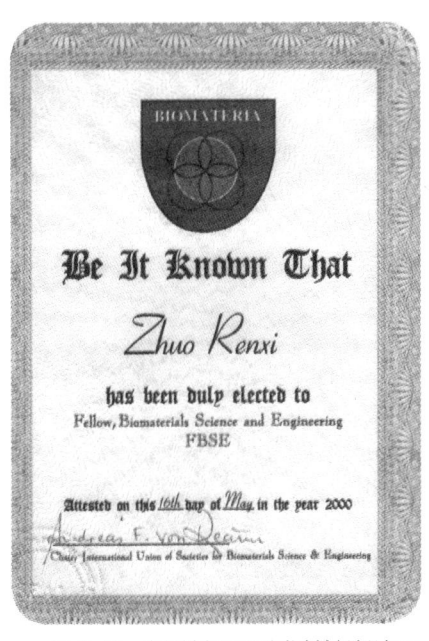

图 7-11　卓仁禧任国际生物材料科学与工程学会会士证书（资料来源：卓仁禧提供）

图 7-12　2000 年 8 月 6 日，卓仁禧在犹他州立大学与弟子吕正荣合影纪念
（资料来源：卓仁禧提供）

---

① 卓仁禧赴犹他州、弗吉尼亚州学术交流与有关人员的系列来往信件，2000 年 4 月 7 日至 2000 年 5 月 17 日。资料存于采集工程数据库，XJ003-051、052、053、055、056；XJ008-012.

亚去密尔沃基，再辗转夏威夷，其间与家人小聚，并在夏威夷与美国科学院院士 John Brash 进行了关于生物材料方面的学术性交流。John Brash 后来在致新年贺卡中附言，与卓先生的交流意犹未尽，希望有机会再做更多的交流。①

2000 年岁末，卓仁禧作为主持人申报的《医疗植入用可降解高分子材料的研究》获得国家自然科学基金委重点项目资助。同样作为负责人申报的《生物可降解高分子基因传递系统研究》得到教育部博士点基金资助。在这些项目的研究中，卓仁禧院士不仅取得了更多的重要研究成果，而且让更多的研究人员和博士、硕士研究生得到了锻炼，生物医用高分子实验室的研究实力进一步得到增强。

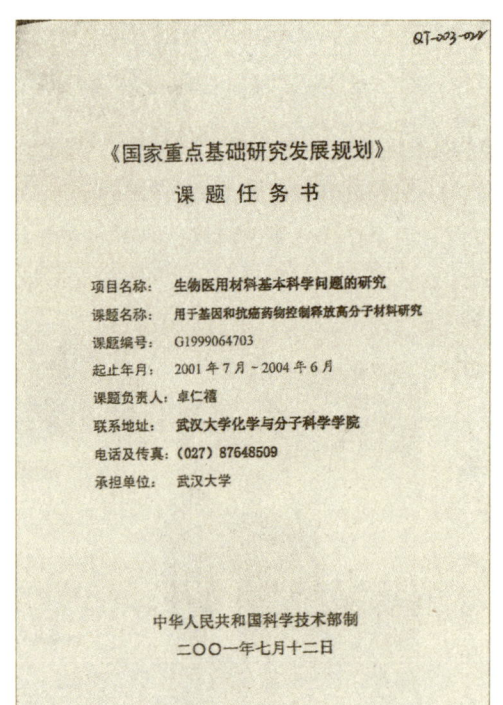

图 7-13　卓仁禧主持的《国家重点基础研究发展规划》课题《用于基因和抗癌药物控制释放高分子材料研究》的任务书（资料来源：卓仁禧提供）

2001 年，卓仁禧院士和其博士研究生张先正在《欧洲聚合物杂志》上发表的一篇有关水凝胶的论文被英国的《高科技材料特报》推介。文中称，通常热敏性水凝胶的响应速率较慢，需要 20 小时以上，而中国的化学家卓仁禧和张先正能使水凝胶只用 7 分钟时间就脱去 90% 以上的水分。②③

2001 年 7 月 12 日，70 岁的卓仁禧受命主持《国家重点基础研究发展规划》课题《用于基因和抗癌药物控制释放高分子材料研究》（图 7-13），重点研究用于药物控制释放的功

---

①　John Brash 致卓仁禧关于夏威夷聚会和新年祝福的贺卡，2000 年 12 月，资料存于采集工程数据库，编号 XJ-008-015.

②　梅惠芬：《具有音乐特质的卓仁禧院士》。见：谢红星主编，《武大校友通讯》。2006 年第 1 辑：71-72.

③　瞿凌云：《科研之树常青》，《长江日报》，2005 年 3 月 4 日第 02 版。

能性聚碳酸酯、环境敏感性水凝胶和用于基因传递和转染的聚酰胺等三种生物医用高分子材料。

2001 年 9 月 2 日至 7 日，卓仁禧院士偕夫人徐勉懿教授一同赴法国蒙彼利埃，参加"第三千禧年高分子会议"，并作题为《肝靶向大分子磁共振造影剂》的学术报告。[①] 会议结束立刻启程赶赴新加坡。

9 月 7 日至 16 日，卓仁禧院士应毛海泉邀请，赴约翰·霍普金斯大学新加坡中心，访问组织与治疗工程实验室，并于 14 日下午，在学术研讨会上作题为

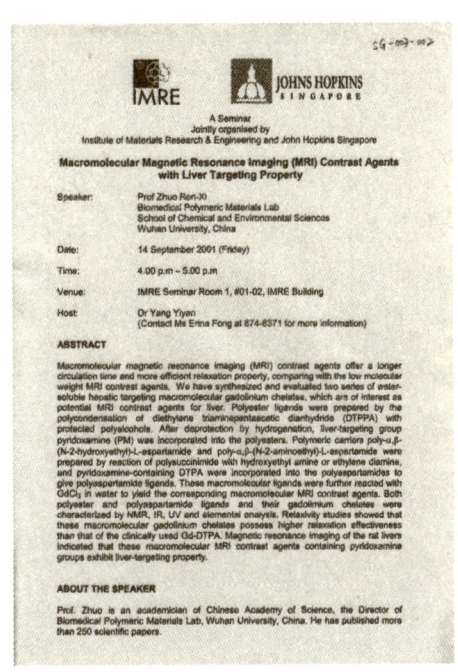

图 7-14　卓仁禧在约翰·霍普金斯大学新加坡中心学术报告的手稿（资料来源：卓仁禧提供）

Macromolecular Magnetic Resonance Imaging（MRI）Contrast Agents with Liver Targeting Property 的报告。[②]

2002 年，卓仁禧领衔的生物医用高分子实验室先后受湖北省科委、武汉市科委委托，分别主持《生物可降解磷酸酯共聚物的研究开发》项目及科技攻关项目《生物可降解药物控释材料研究》的研究。

因为卓仁禧院士的学术水平及其国际影响，2003 年初，他继续担任国际 *SCI* 杂志 *Polymer International*（《国际聚合物杂志》，影响因子 1.902）副主编，至 2012 年因年龄届满卸任。

2003 年 6 月底，卓仁禧奔赴欧洲，先于 6 月 29 日至 7 月 2 日在法国南锡参加中欧关于增强聚合物材料加工与性质的学术研讨会。7 月 4 日参

---

①　卓仁禧、徐勉懿教授赴法国蒙彼利埃参加"第三千禧年高分子会议"与相关人士的往来信件，2000 年 9 月 19 日至 2001 年 6 月 20 日。资料存于采集工程数据库，编号：XJ004-002、015、016、028.

②　卓仁禧院士赴约翰·霍普金斯大学新加坡中心访问并做学术报告与毛海泉等的往来信件，2001 年 5 月 2 日，资料存于采集工程数据库，编号：XJ004-019.

加在法国巴黎举办的第 40 届 IUPAC 时间高分子大会。[①] 并于 7 月 18 日获得英国剑桥国际传记中心 21 世纪成就奖。[②]

2005 年 10 月 21 日，卓仁禧院士收到瑞典皇家科学院诺贝尔化学奖评选委员会 Per Ahlberg、Anders Liljas 寄来的信件，邀请其推荐 2006 年诺贝尔化学奖候选人，并陈述成果与理由。附信包含《关于诺贝尔化学奖提名的评论》和《2006 年诺贝尔化学奖推荐表》。[③]

2005 年底，卓仁禧院士与顾忠伟教授共同担纲国家 973 计划“组织诱导性生物材料的基础研究”子项目“装载基因材料的分子设计及组织诱导作用和机理”，带领张先正、程巳雪、黄世文等研究人员探索性能优异的携带功能基因的组织诱导性生物医用材料（图 7–15）。

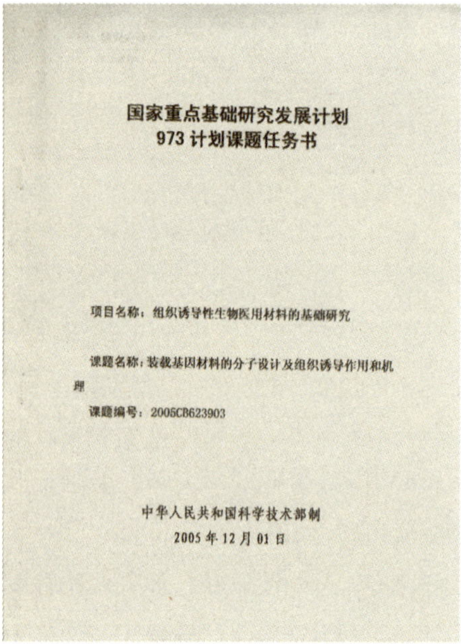
国家重点基础研究发展计划
973 计划课题任务书

项目名称：组织诱导性生物医用材料的基础研究

课题名称：装载基因材料的分子设计及组织诱导作用和机理

课题编号：2005CB623903

中华人民共和国科学技术部制
2005 年 12 月 01 日

图 7–15 卓仁禧承担 973 项目课题《装载基因材料的分子设计及组织诱导作用和机理》任务书（资料来源：卓仁禧提供）

2006 年，卓仁禧因为“用于药物和基因传递的生物医用高分子的基础研究”所取得的研究成果，获得湖北省自然科学奖一等奖。

2006 年底，卓仁禧接待 2005 年诺贝尔化学奖得主斯洛克教授来武汉大学讲学，与他有过多次专业交流并合影留念（图 7–16）。

2008 年初，卓仁禧院士因为在 2005—2006 年期间，在“用于药物和基因传递的生物医用高分子的基础研究”等领域取得的科技成果，被授予梁亮胜侨界科技

① 卓仁禧赴法国南锡、巴黎参会与胡国华的往来信件，2003 年 1 月 10 日，资料存于采集工程数据库，编号：XJ005–016.

② Jon Gifford 致卓仁禧告知获奖的信件，2002 年 11 月 8 日，资料存于采集工程数据库，编号：XJ005–012.

③ 瑞典皇家科学院诺贝尔化学奖评选委员会致卓仁禧关于推荐 2006 年候选人的信，2005 年 10 月 21 日，资料存于采集工程数据库，编号：XJ006–039.

奖励基金二等奖。

2008 年 9 月，其担任实验室主任的武汉大学生物医用高分子材料教育部重点实验室迎来第一次教育部组织的评估，由于实验室的各项工作组织有序、承担的项目不仅数量多而且层次高、科研成果系列化等特点被评估为良好等级，教育部对卓仁禧院士的工作及实验室所取得成绩进行了肯定。

图 7-16　2006 年底卓仁禧与来武汉大学讲学的
2005 年诺贝尔化学奖得主斯洛克教授合影留念
（资料来源：网络采集）

与此同时，由于年龄的原因，卓仁禧卸任武汉大学生物医用高分子材料教育部重点实验室主任一职，由自己的得意门生张先正教授继任，但继续参与实验室的顾问及研究工作。

2009 年，卓仁禧再次承担国家 973 项目子课题《增溶与促透性纳米给药系统的构建与表征》的研究。2011 年，卓仁禧又一次承担国家 973 项目子课题《诱导组织形成的材料化学信号及其对细胞行为调控的分子机制》，带领生物医用高分子实验室的一干研究人员继续攻坚克难，将医用生物材料的研究推向深入。

转型生物医用高分子材料已 30 年有余，卓仁禧始终对这项研究有着一种执着的精神和强烈的责任感。2010 年 4 月 15 日至 18 日，已经 79 岁高龄的卓仁禧赴成都参加全国生物材料大会，并在会上做题为《高分子基因载体的研究》的重点邀请报告。报告长达两个多小时，卓仁禧始终声音洪亮，激情洋溢，计划讲授的内容完成后，卓仁禧院士还对报告的内容进行了即兴拓展，给与会者展现了生物医用高分子研究的魅力和潜力。[①]

2010 年 9 月，卓仁禧、张先正、程巳雪、黄世文、贺枫等因为"功能化生物医用高分子"的研究成果，获教育部自然科学奖二等奖（图 7-17）。

①　卓仁禧出席成都全国生物材料大会并作《高分子基因载体的研究》邀请报告相关材料，2010 年 4 月 15 日。资料存于采集工程数据库，编号：QT-004-025、QT-005-012、QT-005-013.

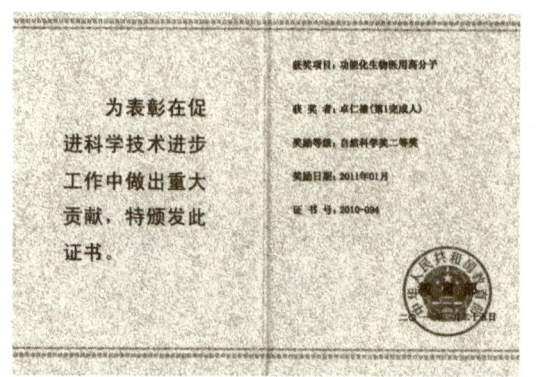

图 7-17　卓仁禧 "功能化生物医用高分子" 项目获教育自然科学奖二等奖证书（资料来源：卓仁禧提供）

卓仁禧非常注重学术交流，强调科学研究上的开放性和经验分享，从而共同推动相关领域上的研究进展。2010 年 9 月 14 日至 17 日，首届新型高分子材料与控制释放国际会议在苏州举行，苏州大学讲座教授费扬博士（Prof. Dr. Jan Feijen）担任国际组委会主席，武汉大学卓仁禧院士率领自己的实验室团队赴会，并与苏州大学校长朱秀林教授、中科院长春应用化学研究所所长安立佳共同担任中国组委会主席。会议上，卓仁禧的团队与国内外同行进行了广泛交流，共同分享高分子材料与控制释放上的研究成果。①

光阴荏苒、日月如梭，卓仁禧在繁忙中迎来了 2011 年。是年 8 月 27 日，是卓仁禧的八十寿辰，很多人的心里都惦记着这个日子。

武汉大学记得这一天，化学与高分子科学学院也记得这一天，无数的海内外弟子记得这一天，亲属们自然也盼着这一天。他们不约而同地准备给卓仁禧筹备一场盛大而隆重的生日庆典，校内的弟子张先正、贺枫、程巳雪、崔竞舟认真而积极地组织与张罗着此事。②

卓仁禧知道此事后立刻表示反对，不同意这么多人为他的一个生日浪费时间。可校方、院领导及弟子们执意如此，卓仁禧见拗不过大家，就心生一计。既然不能拒绝，何不把生日庆典运作成一场生物医学高分子材料国际研讨会呢？于是，经与组织者商量，把生日庆典压缩在一小时，其余的时间用来举办学术报告会，参会学术界嘉宾尽可能做一场学术报告，内

---

① 《首届新型高分子材料与控制释放国际会议程序手册》。2010 年 9 月 14 日，内部资料。资料存于采集工程数据库，编号：QT-005-014.

② 郭淑芸：《给基因药物安装 "运载火箭"》。未刊稿，资料存于采集工程数据库，编号：BD-001-049.

容、篇幅、时间不限，但毛海泉、吕正荣、娄峡等几位著名海外著名学子每人必做一场。①

由于 8 月 27 日正值学校暑假，为了不影响大家的休息和度假，组织者决定将生日庆典提前至学期末的 7 月 3 日举行。

图 7-18　卓仁禧八十华诞暨生物医用高分子材料国际学术研讨会会场（资料来源：网络采集）

2011 年 7 月 3 日，在武汉大学化学与高分子科学学院大楼一楼创隆厅，主题为"卓越成就，仁人品格，喜庆八十，寿高德重"的"卓仁禧教授八十华诞暨生物医用高分子材料国际学术研讨会"隆重举行（图 7-18）。中国科学院院士、中科院武汉数学物理研究所原所长叶朝辉，中科院院士、武汉大学化学与分子科学学院教授查全性，海军工程大学教授、将军、原校长姚树人，武汉理工大学教授、原校长李世普，武汉大学化学与分子科学学院教授、原武汉大学校长刘道玉，武汉大学时任党委书记李健，武汉大学时任副校长蒋昌忠，武汉大学原副校长李文鑫，武汉大学原副校长刘书稳，湖北省化学学会会长、华烁科技股份有限公司董事长兼总裁、湖北省化学研究院原书记、院长刘良炎，兄弟高校代表，国内外有关专家，武汉大学有关职能部门和学院负责人，卓仁禧的亲朋和学生等近400 人共聚华堂，为卓仁禧院士祝福八十大寿并开展学术研讨。②

在会上，李健书记代表学校党委和全校师生向卓仁禧院士八十华诞致以最诚挚的祝贺和最衷心的祝福，对他执教 58 年来为我国教育和科研事业做出的杰出贡献致以崇高的敬意和由衷的感谢。李健指出，卓仁禧院士在耄耋之年仍然在教学科研一线辛勤工作，在他的身上，体现了

①　郭淑芸：《给基因药物安装"运载火箭"》。未刊稿，资料存于采集工程数据库，编号：BD-001-049.

②　马亮，肖栋，冯林：卓仁禧院士喜度八十华诞。武汉大学校友总会网 2011-07-07. http://alumni.whu.edu.cn/info/1008/4593.htm.

我国老一辈科学家严谨治学、刻苦钻研，奋力拼搏、开拓进取，甘为人梯、淡泊名利的崇高精神，其优秀品格值得珞珈山麓每一位后辈敬佩和学习。①

化学与分子科学学院院长周翔教授在会上殷切希望全院师生学习卓仁禧严谨治学、刻苦钻研、开拓进取、淡泊名利的崇高精神，严格要求，不断创新，在各自领域再创佳绩，为学院的发展增光添彩。②

卓仁禧的得意门生、美国著名的约翰·霍普金斯大学（Johns Hopkins University）的终身教授毛海泉博士作为卓仁禧的学生代表发言："老师在科研中教给我的严谨、创新，在生活中教给我的为人处事让我受益终生。"他一再感谢卓老师在科研过程中对自己的悉心指导和严格要求，表示自己所取得的成就离不开老师的关心与教诲。③

"他既是一位慈父，又是一位挚友，他不仅为国家做出了杰出贡献，同时为我们这个小家做出了巨大贡献。"卓仁禧已在美国定居的女儿卓扬代表家人发言，动情地向与会者回忆与父亲生活的点点滴滴。④

图 7-19　卓仁禧在自己八十寿辰典礼上致谢并讲话
（资料来源：网络采集）

一小时的庆典匆匆结束，宏大的国际学术报告会旋即开场。寿星卓仁禧率先发言，此后其他与会者纷纷登场（图 7-19）。美国凯斯·西储大学首席教授吕正荣、约翰·霍普金斯大学终身教授毛海泉、澳大利亚柯廷大学教授娄峡女士相继做学术报告，庆典会气氛浓厚，热闹非凡，完全按照卓仁禧的意愿从一场生日庆典蜕变成一场高质量的学术交流会。

---

① 马亮，肖栋，冯林：卓仁禧院士喜度八十华诞。武汉大学校友总会网 2011-07-07. http://alumni.whu.edu.cn/info/1008/4593.htm.

② 同①。

③ 同①。

④ 同①。

与此同时,《中国科学》杂志社在《中国科学：化学》2011 第 2 期推出了《庆祝沈家骢、沈之荃和卓仁禧院士 80 华诞专刊》，杨柏、高长有、张先正三人分别撰写三位院士的介绍并负责组稿（图 7-20）。《高分子学报》是卓仁禧学术成果的重要刊发地，该刊也实时推出了《庆祝卓仁禧院士 80 华诞专辑》，以表彰他在高分子领域的巨大贡献及对该刊物的大力支持（图 7-21）。

图 7-20 《中国科学：化学》2011 第 2 期推出了《庆祝沈家骢、沈之荃和卓仁禧院士 80 华诞专刊》（资料来源：采集小组采集）

图 7-21 《高分子学报》2011 年第 8 期实时推出了《庆祝卓仁禧院士 80 华诞专辑》（资料来源：采集小组采集）

80 岁了，卓仁禧依然没有停止自己的步伐，继续关心学校、学院和生物医用高分子实验室的建设与发展，经常利用各种机会建言献策。只要可能，依然给本科生、研究生讲授课程；只要需要，依然风尘仆仆奔波劳碌，赴各地参加各种讲座、评估与咨询；只要不生病，还是每天必到办公室阅读各种刊物、审阅论文；只要有空闲，还是要去实验室观察和指导同事与学生们的实验研究。

工作，已经成为他生活中的惯性；科研，已经成为他生命中的必需品。

第八章
教书育人　完美人生

　　作为新中国培养的科研工作者，卓仁禧做出了卓越的贡献，展示了精彩的科研人生。当然，我们还应该看到，卓仁禧并不单纯是一位科研工作者，他还是一位传道、授业、解惑的教师，有教书育人的担当；他还是一位父亲，有养育教诲子女的职责；他还是一位丈夫，有呵护妻子、守护家庭幸福的义务。

　　然而，作为教师，卓仁禧是优秀的；作为父亲，卓仁禧亦是完美的；作为丈夫，卓仁禧执子之手、忠诚相伴、相濡以沫，共谱完美的人生与家庭。

教书育人　琢玉成器

　　1953年卓仁禧复旦大学毕业分配至武汉大学任教，第一年在生物系担任"生物化学"课程的辅导教师，由于所带大四年级的学生实际上与卓仁禧同级，卓仁禧有点担心吃不住学生，故此刻苦学习，备课、上课特别上心，很快就备受学生欢迎和推崇，也因此得到了高尚荫教授的赏识。高尚荫发现卓仁禧不仅讲课很有条理，逻辑性强，而且很有思想，注意方法，就打心眼里喜欢这个年轻人，虽然动员卓仁禧调动至生物系未果，但自此卓仁禧的名字就印在高尚荫的脑海中。

"生物化学"课程的教学让卓仁禧很是受益，一是为他日后转型生物医用高分子材料的研究打下了相关的知识基础，二是因此而得到了高尚荫的青睐，给他后来在武汉大学的发展创造了一些客观条件，得到了高尚荫的一些特别关照。[1]

卓仁禧教师生涯的第二年即回到化学系有机化学教研室担任助教，虽然只是讲授一些辅导和习题课程，并担任实验指导教师，但依然深受学生欢迎。他183厘米的身高，俊逸潇洒，上课不仅声音洪亮、音质极富磁性，而且深入浅出，条分缕析，深刻而不枯燥。因此当时在化学系的青年教师中卓仁禧就显得卓尔不俗、格外引人注目，用现在流行的网络语言说就是"圈粉无数"。[2]

卓仁禧帅气的人格形象、优秀的课堂表现、极富吸引力的音质特点当时吸引了化学系很多女生的注意，最终徐勉懿勇敢地向卓仁禧表白了自己的倾慕，二人最终喜结连理，并相依相伴，白头到老。

可以说，是优秀的教学能力让卓仁禧俘获了徐勉懿的芳心，得到了一份终生不渝的爱情。

热爱教学、教学效果好，工作踏实、兢兢业业，让卓仁禧在师生中博得一致好评，系领导也格外看好这个年轻人。天道酬勤，1957年教育部要武汉大学化学系派一名教师去南开大学师从苏联专家马丁洛夫进修学习时，系领导第一个想到的就是卓仁禧，这让他得到了宝贵的至南开大学进修学习的机会，并因此获得了有机硅研究的机会，为日后在有机硅研究上取得惊人的成绩奠定了专业条件及个人机遇。

南开进修归来，卓仁禧又在曾昭抡麾下共同开创元素有机化学的教学和科研工作，担任"有机硅化学""有机化学""高分子化学"课程的教学工作，并参与了《有机硅化合物化学》《简明元素有机化学》《化学文献》

---

[1] 徐勉懿访谈，2017年6月21日，北京。资料存于采集工程数据库。

[2] 高志龙访谈，2018年10月10日，北京。存地同上。

《专业英语》等教材的编写工作，在教学上投入的精力和时间丝毫不逊色于科学研究上。①

改革开放恢复高考以后，虽然卓仁禧院士的教学工作重点在硕士、博士研究生的培养上，但他依然依据工作需要重视本科生的教学工作。据高志龙教授回忆，他们恢复高考首届学生进校后，卓仁禧作为高分子教研室的主任，和学生有过多次面对面的交流。卓仁禧声音洪亮，无论在专业介绍及解读上，还是在鼓励学生学习上都让他们受益匪浅，影响深刻。②

卓仁禧虽然仅给高志龙他们 77 级学生讲授过一两次专题课，但其精彩的授课让同学们大开眼界，他的严谨、幽默和学识让同学们对他产生了崇拜和敬重。

高志龙教授至今还清晰记得他本科做毕业论文时卓仁禧老师给予他的帮助。高志龙的本科毕业论文具体题目已经不记得了，但内容是高分子方面，因此分配在高分子教研室教师指导的这一组，具体的指导教师并不是卓仁禧。但是，卓仁禧老师作为教研室主任对每一位学生一视同仁，悉心指导。高志龙记得当时在一间大教室，卓老师对每一位选题为高分子的学生逐一指导与把关，认真而有耐心。③

高志龙做的论文是关于聚镁乙烯主链的外挂 5- 氟尿嘧啶，是一种具有定点缓释功能的癌症治疗药物。卓仁禧对他的指导非常细致，对每一个环节都提出了思路和应该注意的问题，让高志龙茅塞顿开，受益良多。④

高志龙还给访谈者回忆了一件事，他在读博士期间，卓仁禧给他们的"自然辩证法"课程上过一次专题课。课程的内容是通过梳理历届诺贝尔化学奖的获奖历史，分享诺贝尔化学奖的人物故事和获奖经历，辨析奖项项目本身的关系与意义，预测今后化学科学及今后诺贝尔化学奖的发展趋势，并从中总结和归纳化学科学研究的规律和方法。这堂课的质量与水

---

① 陈志鸿：《创造无穷期——记中科院院士、武汉大学卓仁禧教授》。《中国高校师资研究》，2003（1）：48-54.

② 高志龙访谈，2018 年 10 月 10 日，北京。资料存于采集工程数据库。

③ 同②。

④ 同②。

平，高志龙及其同学们至今言犹在耳，终身受用。[1]

卓仁禧院士至今已经指导过硕士研究生、博士研究生、博士后近 150 名，为国家培养了一大批高级专业人才，许多学生已经成为业内著名的专家学者。今天武汉大学生物医用高分子材料教育部重点实验室以张先正、黄世文教授为代表的一大批研究人员都是卓仁禧的高足。

贺枫教授是卓仁禧院士的得意门生之一，也是生物医用高分子材料教育部重点实验室的核心研究人员之一。她告诉访谈人员，卓仁禧院士指导学生既严格又仔细、既规范又自由。他可以为学生的论文选题及做实验指明方向，但绝不限制学生的思想。他总是鼓励学生要努力创新，不要害怕失败，不要因循守旧。学生在创新和探索过程中遇到困难他总能指点迷津，让人豁然开朗。[2]

卓仁禧的弟子之一，如今担任他秘书的崔竞舟老师告诉采集人员，卓老师对研究生的培养非常注意细节，这种细节不是琐碎，而是在实验过程中、在研究问题的方法上强调不放过任何一个小问题，这个小问题——小的蛛丝马迹可能让你与发现擦肩而过，正所谓细节决定成败。[3]

卓仁禧一直喜欢教学工作，对人才培养兢兢业业、重视有加。2011年 5 月 10 日上午，已经 80 岁的卓仁禧院士积极配合楚天都市报、湖北省科协、省化学化工学会联合推出的"化学年在湖北"的活动，热情邀请40 余名中学生来到自己的实验室，手把手指导孩子们做各种各样的化学实验。[4]

作为科学院院士，作为一位耄耋之年的老人，卓仁禧一直坚持给本科生教学。2010 年以后，卓仁禧院士还给本科生开设过"哲学—自然科学""生物医用高分子"等课程。最后一次本科教学是 2013 年 4 月 26 日在武汉

---

[1] 高志龙访谈，2018 年 10 月 10 日，北京。资料存于采集工程数据库。

[2] 程巳雪、贺枫访谈，2017 年 11 月 9 日，北京。存地同上。

[3] 崔竞舟访谈，2017 年 10 月 31 日，北京。存同[1]。

[4] 周治涛，孙击翔，许开荣：《本报读者组团探秘武大化学实验室》。《楚天都市报》，2011年 5 月 11 日。

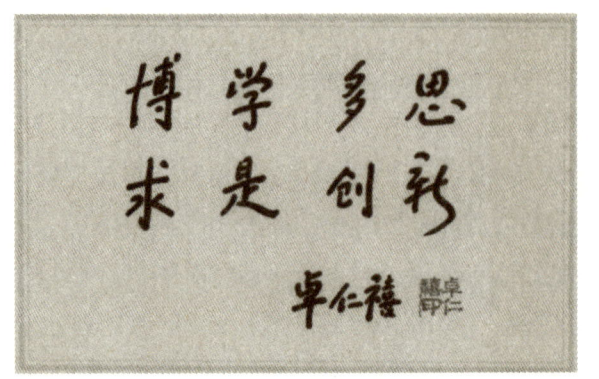

图 8-1　卓仁禧院士给武汉大学校学生会的题词（资料来源：武汉大学校史馆提供）

大学一区教四楼101室，给本科生讲授"生物医用高分子"专题课。①②

卓仁禧无论给本科生还是给硕博研究生上课时，在强调广泛和深入学习知识的同时，更要求注重创新。他曾经对采访者说，没有创新，就没有新知识，科学技术就不能进步。为此，他在一次教学活动中，应校学生会的要求，给学生提了一幅字："博学　多思　求是　创新"（图 8-1）。

这幅字，今天就保存在武汉大学档案馆（校史馆）中。

卓仁禧因为热爱教学、严格教学、科学教学，因此人才培养的效率和质量都很高，长时间受到好评，因此不知多少次获得优秀教师、优秀研究生指导教师、先进教育工作者、劳动模范等荣誉了（图 8-2、图 8-3）。

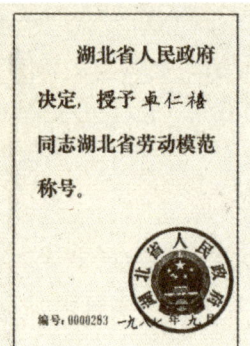

图 8-2　卓仁禧 1987 年湖北省劳动模范证书（资料来源：卓仁禧提供）

严格地要求、悉心地指教、周密地培育，让卓仁禧不仅桃李满天下，而且让他开创的生物医用高分子材料研究后继有人，展现了良好的发展前景。

---

① 吕思思致卓仁禧、张先正、庄林等关于 2012—2013 年教授本科生"当代化学"课程的邮件，2013 年 1 月 12 日。内部资料，资料存于采集工程数据库。编号：XJ-007-074.

② 武汉大学"当代化学"授课计划与时间安排表，2009 年 9 月 1 日。内部资料，资料存于采集工程数据库。编号：QT-005-002.

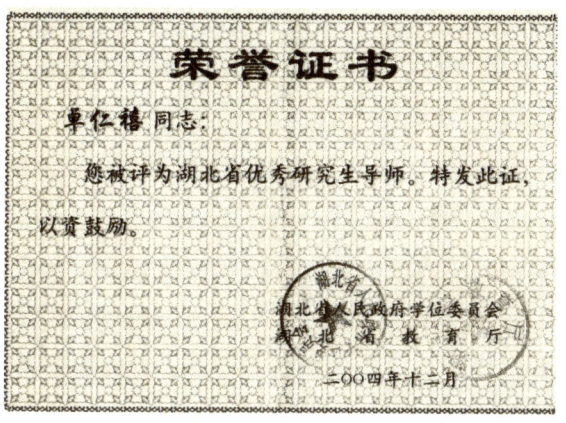

图 8-3　卓仁禧 2004 年湖北省优秀研究生导师证书（资料来源：卓仁禧提供）

慈父挚友　善诱子孙

卓仁禧、徐勉懿养育了两个孩子，一儿卓夫、一女卓扬，女儿卓扬为长。如今两个孩子都在美国定居，也都在美国著名高校任职。鉴于卓扬、卓夫都与采集小组有过约定，相关家庭及个人信息就不在此透漏了。

卓扬女士风姿绰约，热情爽朗，与采集小组有过几次交流。她对于父亲的感受正如她在其父亲八十寿典所说的那样："既是慈父，又是挚友。"

卓仁禧很爱自己的孩子。在南开进修期间，卓仁禧的学习非常紧张，仅有的一次回汉就是因为卓扬。当他回来看到弱小的卓扬身上摔伤的痕迹后，心疼不已、异常自责。卓夫生下来之后因为适逢自然灾害，加上供应短缺，身体缺乏营养而腹肿，卓仁禧揪心不已。不仅利用各种出差的机会设法为卓夫购买副食品，而且在假期把卓夫送到鼓浪屿爷爷奶奶处，爷爷奶奶见状心疼万分，立刻把国家给他们特别供应的牛奶都让卓夫喝，这样才让卓夫的营养得到改善、腹胀逐渐消除。[①]

"文化大革命"中，卓仁禧因为一副好嗓子经常参加工宣队组织的文

---

① 卓仁禧访谈，2017 年 3 月 9 日，北京。资料存于采集工程数据库。

艺宣传队的活动，文艺宣传队在夜晚演出后往往会有宵夜，宵夜一般是每人两个肉包子，卓仁禧从来就舍不得自己吃，用衣服包着赶紧拿回来让卓扬、卓夫姐弟俩享用。卓扬对访谈人员笑着说，宣传队的肉包子和食堂卖的肉包子不同，肉会多一些，因此显得味道好多了。可她不知道的是，那都是父亲忍饥挨饿留给他们的。①

卓扬还给来访者回忆了一个细节，"文化大革命"中父亲和母亲轮流去沙洋"五七干校"劳动。那个冬天最冷的季节是母亲徐勉懿去劳动，卓仁禧在家工作。那时候既没暖气也没空调，洗衣洗菜手冻得生疼，父亲卓仁禧从来不让他们姐弟俩干这些活儿，生怕他们冻着了，自己一手包办这些事。②

卓扬出嫁后小夫妻俩要去度蜜月，那时家里还没装电话，卓扬只是大致说啥时候坐船去上海。出发那天，当卓扬小两口从婆婆家赶到码头时，竟然发现父亲卓仁禧已经等候在码头上给他们送行，大出卓扬意外。卓扬不知道父亲等了多久，当时眼泪夺眶而出，也因此记忆、感动了一辈子。不仅如此，父亲还在江边给她讲如何经营婚姻的道理，祝福他们白头偕老。③

卓仁禧对孩子们的关心，不仅仅体现在生活上，也包括教育他们如何做人及学习辅导上。

卓仁禧虽然热爱科学、醉心于科学研究，但从不影响孩子们的职业选择。他认为无论做什么，只要孩子们高兴开心就好。譬如，卓扬个子高、身体素质好，曾被省体工大队相中从事赛艇运动，征求父亲的意见时，卓仁禧说只要女儿喜欢他就支持。在他眼里，职业无贵贱，行行出状元。④

但是，卓仁禧给子女明确了一些做人的道德规范，这是底线。卓扬、卓夫小时候都犯过一些孩子们通常爱犯的一些小错误，如果不是原则性问

---

① 卓扬访谈，2017 年 2 月 2 日，北京。资料存于采集工程数据库。

② 同①。

③ 同①。

④ 卓仁禧访谈，2017 年 3 月 9 日，北京。存地同①。

题，卓仁禧大都不予理会，不求全、不苛责。但是如果涉及品德方面的问题，譬如抄袭作业、背后说人坏话等，卓仁禧、徐勉懿绝不姑息，并会以恰当的方式严厉惩罚，卓扬就因为一次逃课被卓仁禧狠揍了一顿。[①]

卓扬、卓夫姐弟俩年龄相差不大，偶尔两人也吵架，但卓仁禧从来不问原因就说儿子卓夫不是，有时把卓夫气得不行。卓仁禧反倒教育卓夫，说姐姐是女孩子，要让着她，男孩子要学会"宰相肚里能撑船"，要有胸怀，有胸怀的男人才有出息。[②]

在辅导孩子们的学习方面，卓仁禧不仅很有耐心，而且很讲究方法，这方面卓扬、卓夫都深有体会。卓扬的整个中小学都是在"文化大革命"时期度过的，文化课比较差，也没学过英语，1978年首次高考失利。此时，卓仁禧正巧因为躲避学生自行车冲坡而骨折，在家养伤，卓仁禧就说我来辅导你的学习。卓扬由于当时还是运动员，只能在训练之余在澡堂子里偷着学习，非常辛苦。周末回家卓仁禧拿来中学英语课本在床上教她，从ABCD学起，一天学习三课，10周就能学习30课，几个月后卓仁禧就自信地对女儿说这样你去参加高考英语没有问题。除了英语，卓仁禧也给卓扬辅导物理和化学课程。卓扬说父亲的教学很注意方法，学习起来不累，成绩不知不觉地提升很快。[③]

1979年，功夫不负有心人，卓扬1979年高考以优异的成绩被武汉大学法语系录取。此后，卓扬对自己的父亲佩服得不得了。

笔者几次与卓夫先生擦肩而过，未能有深入的沟通与交流，父亲对他的教育是一种怎样的情况确实不太了解。不过从与其母亲徐勉懿教授、姐姐卓夫的交流中也可以窥知一二，同样是尽职尽责、悉心关怀、严格教诲、循循诱导，同样成就了卓夫精彩的人生。

卓仁禧的里孙外孙只有卓扬的大女儿是在中国出生的，但与其他孙子辈一样，都是说着流利的英语（图8-4）。卓仁禧总是对卓扬、卓夫强调要让孩子们学习中文，要热爱祖国，常回国走走，让孩子们了解祖国的文化及

---

① 卓扬访谈，2017年2月2日，北京。资料存于采集工程数据库。

② 同①。

③ 同①。

图 8-4　卓仁禧（左三）、徐勉懿（右二）全家在武汉团聚（资料来源：时间不详，卓仁禧提供）

发展变化。平时在家里要形成一个说汉语的氛围，还要学习和认知中国文化，时刻知道自己的根在中国。由于这个缘故，卓仁禧的几位孙子和外孙都能说汉语，喜欢祖国。①②

卓仁禧也多次去美国和子孙们团聚，他去了就和孩子们说汉语，偶尔也用英语交流。卓仁禧很喜欢孙子们，他的大外孙女很聪明，高考后被美国五所顶尖大学录取，最终选择哈佛大学。卓仁禧多次和大外孙女交流学术问题，还给她介绍他研究的生物医用高分子问题，并且特地用汉语讲。③

卓扬对访谈人员说，其实她对于父亲的研究并不十分了解，在父亲对她女儿讲授生物医用高分子材料研究时，卓扬也在旁边倾听，没想到卓仁禧愣是用非常通俗的道理、通过形象的比喻让她这个门外汉都听明白了，更不用说就读哈佛大学的女儿了。通过这些，卓扬终于明白为何那么多武汉大学的学生说爸爸的课讲得好、为何当年母亲会成为父亲的崇拜者。④

虽然卓仁禧总是非常忙碌，难得有闲暇，但是只要有可能，卓仁禧还是喜欢和孩子们一起出游和娱乐，并能展现出他的运动才能和幽默的性格，每每总能和孩子及夫人尽兴而归。

慈父般地关怀和引导、挚友般地警醒与交流，让卓仁禧院士的子孙既有成功的事业，更享快乐的生活。

---

① 卓扬访谈，2017 年 2 月 2 日，北京。资料存于采集工程数据库。

② 卓仁禧访谈，2017 年 3 月 16 日，北京。存地同上。

③ 同①。

④ 同①。

节俭敦厚　乐于助人

卓仁禧院士继承了父母克勤克俭、善良敦厚的品格，在日常生活中，在教书育人的生涯里，既不喜奢靡、崇尚俭朴，又善良宽厚、乐于助人。

笔者在承接到卓仁禧院士的采集工程意向后，立马做功课，惊奇地发现卓仁禧院士出身于富贵之家，是典型的富二代。于是想当然地认为卓仁禧院士一定过着一种非常殷实高层次的生活。

可是，多次接触之后，采集小组的想象完全被颠覆了。虽然家资巨万、施舍无数，但卓家生活崇尚节俭，孩子们都须劳动，衣着朴素。卓仁禧完全继承和养成了这种品格，箪食豆羹，日子过得俭朴普通。

据采集小组观察，卓仁禧院士衣着极其朴素。在一次访谈中，卓院士穿着的一条西裤竟然是 20 年前的涤卡的衣料，现在压根都见不到。还有一次在卓院士的家中，访谈人员发现他穿着的一套运动衣衫，也是 20 世纪 90 年代的款式。这些，着实让采集小组成员惊讶不已，这哪里看得出曾经是一位富家公子？哪里看得出是一位收入在今天至少也算中产的院士呢？

卓仁禧的女儿卓扬也表示过与采集人员相同的感慨。她说父亲非常能吃苦，完全不像是一位出生富家、享受过优裕生活的人。卓仁禧和穷人家的孩子一样，不仅不讲究吃穿用，而且啥都会干，也干得好。"文化大革命"以前，卓仁禧、徐勉懿的生活也非常艰难，两个人菲薄的工资也得算计着花，即便这样也时常闹饥荒，但是卓仁禧从来没有向父亲伸手要过一分钱的资助。[1]

卓扬对约访者讲过这么一件事。有一次，学校放《白毛女》的电影，票价是一毛钱，卓扬非常想看，回家把家里翻了个遍，也没凑够这一毛钱。此外，虽然自己是女孩子，弟弟卓夫是男孩子，但卓扬穿过的衣服，一定会经过母亲徐勉懿改后出现在卓夫身上，一家人的日子过得和任何

---

[1]　卓扬访谈，2017 年 2 月 2 日，北京。资料存于采集工程数据库。

一个普普通通的中国家庭一样节俭。①

卓仁禧院士虽然勤俭节约，但财富观念极其淡漠，这一点同样也让采集小组成员惊讶且敬佩。笔者好几次和卓仁禧院士开玩笑，说他的父亲卓全成仅仅留在厦门鼓浪屿上的房产就价值数亿元，他应该会继承不少。没成想卓仁禧说，那和我没关系，我不要，那不是我的东西，也不管谁去继承。我以为他说的是玩笑话，就此询问过夫人徐勉懿教授和女儿卓扬之后，没想到卓仁禧说的是真话，他早就对夫人和孩子说不要那些东西。在卓仁禧的眼里，只有自己依靠勤奋和努力挣来的财富才是自己的。别人的、就算是自己父亲的也和自己没关系。②

卓仁禧不仅自己勤奋、节俭、爱劳动，也教育和鼓励孩子们这样做。卓扬一个女孩子，小时候比之男孩子有过之而无不及，不仅打架撒欢，也拉煤球、拖煤气罐，甚至还会杀青蛙。卓扬卓夫姐弟俩刚去美国也非常艰难，可就是凭借着父亲传承给他们的这种品德，一步步打拼，挣来了美好的前途和生活。③

卓仁禧、徐勉懿夫妇俩虽然生活节俭，但并不吝啬。可以自己苦点，但别人需要帮助时那也是古道热肠，尽力相助。卓扬告诉约访者，小时候记得有几次来了要饭的和做小生意的人，卓仁禧、徐勉懿非常同情，竭力相助，绝不让人家空手而去。④

作为一位教师和学者，卓仁禧乐于助人更多体现在对学生的爱护和无私的帮助上。

这里最典型的例子就是今天在约翰·霍普金斯大学任终身教授的弟子毛海泉。毛海泉在本科阶段就表现出卓越的研究潜质，1989 年毕业时因为历史的原因不符合硕士研究生的招生条件。时任化学系系主任的卓仁禧了解毛海泉的情况后，觉得这样的人才太难得了，年轻人少不更事，偶尔犯个糊涂可以理解，不应该一棍子打死。于是，卓仁禧冒着自己犯错误的风

---

① 卓扬访谈，2017 年 2 月 2 日，北京。资料存于采集工程数据库。

② 徐勉懿访谈，2017 年 6 月 21 日，北京。存地同上。

③ 同①。

④ 同①。

险坚持把毛海泉招收为硕士研究生，为了不让别的教师担风险，卓仁禧将毛海泉收做自己的研究生。毛海泉在卓仁禧的指导下博士毕业后，卓仁禧又帮忙给他联系至美国高校继续深造事宜，毛海泉也没有辜负卓仁禧的帮助和期望，经过一番努力，

图 8-5 卓仁禧、徐勉懿夫妇访问约翰·霍普金斯大学时与毛海泉的合影（资料来源：卓仁禧提供）

终于成为在国际上具有相当影响力的著名学者（图 8-5）。①②

卓仁禧许多弟子不仅在科学研究、出国深造等大事上得到了卓仁禧的大力帮助，在一些小的方面也体现了卓仁禧的关怀和爱护。据贺枫教授讲，在以前互联网不发达及数字文献很少的时代，卓仁禧经常在出国讲学归来时给硕士、博士们带一些宝贵的资料，这对于研究生们来说太珍贵了，给他们的学业及后来的科学研究带来了莫大的帮助。③

卓仁禧热心助人并不仅仅体现在自己的弟子身上，对于不是自己的硕士或者博士研究生，他同样在可能的条件下给予无私的帮助。

高志龙教授虽然在广义上算是卓仁禧院士的学生，但并不是他的硕士或者博士研究生，也不是生物医用高分子实验室的研究人员，算是非亲非故。可是，高志龙教授却亲身感受过卓仁禧院士的关心他人、乐于助人的品格。

1999 年 12 月 20 日，澳门回归祖国的怀抱，全国各地都举行了盛大的庆祝仪式。武汉大学也不例外，同样举行了隆重的庆典，庆典上有一个节目是学校老教授合唱团合唱《七子之歌》，这个节目前奏是一个小孩子领唱，当时领唱的小孩子就是高志龙教授的儿子。高志龙的儿子一鸣惊人，让酷爱唱歌且擅长唱歌的卓仁禧院士记住了，因此对高志龙极力建议让孩

① 汪文学访谈，2017 年 4 月 18 日，北京。资料存于采集工程数据库。

② 徐勉懿访谈，2017 年 6 月 21 日，北京。存地同上。

③ 程巳雪、贺枫访谈，2017 年 11 月 9 日，北京。存地同①。

子学习声乐。①

然而，卓仁禧院士当时可不是应景般的敷衍，而是一直记在心里，以后每逢高志龙必提此事，甚至在电话中也强调高志龙可别耽误孩子。这事虽小，但体现了卓仁禧心系他人，关心孩子们的成长。高志龙还提起过一件小事情，有一次高志龙陪客人参观磨山植物园梅园，恰巧碰到卓仁禧、徐勉懿两位老人，卓仁禧关切地问高志龙怎么来的，一再要求高志龙和他们同车返回武大，说车子坐得下。高志龙对访谈人员说，老人家可不是客套，其时执意甚坚，最终还因为高志龙的婉拒表现出些许不悦之色。当高志龙后来告诉客人这人是鼎鼎大名的卓仁禧院士时，连客人都感慨不已，连说"平易近人、可爱可亲"。②

前面说过，卓仁禧对他人的关心与帮助更多体现在科学研究及事业发展上。对此高志龙教授亦有过经历。

高志龙教授武汉大学硕士毕业后分配至中国地质大学从事石油地质的研究，在那里工作十余年后又返回武汉大学攻读博士学位，毕业后留在武汉大学任教，继续从事与石油化工有关的研究工作。卓仁禧院士有一次应邀参加大庆油田一项技术咨询活动，这项技术咨询是大庆油田关于研究利用高分子材料回灌油井，提升采油率的技术问题。③

卓仁禧自大庆油田回来后，特地把高志龙叫到他的家里，对高志龙说，大庆油田把聚丙烯酰胺大量灌入井下，采油率的提升的确非常明显。但这项技术会有一个隐患，就是时间长了聚丙烯酰胺代谢后会污染地下水和土壤，造成较大的环境危害。卓仁禧叫来高志龙有两个目的，一是出于一个科学家的良知对此体现出的忧虑，二是希望高志龙现在就加强预防聚丙烯酰胺对环境污染的研究，未雨绸缪，将来一定会有很好的应用前景和环保价值。④

高志龙告诉来访者，当时大庆油田研究这个技术时，急于求产，忽略

---

①　高志龙访谈，2018 年 10 月 10 日，北京。资料存于采集工程数据库。

②　同①。

③　同①。

④　同①。

了环境问题，后来卓仁禧院士预见的聚丙烯酰胺污染问题真的大范围爆发了，国家和油田方面花费了巨大的资金来解决这个问题。①

为此，高志龙敬佩、感激、遗憾的心情交织在一起。

敬佩。是敬佩卓仁禧作为一位科学家的超乎常人的预测与判断能力、一位科学家的胸怀天下的良知。他没有人云亦云去为一项技术叫好，而是冷静地分析这项技术的前景和危害。②

感激。是感激卓仁禧院士没有门户之见，无私地建议他去研究这个颇有价值和前景的技术问题。高志龙告诉来访者，当时卓仁禧的生物医用高分子实验室及其研究人员完全有能力研究这个问题，但卓仁禧并没有这么做，认为高志龙研究这个问题更加合适。这在科学研究领域，明明知道是一个既有前途、又有钱途的领域，而把它交给他人去做，更是一种高尚的无私与莫大的帮助。③

遗憾。是高志龙教授因为当时有别的课题重压在身，最终没有遵从卓仁禧院士的建议，辜负了他老人家的厚望与帮助，让一项远比别人有预见性的研究擦肩而过。④

在武汉大学化学与高分子科学学院，只要你有时间去了解卓仁禧院士的关爱他人、帮助他人的故事，你一定会满载而归。采集小组在此仅掬几朵浪花彰显与写照卓仁禧院士的这种品德。

严谨正直　豁达人生

虽然卓仁禧院士善良厚德，乐于助人，但也是一个讲究原则、秉持严谨、耿直不阿的人。

---

① 高志龙访谈，2018 年 10 月 10 日，北京。资料存于采集工程数据库。
② 同①。
③ 同①。
④ 同①。

采集小组和卓仁禧院士过往交流两年有余，多次在访谈沟通中亲身体会了卓老的严谨求实、不慕虚荣的胸怀和美德。

采集小组在检视关于卓仁禧的采集成果时，发现了这样一则资料：《全国归侨、侨眷知识分子名人录》[①]记载，卓仁禧在"七五"期间，承担了国家光通讯技术开发中的两项攻关项目，一个是《紫外光固化丙烯酸酯光纤涂料》，另一个是《光纤外包层液晶聚合物材料》。在访谈时我想对此事做进一步了解，没想到提起此事卓老竟然面露愠色。这让访谈人员很诧异，感觉有故事，就不断追问卓仁禧院士。[②]

卓仁禧院士几次欲言又止，但访谈人员又锲而不舍。徐勉懿教授只好在旁边解释说，这两个项目是真实的，卓老师也知道，但是事关卓老师的几个学生，这些人都在，不便说。卓老见夫人开口了，只好约略透漏了一二。[③]

首先卓仁禧院士声明，他没有做这两个项目的研究，是别人借用他的名声来申请的；其次，虽然经费是到账他名下，但他没花一分钱；其三，他没有对任何人、任何媒体说他做过这个项目，《全国归侨、侨眷知识分子名人录》刊载此事也是别人在他不知情的情况下杜撰的；其四，这两个课题在研究过程中卓仁禧还是做过多次指点。[④]

虽然此事有名有利，至少这样宣传对卓仁禧院士有益无害，但卓仁禧院士此后坚称与此事无干。由于此事涉及好几位在世的研究人员，故此本传记不在此交代事件的具体经过，仅借此事说明卓仁禧院士秉持严谨、襟怀坦白、实事求是。

卓仁禧院士无论在做人还是做科学研究上都非常正直，讲正气、厌恶学术腐败。这里仅举两个事例略作印证。

卓仁禧院士有一位弟子要出国交流学习，想去加拿大某知名高校，未征得卓仁禧院士同意，就以卓仁禧院士的名义、以导师的口吻给加拿大那

---

① 国务院侨办国内司编：《全国归侨、侨眷知识分子名人录》，北京：中国华侨出版社，1997年版，第741页。

② 卓仁禧访谈，2017年9月29日，北京。资料存于采集工程数据库。

③ 同②。

④ 同②。

边写了一封推荐信，署名是卓仁禧。不久，加拿大方面给这位学生来信，原则上接受他的申请。再过不久，加拿大那边的教授看出端倪，对推荐信有疑问，因为推荐信的英语水平很拙劣，这位教授比较了解卓仁禧，知道卓仁禧的英语能力非常了得，感觉这不像是卓仁禧写的，于是就把这封信传给了卓仁禧求证。[①]

卓仁禧看到信后非常生气。既没有因为这个学生是自己的弟子而姑息，也不因为他有几分才气而沆瀣一气蒙骗对方，坚持原则、大义灭亲，坦陈这信不是自己所写，而且建议对方取消这名学生的入学资格。[②]

虽然贵为院士，学问享誉中外，但卓仁禧依然诚实，绝不沽名钓誉、不懂装懂。2005 年，华中科技大学化学与化工学院举办了一个海峡两岸暨香港、澳门的液晶高分子领域的学术研讨会。由于卓仁禧院士在高分子领域的成就，举办方想邀请卓仁禧院士就液晶高分子的国内外研究趋势与动态做一个主题报告。华中科技大学化学与化工学院的徐辉碧教授告诉访谈人员，其实这个报告并不难，查点资料再加卓仁禧院士在高分子领域的造诣讲起来还是很轻松的，而举办方也只是想让卓仁禧院士抛砖引玉，做个开场白。[③]

没想到，卓仁禧院士直接拒绝了。他说，术业有专攻，他不懂液晶高分子，不能滥竽充数装门面。后来举办方要求他推荐一个人，他也本着实事求是的原则，内举不避亲，推荐了生物医用高分子实验室的程巳雪教授。会议结束后，举办方告诉卓仁禧，程巳雪教授的报告很有水平，与会专家好评如潮。[④]

武汉地区某高校一位领导，是高分子研究领域的一位较有知名度的专家，与卓仁禧私交尚算不错，在申报院士时被自己的学生举报学术造假，此事当时在媒体上、在学术界也闹过一阵子。虽然最终以无法判定是否造假而逐渐平息，但卓仁禧有自己的判断，依据他的调查分析，认为该同行

---

① 卓仁禧访谈，2017 年 9 月 29 日，北京。资料存于采集工程数据库。

② 同①。

③ 徐辉碧访谈，2017 年 12 月 15 日，北京。资料存于采集工程数据库。

④ 同③。

确有造假的事实，并非学生冤枉。卓仁禧非常厌恶学术腐败，始终对学生和他人强调做学问要有严谨的学风。此后，卓仁禧院士就不屑与此人为伍，差不多就割袍断义了。卓仁禧为此对华中科技大学化学与化工学院的徐辉碧教授说，他眼里容不得沙子，以后与此人形同陌路了。①

卓仁禧院士主持过无数次项目论证、评审与验收，他从不违规接受礼物与吃请，论证、评审中经常一针见血指出问题，多次弄得氛围紧张，但卓仁禧坚持原则不为所动。为此事夫人徐勉懿多次抱怨他不该那么拧，提醒他没必要那么较真，不要把人得罪光了，可卓仁禧铿锵地回答夫人说，就算他们不再请我，我也要说真话。②

坚持真理、信守诚实、秉持原则，卓仁禧始终保持着一位科学家应有的这种良知和风范，彰显了科学精神和人格魅力。

虽然卓仁禧做人做事严格严谨，信守诚实不随波逐流，但绝不是一个刻板无趣的人。恰恰相反，卓仁禧院士是一个开朗达观、风趣多才的人。

在夫人徐勉懿、女儿卓扬、儿子卓夫眼里，卓仁禧是一个从没有说过困难、叫过委屈的人。"文化大革命"受冲击、自然灾害时期忍饥挨饿、科学研究中遭遇困境或者波折时，他都没有表露过一丝的郁闷、抱怨过一声的委屈。女儿说爸爸在她眼里永远是笑眯眯的，就算是苦，似乎也在享受苦中之乐。③

卓扬对约访者说，父亲身上似乎总有一种正能量在感染你，让你总能想到风雨之后的绚丽彩虹。④

心理学家、音乐家都似曾说过，音乐是最能给人排遣郁闷、带来愉悦的高雅艺术行为，卓仁禧的一生，似乎就在践行这个论断。

几乎所有熟知卓仁禧的人都知道卓仁禧喜爱唱歌，而且有一副高亢而富有磁性的歌喉。

前文已经给读者介绍过卓仁禧儿时、中小学阶段、大学阶段、"文化大

---

① 徐辉碧访谈，2017 年 12 月 15 日，北京。资料存于采集工程数据库。
② 徐勉懿访谈，2017 年 6 月 21 日，北京。存地同上。
③ 卓扬访谈，2017 年 2 月 2 日，北京。存地同①。
④ 同③。

革命"时期、对外交流中酷爱唱歌的故事，夫人徐勉懿当年对他的爱慕部分也源于他唱歌的天赋。

在几十年的工作生涯中，化学系每一年的新年联欢晚会，只要是卓仁禧在家，他的独唱永远是一个固定的节目，很多老同事虽然年年欣赏，但总是常听常新，交口称赞。武汉大学举办的大型晚会，也能常常听到卓仁禧引吭高歌。

在我们采集到的资料中，有一张 1951 年 6 月 23 日福州大学首届音乐晚会的秩序册，音乐会于福州大学魁岐部大礼堂举行，秩序册上显示，晚

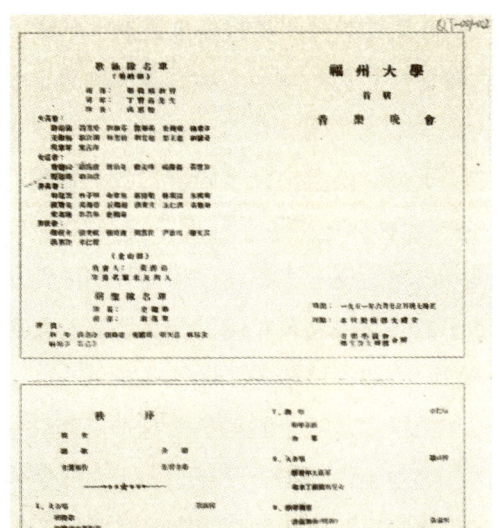
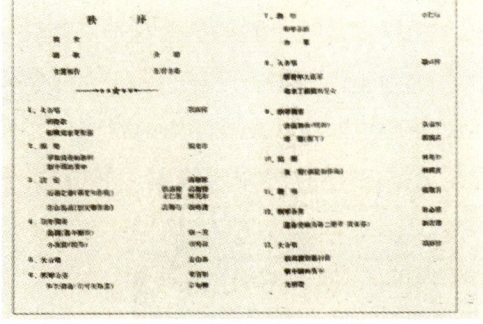

图 8-6　1951 年 6 月 23 日福州大学首届音乐会秩序册（第 7 个节目卓仁禧两首独唱歌曲）（资料来源：卓仁禧提供）

会的第 7 个节目，就是卓仁禧的独唱歌曲《和平示威》《参军》（图 8-6）。可见学生时代卓仁禧就是"歌星"了。

卓仁禧晋升院士后，湖北省委省政府每年举办的院士专家春节团拜会，卓仁禧总有经典歌曲代表作献唱。据徐辉碧回忆，2008 年她和先生杨叔子院士一起出席团拜会，那一年卓仁禧是与一位著名的歌唱家联袂献唱《雪绒花》，没想到技惊四座，让众多院士专家如醉如痴。那位歌唱家也大呼奇迹，一位专事科学研究的中科院院士竟然有如此深的声乐修为。[1][2]

其实，卓仁禧院士除了在一些正式场合喜欢唱歌，平常在家中也喜欢放开歌喉高歌几曲。偶尔，也在办公室、实验室关上门轻声哼上那么几段经典。

① 徐辉碧访谈，2017 年 12 月 15 日，北京。资料存于采集工程数据库。
② 郭淑芸：《给基因药物安装"运载火箭"》。未刊稿，资料存于采集工程数据库，编号：BD-001-049.

高志龙教授告诉过访谈人员一件事，有一次他们在实验室做实验，卓仁禧老师和另外几个老师在距离实验室不远的另外一间实验室里面。突然有同学进来对高志龙等几个同学说，卓老师在老师所在的那间实验室里唱歌。于是实验室里几个同学都放下手里的实验，一窝蜂地跑到老师们的那间实验室门口偷听。[①]

高志龙说，尽管卓仁禧老师明显在压着嗓门，但是悦耳的歌声还是飘出了门外。卓老师可能是因为高兴，接连唱了好几曲。同学们听完后，都异口同声地称赞卓老师唱得真好。[②]

据卓仁禧院士的秘书崔竞舟老师说，卓老师在办公室看资料、写东西时，偶尔也会清唱上几段，歌声也会飘到外间的崔竞舟耳朵里。崔竞舟立马放下手里的活儿凝神静气地欣赏。[③]

得益于小时候家境殷实、环境氛围优裕，卓仁禧打小的爱好就很广泛，只是参加工作后忙于科学研究，很多其他的爱好逐渐搁了下来，只能偶尔为之。

还是年轻教师时，卓仁禧还展现过游泳和足球方面的才华。

1960年，卓仁禧报名参加武汉市第五届横渡长江活动，资格审查通过后，卓仁禧按照要求进行训练，其中就包括横渡东湖，卓仁禧都能轻松完成。8月初，比赛正式举行，卓仁禧经过一番拼搏，终于成功地渡过长江，获得了渡江活动纪念牌（图8-7）。可惜这枚纪念牌在历次搬家中丢失了，采集人员

图8-7　卓仁禧1960年横渡长江获得的纪念牌（资料来源：遗失，网络采集）

---

① 高志龙访谈，2018年10月10日，北京。资料存于采集工程数据库。
② 同①。
③ 崔竞舟访谈，2017年10月31日，北京。存地同①。

在网上检索到这张纪念牌的图片，卓仁禧院士审视确认后惋惜地说，正是这枚纪念牌。①②③

足球，也是卓仁禧曾经的主要爱好之一。20世纪50年代中期卓仁禧先在武汉大学青年教师中脱颖而出，然后代表武汉大学参加武汉地区高校青年足球赛，还拿到了第四名（或是第五名）的成绩，后来又代表湖北省高校教工队赴上海参加全国高校教工足球赛。后来虽然慢慢不怎么踢球了，但是还是关心足球，有空也喜欢看看足球赛。④⑤

平常的日子里，卓仁禧、徐勉懿夫妇俩周末也一起出去郊游、踏青，去得最多的还是记载过他们青春韶华的东湖风景区。假期有机会或者出去旅游，或者去美国看望子孙。

卓仁禧的夫人徐勉懿教授的教学、科研也很出色，也是桃李满天下的博士导师。平常她更辛苦一些，过去孩子们的生活、上学及工作更多的是她操心处置，卓仁禧院士的衣食住行也是她精心打理。没有徐勉懿教授的全力支持，卓仁禧也难以取得如此的成就。因此，卓仁禧院士作为一位成功的科学家，背后同样有一位杰出的女性在付出更多的劳动、汗水甚至委屈。

今天，两位老人都已耄耋之年，身体也大不如前，但执子之手，日日相扶相依、相濡以沫，共同谱写着多彩多姿的人生。

最后，采集小组衷心祝福两位老人身体健康、祝福卓仁禧院士的事业后继有人，蒸蒸日上！

---

① 黄世猛：《走进高分子的自由王国》。见：湖北省科学技术协会编，《科学家的故事——湖北院士风采》，2013年出版，第162~168页。

② 卓仁禧访谈，2016年9月27日，北京。资料存于采集工程数据库。

③ 陈志鸿：《创造无穷期——记中科院院士、武汉大学卓仁禧教授》。《中国高校师资研究》，2003（1）：48-54.

④ 同①。

⑤ 同②。

结 语

88 岁的卓仁禧院士由于常年努力而辛勤地工作，积劳成疾。虽然步履蹒跚，但依然心系生物医用高分子材料的科学研究。

受病痛的困扰，卓仁禧院士身影逐渐淡出了实验室。在过去的访谈中，采集小组多次试图让院士本人对其一生的学术成就进行总结与评价，可卓老一直回避，其夫人徐勉懿教授对此问题的态度也是相似的。无奈，采集小组经多方查证资料，访谈十余位他的同事、朋友及弟子们，对其学术成就做一肤浅的总结，并试图分析其成因，不当之处，俟大方之家斧正。

学术经历与主要成果

卓仁禧院士的学术经历可以划分为两个阶段，成就可以总结为两个方面。

前一个阶段是 20 世纪 60 年代末至 70 年代末，仅仅只有 10 年左右的时间，具体可以明确在 1957 年卓仁禧赴南开大学师从马丁洛夫进修学习至 1978 年全国科学大会召开。

这一阶段卓仁禧基本从事以有机硅高分子为主的元素有机化学的研究。取得的成果包括"系列有机硅光学玻璃防雾剂""录像磁带的黏合剂与助剂",其成果主要应用于多种光学玻璃器件的保护涂层,以实现防雾、增透的功效,不仅彻底解决了军事装备上各类镜面的生雾问题,而且使毛泽东的水晶棺能长期保持晶莹透亮。

据不完全统计,这一阶段的研究卓仁禧共发表关于有机硅方面学术论文约 20 篇,"有机硅光学玻璃防雾剂的研制"和"彩色录像磁带黏合剂和助剂的研制"两项成果于 1978 年获得全国科学大会奖、"长链烷基三甲氧基硅烷的合成方法和用途"于 1983 年获得国家科技发明三等奖。

后一阶段是从 20 世纪 70 年代末至今,具体的界限可以以 1978 年全国科学大会为标志,卓仁禧的研究开始转型,研究方向选择在生物医用高分子材料领域,此后 40 年都矢志不渝、殚精竭虑地聚焦在这个研究方向上。

后一个阶段的研究基本围绕生物医用高分子材料展开,主要集中在生物可降解高分子材料的合成、表征及其在生物医学领域的应用,包括药物控制释放高分子、生物活性高分子、基因传递高分子三个方面。

在生物医用高分子合成方法中,系统开展酶的催化聚合反应,其产物安全性好,克服了常用的金属化合物催化剂在产物中的残留而引起生物医用高分子的毒性问题。

在生物活性高分子的研究中,发现含酪氨酸的二肽的聚磷酸酯可作为疫苗佐剂,能显示与弗氏完全佐剂相当的免疫效果。

在药物及基因传递高分子材料的研究中,成功研制了系列靶向药物传递系统、高效低毒高分子基因载体。

上述研究中的相关成果获得 1991 年国家自然科学四等奖、1999 年国家自然科学三等奖、1991 年和 1999 年教育部科技进步一等奖、2006 年湖北省自然科学一等奖和 2010 年教育部自然科学二等奖。

这一阶段卓仁禧发表了大量的学术论文,总量近 800 篇,其中高水平论文近 200 篇,在国内外产生了巨大的反响。惜于各方面,尤其是在化学及高分子专业水平上的限制,采集小组很难准确反映和评价这些学

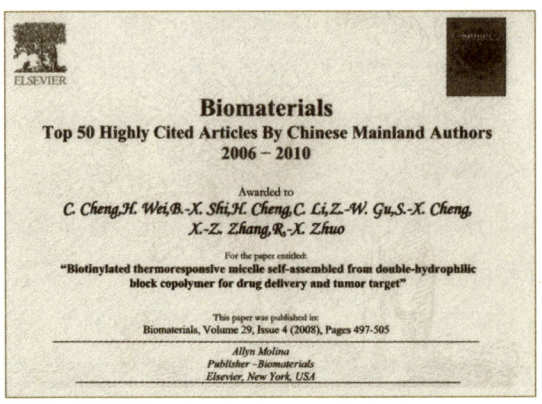

图Ⅸ－Ⅰ　卓仁禧及其合作者论文被引全球前50名证书（资料来源：卓仁禧提供）

术论文的具体价值及影响。但在我们采集的资料中，就发现卓仁禧及其合作者发表的三篇学术论文［*Self-assembled thermoresponsive micelles of poly（N-isopropylacrylamide-b-methyl methacrylate）；Self-assembled，thermosensitive micelles of a star block copolymer based on PMMA and PNIPAAm for controlled drug delivery；Biotinylated thermoresponsive micells self-assembled from double-hydrophilic block copolymer for drug delivery and tumor target*］位列国外著名学术刊物*Biomaterials*（《生物材料杂志》）2006年至2010年5年间该刊物刊发论文被引率全球前50名的证明书（图Ⅸ－Ⅰ）。虽然采集小组不太懂生物医用高分子，但对于5年间专业论文全球被引用前50名的价值还是清楚的，知道这是一个殊为不易的水平等级。然而，这仅仅只是卓仁禧及其合作者所发论文具体影响的一个证据而已，更详尽的则有待业内人士及后来者更加专业的研究。

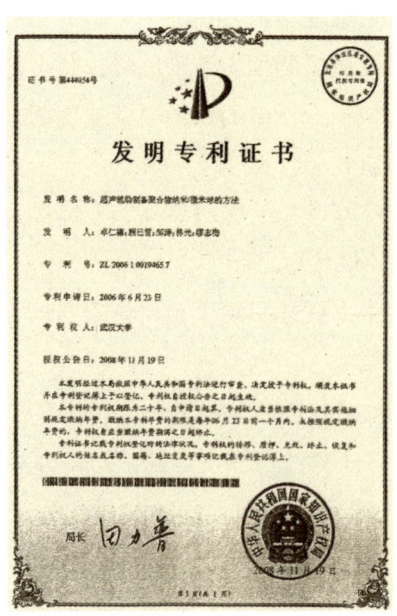

图Ⅸ－Ⅱ　卓仁禧获得的发明专利证书（资料来源：卓仁禧提供）

虽然卓仁禧院士的生物医用高分子的研究主要还在于基础研究层面，但也高度重视这些研究的临床应用，谋求在新药物、新载体、新配方、新制备方法与工艺上的突破与创新。为此，卓仁禧及其合作者们共申请各种专利66项（图Ⅸ－Ⅱ），其中绝大部分获得专利授权，其应用价值和商业前景是非常可观和令人期待的。

其中，卓仁禧及其合作者在磁共振造影剂方面所获得的 6 项专利最有典型性，其临床价值最高，在医学上已经得到部分应用。

卓仁禧院士是我国生物医用高分子研究领域的奠基人之一，开创了我国生物医用材料研究的先河，不仅弥补了我国在该领域研究的空白，也带动了我国在生物医用材料方面的研究热潮，逐步让我国在这个方向的研究水平接近世界领先水平。

科学贡献的成因

卓仁禧院士的学术成就是杰出和显赫的，采集小组对其学术研究的成因做了粗浅的分析。

卓仁禧院士在有机硅研究领域所取得的成果是特殊时代、特殊的经历所造成的特殊效果，可以说是时势及巧合所造成的。坦率地说，卓仁禧在有机硅领域的研究并非他自己主动选择的结果，而是经由一个个连续发生的事件被动地卷入到这个领域。

首先是他被派去南开大学师从马丁洛夫进修学习，而马丁洛夫交给他的工作是有机硅的研究，让他踏入有机硅的研究领域。结束进修回到武汉大学，特殊的政治潮流将著名化学家曾昭抡裹挟至武汉大学，而曾公在此又开创了元素有机化学研究的阵地，卓仁禧回来恰好赶上，并因为在南开大学的有机硅研究经历被曾公选定为有机硅研究小组的组长，就此继续在有机硅领域耕耘。

文化大革命开始后，学校各项工作呈现混乱状态，正常教学和科学研究几乎终止，加上卓仁禧自己也遭受过一些冲击，眼看自己的有机硅研究就要逐步泡汤。可是，许是上帝的眷顾，军队的特殊研究需求此时找上门来，让卓仁禧在动荡的时期得到了特殊的照顾，可以在实验室里专心研究有机硅防雾剂、录像磁带的黏合剂与助剂，极大地改变了军事装备的效能，并机缘巧合地在毛泽东水晶棺上得到应用。

虽然不是自己的选择，虽然天降大任，但卓仁禧凭借自己的勤奋、敏锐和才能，于乱世中脱颖而出，在历史选择中体现责任担当，既奠定了自己事业的基础，又培养出了自己对科学研究的兴趣。

"文化大革命"结束、拨乱反正，科学迎来春天，卓仁禧也获得了科研上的自由。

基于自己在有机硅领域的突出成就、获得的荣誉和产生的巨大影响，绝大多数人或许会在此领域继续深耕，谋求持续的突破。

俗话说"三十不学艺，四十不改行"，可就在 1978 年，已经 47 岁的卓仁禧却做了一件让同行吃惊的事，毅然研究转型，进入生物医用高分子研究这个完全陌生的领域。

这次，是卓仁禧的主动选择。因何放弃已有建树的有机硅研究采集小组不得而知，但对于生物医用高分子的选择，则是有迹可循。卓仁禧在高中阶段在台湾参观多个化工企业，对化学应用很有兴趣。在协和大学学习农科，对生物化学产生了一定的兴趣，分配至武汉大学时派至生物系任"生物化学"课的助教，几年间对生物化学这种交叉学科不仅兴趣日浓，而且渐有心得。后来虽然阴差阳错研究有机硅，但心里对生物化学始终有一个心结，未能舍弃。

改革开放，卓仁禧的思想也得到释放，他想重拾生物化学，回归到自己感兴趣的研究领域。1978 年的全国科学大会，卓仁禧得到王葆仁院士的点化，即有心转向生物与化学结合的高分子领域，1979 年访法大开眼界，回来后就下定决心研究转型，全面转向生物医用高分子材料的研究。

研究转型谈何容易，这不仅仅需要豪气胆识，更需要犀利的眼光、敏锐的判断，否则可能铩羽而归，一事无成。然而，卓仁禧都做到了，开阔的视野、科学的判断、坚定的自信加上辛勤的工作让他得以转型成功，再铸辉煌。

转型前后，卓仁禧院士获得巨大的成就除了来源于开阔的视野、敏锐的判断、高度的自信之外，还有非常重要的两点，一是严谨细致，二是勤奋好学。

卓仁禧在病床上和采集人员有过交流，他说做化学研究必须严谨而细

图Ⅸ－Ⅲ 卓仁禧科研工作的部分手稿（资料来源：王艳明拍摄）

致，试验过程中每一个细微现象的分析、每一个数据背后的意义、每一次的试验失败都要做严谨和细致的分析，否则不会有新的发现及新的思考。

卓仁禧的勤奋是出名了的，无论在"文化大革命"期间从事有机硅的研究，还是后来转型医用高分子材料的探索，卓仁禧的大部分时间都是泡在实验室里的，多少个通宵达旦、多少个周末假期，卓仁禧始终勤勤恳恳、孜孜以求，最终才品味出"梅花香自苦寒来"的道理。

卓仁禧酷爱学习，哪怕是在功成名就、耄耋之年时。在采集小组采集到的资料中，有卓仁禧大量的手稿及好几本卓仁禧的读书笔记，密密麻麻，不仅有大量的摘抄，而且贴有许多关于医用高分子研究进展的剪报，其中多份是《参考消息》上报道的国家研究动态（图Ⅸ－Ⅲ、图Ⅸ－Ⅳ）。看到这些大量的笔记和手稿，笔者和其他采集人员总是敬畏有加、唏嘘不已。

勤奋，是摘取一切重要成果的重要阶梯，是通向理想与伟大的唯一钥匙。

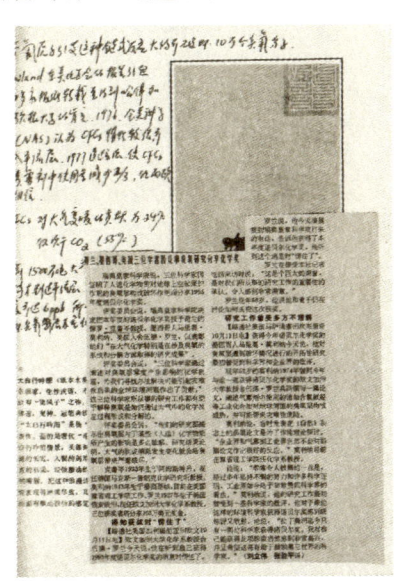

图Ⅸ－Ⅳ 卓仁禧读书笔记中的一页
（资料来源：卓仁禧提供）

附录一　卓仁禧年表

父亲卓全成，跟随祖父卓长福来厦门营生，后在厦门大同路的路口创建"同英布店"。

8 月 27 日，出生于厦门鼓浪屿，汉族，兄弟姐妹共 11 人。

小 1 岁的弟弟未满月便夭折了。

4 岁，进入怀德幼稚园学习。

读幼儿园期间，祖父卓长福与祖母张懿慕住在鼓浪屿，后来大伯父卓德成从南洋回来，在厦门开诊所，祖父祖母就跟卓德成住在厦门，直到过世。

1937 年

爱粘知了、捉蜻蜓，打羽毛球、踢足球、游泳，喜唱歌，不愿意跟着妈妈学钢琴。

就读于鼓浪屿英华小学。

1938 年

抗日战争初期，位于鼓浪屿鸡山路 12 号的房子完工，童年和青少年时期在这里度过。

5 月，日本占领厦门，父亲因在同英布店门口铸反日标语，被日本人抓去灌水，后时有咳嗽。日军占领期间，被迫将"同英布店"改为"同兴布店"。

1941 年

12 月 8 日，日本偷袭珍珠港，太平洋战争爆发，日军占领鼓浪屿。上学路上被日本士兵用刺刀盘查。

英华小学关闭，转到日本人办的第二小学继续读书，增加了一门日语课程，由台湾来的老师教授。抗战胜利后，取消日语课程。

1943 年

中学期间，每天下午四点放学回家，向家教老师 Mr. Legge 学习英语，英语在各门功课中较为突出，有时充当爸爸的翻译。

1945 年

6 月，为离家躲避日寇的父亲及二伯父通风报信，送衣送药。

抗日战争胜利前，亲眼见证被日本人射杀的音乐老师陈传达尸横沙滩。

抗日战争胜利后，与从小做童养媳的小姑见面。

1947 年

应厦门大学学生会的邀请，参与"反饥饿、反内战、反迫害"斗争，去厦门电台独唱，在厦门集会地点唱歌。

高一，作为班长组织同学们去厦门大学露营。

1948 年

高二，11 月份，组织全班同学赴台湾旅游。在班主任邱继善老师和共产党员黄猷监护下，参观博览会，参观樟脑厂、烧碱厂、炼铝厂等 14 个工厂；去日月潭游玩；与高雄中学、淡水中学足球队进行友谊赛等。

台湾之行共历时 20 余天，了解到化学对国民经济的巨大作用。

1949 年

6 月，从英华中学高中毕业。

报考福建协和大学农学系，并在英华中学参加招生考试。

高考结束后，在厦门祖光小学代课。

9 月，因偶然买到香港的船票，赴香港游玩。

年底，接到福建协和大学的录取通知书，在香港度过圣诞节后，坐船返回鼓浪屿。

1950 年

2 月，到福建协和大学农学院报到。

大一下学期转到福建协和大学化学系学习。

冬，福建协和大学与华南女子文理学院合并更名为福州大学。

大学期间，被选入学校足球队。

1951 年

6 月 23 日晚，参加福州大学首届音乐晚会，表演独唱《和平示威》《参军》。

7 月，离开福州大学，经转学考试，入震旦大学化学系就读，学习法语。

1952 年

在震旦大学就读二年级时，学习德语。

7 月，大学二年级的课程结束后，回到鼓浪屿，与弟弟卓仁泽还有弟弟的朋友经常划船出去玩。

全国院系大调整，震旦大学化学系与浙江大学化学系、上海圣约翰大学化学系、沪江大学化学系等一道并入复旦大学化学系。8 月，进入复旦大学读大三，分到有机化学专业。

1953 年

大学三年级，学习了一学期俄语。

大学期间，每周四下午参观工厂，听技术员讲解产品存在的问题。

6 月，因国家急需有机化学方面的人才，读完大学三年级提前毕业，和于康在、陆定安、洪道珠、于妙类一同至武汉大学报到。

9 月，成为侯金超副教授助教，至生物系讲授"生物化学"课程。

在生物系工作中，高尚荫建议其从化学系调到生物系工作，被其婉拒。

1954 年

年初，回到化学系，任有机化学王以德教授的助教，约两年时间。

秋季开学，任助教，带有机化学实验，认识学生徐勉懿。

1955 年

因工作出色，被武汉大学推荐为湖北省青年联合会委员。

1956 年

年初，在武汉大学加入中国共青团。

3 月的一个周四，舍友徐汉生向其介绍徐勉懿。第二天，两人约在图书馆约会。周六上午，一同去东湖游玩。

徐勉懿脚受伤，骑摩托车接送其上学。

被选入湖北省教工足球队去上海参加全国比赛。

7 月，徐勉懿完成毕业论文，顺利毕业并留校任助教。二人确定恋爱关系。

寒假，第一次带徐勉懿回鼓浪屿，与家人共度春节。

1957 年

拟补做毕业论文，向在复旦大学念书时的老师、时任兰州大学教授朱子清写信求助课题方向，朱子清拟了五六个合适的课题供选择，后因为被选派去南开大学进修而放弃。

7 月，与徐勉懿决定结婚，婚后搬至徐勉懿的宿舍。

8 月 15 日（农历不详），同徐勉懿回鼓浪屿，在亲朋好友的见证下，由父亲主持举行结婚典礼。

9 月，接到通知去南开大学跟苏联专家进修，在苏联专家马丁洛夫的指导下进行有机硅化学研究，历时两年多。

跟随苏联专家马丁洛夫学习，研究 Darzens 反应。

在南开大学进修期间担任工会小组组长，与工会小组一起参加政治学习。

1958 年

7 月 10 日，女儿卓扬出生。

8 月，去南开大学进修后第一次回武汉，看刚出生的女儿卓扬，布置新家，安顿妻子。

实验室发生爆炸，玻璃碎片穿过耳垂而受伤。

1959 年

5 月 28 日，在南开大学的图书馆广场前，与南开大学师生一起接受周总理接见。

秋天，到火车站送苏联专家马丁洛夫回莫斯科。

10 月，结束在南开大学两年多的进修学习返回武汉大学。

1960 年

20 世纪 60 年代初期，作为曾昭抡教授的助手，协助其指导研究生。

2 月，其（序 2）与在南开大学进修的导师马丁洛夫在《化学学报》

上发表了第一篇论文《含硅羰基化合物的 Darzens 反应》。

5 月，获得"湖北省文教方面先进工作者"称号。

5 月 29 日，因教学上鼓励学生创新和耐高温、耐油橡胶的研究，被选为湖北省劳动模范。这天晚上，去汉口看望临产的妻子，错过毛主席的接见。

5 月 30 日，儿子卓夫出生。后由于卓夫营养不良，送回鼓浪屿老家由父母照看一年，身体状况得以改善。

6 月，被提升为讲师。

7 月 16 日，被选拔参加横渡长江游泳活动并获得奖牌。

冬天，陪同从苏联参观访问后来武汉的父亲一同游览东湖。

年底，任武汉大学有机教研室副主任，主任是叶峤。

年底，任武汉大学化学系元素有机教研室有机硅研究小组组长。

1962 年

5 月，被评为武汉大学模范共青团员。

1964 年

参加在武汉大学召开的第一次全国性元素有机化学会议。

1966 年

文化大革命期间，晚上在武汉大学宣传队的舞台上唱歌，将夜宵留着带回家给孩子吃。

1967 年

7 月，从厦门回鼓浪屿，因家人被造反派赶出房子，与父亲一同住在轮渡码头附近租的房子中。

1968 年

文化大革命期间，被贴出的大字报怀疑参加三青团而遭到调查，坚决否认此事。后来经工宣队外调，查无实据。

帮助工宣队的半导体工厂解决业务难题，参加宣传队举办的活动表演唱歌。

工宣队进校后，教研室改为连队，其在 14 连，接受学生的领导指挥。

1970 年

20 世纪 70 年代，武汉大学化学系取消元素有机化学专业，新增高分子化学与物理化学专业并开始招生。

1971 年

到沙洋"五七干校"劳动半年，负责在食堂做饭。

半年后回到武汉大学，夫人徐勉懿轮换到沙洋"五七干校"劳动半年，自己在家照顾儿女。

1972 年

在解放军的邀请下，开始研制"光学玻璃防雾剂"。在甄广全的安排下带领 8 人左右的团队赴上海有机所、济南、北京等地调研，后在 3 个月内与刘高伟、张先亮合作完成防雾剂，赴西安交付，解决望远镜、炮镜、坦克镜、潜艇的潜望镜等军用镜片生雾问题。

与夫人徐勉懿和两个孩子，还有父亲卓全成一同去庐山住了一个月左右。

1975 年

在武汉大学教务长高尚荫的带领下赴汉阳 824 厂，作为组长，与陈眼阴、叶大铿合作，研究解决磁带漏码和闪点问题。

经过反复试验成功研制出彩色录像磁带黏合剂和助剂。

女儿卓扬被选为湖北省赛艇划船队运动员，在东湖训练，对此非常支持，且经常同夫人去看她。

替部队研制添加有机硒化合物的油漆，抑制海军舰船底栖海洋生物，提升舰艇航行速度。

毛泽东逝世一个月后，与教研室同事合作合成 40 多千克玻璃防雾剂，交付北京。最终在 20 多个备选防雾剂中脱颖而出，被用来处理毛主席的水晶棺，使其长期保持晶莹透明。

一两个月后，赴京被告知成果用途和性能，并仔细瞻仰毛主席的遗容。

1977 年

6 月，被评为武汉大学先进工作者。

11 月初，因在有机硅化学方面的突出贡献，应邀赴北京参加中国自然科学规划会议。

12 月，被评为武汉大学先进教师。

1978 年

因"有机硅光学玻璃防雾剂"的成功研制，获得全国科学大会奖。

因"彩色录像磁带黏合剂和助剂"的成功研制，获得全国科学大会奖。

3 月，晋升为副教授，任高分子研究室主任。

5 月，获得"湖北省科学技术先进工作者"称号。

女儿卓扬第一次高考失利。

骨折，在家休养。其间辅导女儿卓扬学习英语准备高考。

参加全国科学大会，与王葆仁院士交谈，确定生物医用高分子为自己的研究方向，实现研究转型。

1979 年

经卓仁禧辅导，卓扬被武汉大学法语系录取。

11 月中旬，父亲病危住院，赶回鼓浪屿。

11 月 27 日，接到武汉大学的电报，从鼓浪屿返回武汉，准备出访法国。

11 月底，与武汉大学的校长庄果、副校长刘道玉还有其他 6 名教授、

1 名法语翻译一起去北京，同教育部的代表、翻译等共十几人组成教育部代表团，赴法国参观访问。

参观访问法国多所著名大学，先后在斯特拉斯堡和巴黎等地与杰马里·莱恩（Jean-Marie Lehn）教授、希瓦教授交流。

1980 年

年初，结束赴法访问回国。

系统研究生物可降解高分子的合成、表征及其在生物医学领域的应用。

父亲卓全成过世，享年 86 岁。回鼓浪屿参加葬礼。

1981 年

1 月，被武汉大学评为 1980 年度优秀工作者。

3 月，接待并陪同 Jean-Marie Lehn 在上海有机化学所、武汉大学的学术交流活动，后陪同他去北京游览长城、参观十三陵等地。

6 月，获得"湖北省高等学校先进科研工作者"称号。

7 月，去法国斯特拉斯堡参加 IUPAC 国际高分子会议，做有关生物医用高分子的研究报告，并担任分会主席，在 Jean-Marie Lehn 教授陪同下观光斯特拉斯堡。

1982 年

3 月 25 日，被任命为武汉大学化学系副主任。

6 月，赴上海参加第二届中日美金属有机和无机化学国际学术讨论会，并提交论文 *Studies on Polymer Containing Tributyltin*。

夏，应日本学术振兴协会的邀请，到日本东京大学、东京工业大学、早稻田大学、大阪大学、京都大学、长崎大学和福冈大学等高校以及几个研究机构访问并进行了学术交流，共计 21 天。

8 月，晋升为教授，任化学系副主任、应用化学研究所副所长、高分子研究室主任。

任中国化学会委员。

1983 年

3 月，赴耶鲁大学做访问学者，师从 W.H.Prusoff 教授从事核苷－顺铂抗癌药物方面的研究。

4 月至 1988 年 4 月，任政协湖北省第五届常务委员会委员。

6 月，因发明项目"长链烷基三甲氧基硅烷的合成方法和用途"获得科技部科技发明奖三等奖，其为第一发明人。

6 月，成为高分子化学博士研究生导师。

圣诞节，从耶鲁大学去芝加哥，与二哥卓仁声团聚。

任中国化学会高分子专业委员会委员。任中国化学会第 21 届和第 22 届理事。

1984 年

结束耶鲁大学的访学，途中在旧金山机场与三姐卓明纯、五姐卓明哲相聚。

3 月 1 日，从耶鲁大学返回武汉大学，结束访学。

6 月 23 日，在武汉大学加入中国共产党，成为中共预备党员。

10 月 18 日，被中国共产党武汉大学委员会任命为武汉大学化学系主任，1991 年 4 月卸任。同时，汪文学被任命为化学系党总支书记。

任化学系主任后，请美国生物化学博士来武汉大学开设生物化学课程，并调任两位分析化学的老师研究生物化学。

任化学系主任期间，定期举办党政联席会议，讨论化学系的工作。

1985 年

8 月 18 日—23 日，与沈家骢、徐僖等学者作为中国代表赴荷兰海牙参加 IUPAC 第 30 届国际高分子研讨会。

与北京大学的冯新德、四川大学的徐僖等 5 人，去美国华盛顿大学讲座。

与查全性老师、总支书记汪文学等组成职称评审小组，负责教师职称评审。

改进多肽固相合成方法，获得国家教委科研成果奖。

1986 年

10 月 22 日—26 日，赴福建泉州参加《离子交换与吸附》期刊第一届编委会第三次会议，增补为副主编。

12 月，被评为国家级有突出贡献的中青年科技专家。

1987 年

2 月 11 日，为政协湖北省第五届常务委员会主席团成员。

4 月 30 日，被评为 1986 年度武汉大学模范教师。

6 月，接待美国华盛顿大学生物工程与化学工程系的 Allan S. Hoffman 教授来武汉大学交流。

8 月，聘为《高等学校化学学报》编辑委员会委员。

9 月 21 日—23 日，与冯新德、何炳林等共 9 名科学家应邀赴西雅图参加中美生物医用高分子材料会议。

9 月，被选为湖北省劳动模范。

11 月 22 日，赴浙江省宁波市参加中国化学会全国第三次离子交换与吸附科学技术讨论会。

首次发现氯甲基硅化合物 1，3- 双（氯甲基）-1，1，3，3- 四甲基二硅氧烷能使核酸碱基、核酸碱基活衍生物和核苷甲基化。

1988 年

5 月，任国家自然科学基金委员会学科评审组成员。

1989 年

年初，与冯新德、沈家骢、徐僖等一同去荷兰海牙参加学术会议，后去德国拜访几位大学教授。

母亲陈水莲过世，享年 90 岁。

6 月 26 日—28 日，赴韩国首尔参加 IUPAC 功能聚合物分子设计研讨会，并担任会议主席。

去美国或者台湾时，路过香港，遇见中学好友白萃毅。

因爱惜人才，坚持招收毛海泉为硕士研究生。

1990 年

开展磁共振造影剂的系统研究。

5 月 10 日，被聘为国家自然科学基金委员会高分子化学学科评审组成员。

10 月 15 日—18 日，赴西安市参加中国化学会第六届反应性高分子（离子交换与吸附）学术讨论会，并主持大会开幕式。

主持的国家教育委员会项目"含核酸碱基聚磷酸酯的合成及生物活性研究"完成，获得国家教委科技进步奖一等奖、国家自然科学奖四等奖。

参加功能高分子的分子设计国际讨论会，会上提交的论文"功能高分子设计中值得重视的领域"在《国际学术动态》杂志上发表。

1991 年

5 月，因在"七五"国家科技攻关计划工作中成绩显著，被评为武汉大学先进科技工作者。

5 月，因为"生物活性聚合物研究"项目获得武汉大学优秀科技工作者一等奖。

7 月，因为武汉大学科技成果"生物活性聚合物研究"，获得国家教育委员会科学技术进步奖一等奖。

11 月 1 日，由于在我国高等教育事业做出的突出贡献，享受国务院特殊政府津贴。

12 月，因项目"5- 氟尿嘧啶为中心链节的生物活性聚合物的研究"，获得国家自然科学奖四等奖。

因"长链烷基三甲氧基硅烷的合成方法和用途"研究成果，获得国家科技发明奖三等奖。

九十年代，因不愿浪费国家资源，拒绝加入美国化学会。

应邀去美国华盛顿大学参加有机硅会议，并赴南加州大学访问。

二哥卓仁声在美国去世。

儿子卓夫出国留学。

与毛海泉、柯天一等一起参加全国高聚物分子量论文报告会。

1992 年

1 月，主持国家自然科学基金资助项目"抗肿瘤活性聚合物研究"，至 1994 年 12 月结题。

2 月 14 日，美国杜邦 Stine-Haskell 研究中心来信，发出合作邀请。

4 月，主持湖北省自然科学基金项目"缓释醋高诺酮肟的硅橡胶皮下埋植剂"，至 1997 年 3 月结题。

4 月，主持湖北省自然科学基金项目"聚（乳酸－羟基乙酸）－醋高诺酮肟缓释微球的研究"，项目至 1997 年 3 月结束。

4 月，任国务院学位委员会化学学科评议组成员。

5 月 6 日—11 日，赴浙江省余杭县参加中国化学会第七届反应性高分子（离子交换与吸附）学术讨论会，并担任会议主持人。

8 月 15 日—19 日，赴长春参加全国高分子学术论文报告会，并做题为"合成疫苗与高分子佐剂"的报告。

8 月，和曹维孝、刘立建、吕正荣等申请"聚酯可控释放材料""聚氨基酸类高分子可控释放材料""聚磷酸酯可控释放材料""环境敏感高分子亲水凝胶可控释放材料"等多个课题。

12 月，主持国家高技术研究发展计划（简称 863 计划）项目"生物医用新材料—磁共振成像造影剂的研制"，至 1995 年 12 月结题。

1992 年至 1997 年，被聘为国务院学位委员会第三届学科评议组成员。

首次发现并证实杂氮硅三烷三环轴向氮原子可质子化，后将部分成果发表在国际刊物《金属有机化学杂志》上。

担任 1992 年全国"高分子学术论文报告会"筹备委员会委员。

1993 年

1 月，参与国家自然科学基金课题"酶的固定化及短肽化合物的酶促合成"研究。

3月，参与项目"药物可控释放高分子材料的研究"，主要进行药物可控释放的高分子材料的研究，包括聚酯、聚氨基酸、聚磷酸酯等。项目于1996年3月结题。

7月19日，在加拿大阿尔伯塔大学化学系演讲，主题是 *Studies on Polymer Immunoadjuvants*。

8月12日，在加拿大麦克马斯特大学参加部门研讨会，做题为 *Biologically Active Polymers and Their Applications* 的报告。

12月，在其推动下，武汉大学建成生物医用高分子材料教育部开放实验室，任实验室主任，何炳林任学术委员会主任。

负责国家自然科学基金重大项目"生物材料基础研究：药物控制释放高分子材料"，至1995年结题。

负责国家自然科学基金项目"核磁共振造影剂的基础研究"，至1995年结题，项目评为A类。

负责国家教委博士点基金项目"核磁共振成像造影剂的研究"，至1995年结题，项目评为A类。

设计合成了一系列含酪氨酸二肽的聚磷酸酯。

1994年

1月，参与国家自然科学基金资助项目"药物控释高分子材料"的研究，至1998年12月结题。

3月，向国家自然科学基金委员会申请资助国际合作项目"生物医用材料基础研究—高分子药物控制释放材料"。

3月5日下午，在生命科学院会议室参加武汉大学面向21世纪创世纪第一流大学对策讨论会。

4月28日，因1990年—1992年期间，在生物活性聚合物研究项目等领域的科技成果，被授予梁亮胜侨界科技奖励基金一等奖。

6月，申请国家教委高等学校重点学科——高分子化学与物理。

6月18日，因在为实现"八五"计划和十年规划做贡献活动中，成绩突出，被中华全国归国华侨联合会评选为先进个人。

7月18日，吉林大学学位评定委员会特聘其为通讯评议专家。

9月5日，被评为武汉大学1994年优秀教师。

9月，应中山大学邀请，对其高分子化学与物理学科进行评议。

9月20日，任南开大学元素有机化学国家重点实验室学术委员，任期三年。

10月，赴四川师范大学参加鉴定会。

10月7日，参加1994年国际反应性高分子学术会议。

10月18日—22日，在武汉大学召开国际生物材料与精细高分子学术研讨会，其担任会议主席。

11月，被评为武汉大学优秀研究生指导教师。

11月，被复旦大学聘为国家教委"聚合物分子工程开放实验室"学术委员会委员。

11月8日，赴成都参加四川师范大学召开的"高分子磁性体研究"项目成果鉴定会。

12月14日，在海装科技交流中心参加海军核化研究所承担的核潜艇"二氧化碳固体吸收剂"研制课题成果鉴定会。

获得由中华全国归国华侨联合会颁发的爱国奉献奖。

申请的国家自然科学基金资助项目"生物医用材料基础研究—高分子药物控制释放材料"获批，项目于1997年结题。

1995年

1月6日，获1994年吕振万教师科技二等奖，奖金3000元港币。

2月，承担《英汉高分子科学与工程词汇》编审工作。

4月26日，被评选为全国先进工作者，武汉大学为其举行赴京仪式。

4月26日，参加湖北省庆祝"五一"国际劳动节纪念中华全国总工会成立70周年大会。

4月27日，出席全国劳动模范和先进工作者表彰大会，被国务院授予全国先进工作者称号，5月3日晚离京返汉。

5月16日，应华中科技大学徐辉碧教授邀请，参加该校无机化学专业博士生黄开勋、杨祥良的博士论文答辩。后经常应邀赴华中科技大学担任答辩委员会主席或评审。

6月2日前，参加复旦大学国家教委聚合物分子工程开放实验室学术委员会成立会议。

7月，去美国西雅图参加控制释放国际会议。

9月21日—22日，参加南开大学吸附分离功能高分子材料重点实验室验收会议。

11月22日，在长江日报社参加复旦大学武汉校友会。

11月，生物医用高分子开放实验室第一届学术委员会成立，由15位知名专家、教授组成，其中4位为中科院院士，学术委员会主任由南开大学何炳林院士担任。

11月30日，主持的863计划项目"磁共振成像造影剂"顺利完成。

12月2日，被湖北大学聘请为兼职教授。

负责国家教委博士点基金项目"药物控制释放高分子材料"，至1996年结题，项目评级为A类。

1996 年

1月，负责863计划课题"磁共振成像造影剂的研制和开发"，2000年12月结题。

1月18日，去武汉大学校工会二楼大厅参加武汉大学侨联会第二次会员大会暨新年茶话会。

3月22日，作为中国生物材料委员会副主席赴北京市中国科协大楼参加国际生物材料学会联络委员会成立大会，会议讨论委员会章程及申办第七届世界生物材料大会事宜等问题。

5月6日，出席在湖北省科委办公大楼召开的湖北省化学研究所兴建湖北省化工新型材料中试开发基地可行性研究方案论证会。

5月29日，赴加拿大埃德蒙顿市与卓夫一家团聚，庆祝卓夫的生日。

5月，赴加拿大多伦多参加第五届世界生物材料大会，6月2日做题

为 *Immunological Properties Of Polyphosphate-Phosphoramide* 的报告，偶遇研究生娄峡和吴斌。

7 月 15 日，任国家自然科学基金委员会第六届学科评审组成员，任期两年。

8 月 5 日—9 日，赴哈尔滨参加国家教委开放研究实验室管理工作经验交流暨工作汇报会，代表生物医用高分子材料组发言。

9 月 20 日，偕夫人徐勉懿应邀访问美国约翰·霍普金斯大学，介绍武汉大学研究生物医学高分子方面的情况，并与在该校材料科学与工程系工作的得意门生毛海泉博士交流。

9 月 23 日，偕夫人徐勉懿拜访 Kam. W.Leong 教授。

10 月中下旬，接待日本冈山商科大学村上一郎教授访问武汉大学。

11 月 18 日，获得建设银行湖北省分行尊师重教联合会 1996 年度优秀研究生导师称号，奖金 3000 元。

成为国家自然科学基金委员会学科评审组成员。

成为国家教委科技委化学学部成员，任国际生物材料学会联络委员会（ILC）中国委员会副主席。

主持项目"新型磁共振成像造影剂的研制和开发"，研制和开发各种具有不同性能和用途的磁共振成像造影剂。

进行脸部脂肪瘤手术。

任 *Polymer International*（《国际聚合物杂志》）副主编。

1997 年

5 月 30 日，被湖北省人民政府侨务办公室、湖北省归国华侨联合会、湖北省人事厅评为湖北省归侨侨眷先进个人。

10 月，因"磁共振成像造影剂"，获 1996 年度中国化学会高分子化学创新论文奖。

10 月 16 日—17 日，参加北京举办的 1997 年海峡两岸高分子学术研讨会，并提交两篇关于核磁共振造影剂研究的论文。

评选为院士前，去北京化学所做主题为"生物医用高分子"的学术报告。

10 月 24 日，当选中国科学院化学部院士。

10 月，参加 1997 年全国高分子学术报告会并提交论文。

11 月，担任南开大学吸附分离功能高分子材料国家重点实验室第二届学术委员会主任，任期四年。

11 月 8 日，参加福建师范大学 90 周年庆典。

11 月 15 日，参加湖北大学化学与材料科学学院成立仪式。

12 月 20 日，被聘为国家教育委员会科学技术委员会第四届委员。

参加第四届全国磷化学学术讨论会，并提交与何良年合著的论文"用 Lawesson 试剂合成磷脂类似物"。

和刘立建等合作的项目"固定化胰乳蛋白酶拆分 L- 苯丙氨酸"被国家教育委员会鉴定为国际先进水平。

参加国家教委科学技术委员会全体委员大会。

1998 年

1 月 19 日—20 日，在武汉大学主持国家重点基础科学研究项目"生物医用材料基础研究项目"申报研讨会。

1 月，参与国家自然科学基金项目"新型药物控制释放高分子的基础研究"，主要研究磷酸酯共聚物和聚磷酸酯质体基材。

2 月，生物医用高分子实验室第二届学术委员会成立，沈家骢院士和卓仁禧院士分别担任学术委员会正、副主任。

2 月，国家教委生物医用高分子材料开放实验室申请评估，彼时其任实验室主任，沈家骢为学委会主任。

3 月 17 日，在武汉大学参加教育部生物医用高分子材料研究开放实验室自评估会议。

3 月，开始担任《功能高分子学报》顾问。

春天，邀请徐辉碧教授、姚树人教授等来武汉大学参加高分子学科博士论文答辩。

4 月 16 日，被武汉大学聘请为学科建设与研究生教育顾问委员会专家。

4 月，主持"生物医学材料基础研究"项目，主要研究生物材料的结构性能关系及设计；生物相容性分子本质与分子设计理论研究；生物可降解高分子材料与药物控制释放体系的研究等。

5月18日，担任国家自然科学基金委员会第七届学科评审组成员，任期两年。

5月22日，作为武汉大学的生物医用高分子材料开放实验室代表，参加教育部开放研究实验室评估专家答辩会。

5月25日，在北京大学参加若干基础研究建议项目的交流研讨会，做题为"生物医学材料与器官及农业缓释材料的基础研究"的报告。

6月23日，被聘为武汉工业大学兼职教授。

6月，安排李速明博士来武汉大学做学术报告，指导工作，并商议与法国蒙彼利埃大学合成生物高分子研究室合作事宜。

7月11日—12日，赴四川省成都市参加1998年度国家杰出青年科学基金委员会化学科学部专业评审组会议，并担任评审组成员。

7月12日—17日，赴澳大利亚参加第37届国际大分子研讨会：世界聚合物大会。

7月31日，与冯新德、何炳林、林思聪等合作研究的项目"生物医学高分子研究"，申请教育部科学技术进步奖。

9月，被聘为南开大学元素有机化学国家重点实验室第三届学术委员会委员。

9月22日—24日，去北京有色金属科技培训中心参加"材料科学及工程国际前沿学术报告会"。

10月16日，任四川联合大学高分子材料工程国家重点实验室学术委员会委员，任期从1998年10月至2001年8月。

11月24日，被聘为兰州大学化学化工学院客座教授，聘期自1998年11月至2000年11月。

12月2日，被推选为武汉市科学技术专家委员会主任。

12月，任教育部聚合物分子工程开放实验室第二届学术委员会委员，任期三年。

12月，参与武汉大学自强科技创新基金项目"生物可降解高分子基因转移载体系统研究"，主要设计、合成系列生物可降解高分子，包括树形大分子、含磷聚合物、聚天冬酰胺等作为基因转移载体。项目于 2000 年 12 月结题。

12 月 25 日，与吕正荣共同负责的国家自然科学基金重点项目"高分子药物控制释放体系研究"通过了专家的验收。

与研究生一起发表了第一篇树形高分子基因载体的研究论文（*Chin Chem Lett*，1998），开创了国内基因治疗高分子载体的先河。

1999 年

1 月 21 日—26 日，自香港到台湾高雄参加会议。

1 月 30 日，因"生物医学高分子研究"项目，获得教育部科技进步奖一等奖。

2 月 12 日，任武汉市东湖新技术开发区金桥高新科技产业园高级顾问团顾问。

3 月 9 日，参加宜昌市葛洲坝黏合剂开发公司"500t/a 多分子预聚多异氰酸酯交联促进剂系列胶黏剂"中试技术鉴定会。

3 月 31 日，向波谱与原子分子物理国家重点实验室申请的 1999 年度基金课题"用磁共振成像进行医学研究"，经评审已通过。

3 月，访问韩国，进行学术交流。

第一季度，担任 1999 年度高分子科学基础研究两奖（中国化学会高分子基础研究王葆仁奖和中国化学会科学邀请报告荣誉奖）评选委员会委员，参与评选工作。

5 月，因在湖北省经济建设服务中成绩突出而被湖北省侨务办公室、湖北省归国华侨联合会评为归侨侨眷先进个人。

5 月 9 日—14 日，去上海参加 1999 年全国高分子学术论文报告会，并做分会特邀报告"新型生物可降解高分子的合成及其药物控制释放研究"。

10 月 22 日—24 日，作为会议主席，与 U. Hafeli 主持在武汉市华中理工大学学术中心举办的雌性载体的生物和医学应用国际学术研讨会。

10 月 27 日，出席全球生物材料和控制释放研讨会，并作报告 *Synthesis*

and controlled release properties of some new dendrimers and phosphoryl-containing polymers。

11 月，获得武汉市青年联合会第十届委员会荣誉委员称号。

11 月 30 日—12 月 6 日，与夫人徐勉懿赴香港中文大学进行学术交流。12 月 3 日上午发表题为 *Synthesis and Characterization of New Biodegradable Polymers* 的讲座。

12 月，因《若干生物医用高分子的研究》，获得国家自然科学奖三等奖。

12 月 25 日，被聘为武汉市人民政府第五届决策咨询委员会委员。

12 月下旬或 2000 年 1 月初，接待彭玲教授访问武汉大学。

负责国家国家重点基础研究发展计划（简称 973 计划）课题"用于基因和抗癌药物控制释放高分子材料的研究"（G1999064703），至 2004 年结题。

赴法国参加《国际聚合物杂志》的执行编辑委员会全体会议，并参观法国蒙彼利埃大学人造生物聚合物研究中心。

2000 年

1 月，儿子卓夫一家回武汉团聚。主持国家自然科学基金面上项目"器官、靶向性磁共振成像造影剂的研究"，项目至 2002 年 12 月结束。

3 月 31 日—4 月 6 日，出席在武汉大学召开的首届国际华夏无机固体化学和合成化学研讨会暨第七届全国无机固体化学和合成化学学术讨论会。

4 月 13 日，参加武汉瑞尔康生物材料有限公司在武汉召开的 2000 年度第一次股东会，出任该公司名誉董事长。

5 月 15 日—20 日，赴美国夏威夷卡姆埃拉镇参加第六届世界生物材料大会，16 日当选为国际生物材料科学与工程学会会士（Fellow）。

8 月 2 日—6 日，到美国犹他州，与学生李已平、吕正荣交流近况，并受邀至犹他州立大学讲学。

8 月 6 日，受弗吉尼亚联邦大学 Raphael M. Ottenbrite 教授与学生胡斌的邀请，参观该校并参与研讨会。9 日离开，去密尔沃基。

8月24日，任第三届"武汉科技青年创业奖"专家评审委员会委员。

去美国与家人团聚，与John Brash在夏威夷见面。

从5月到美国参加会议、与家人团聚、到各大学参观讲座，直到9月26日回武汉。

9月中下旬，参加湖北省侨界两院院士座谈会，讨论如何利用科技创新促进经济开发；从政府的角度探讨如何做好新移民工作等。

11月15日下午，在南开大学参加吸附分离功能高分子材料国家重点实验室2000年学术委员会讨论会。

12月14日，指导的学生鄢国平荣获第一届"长光杯"大学生学术科技作品竞赛三等奖。

主持国家自然科学基金重点项目"医疗植入用可降解高分子材料的研究"（29934060），至2003年结题。

主持教育部博士点基金"生物可降解高分子基因传递系统研究"，至2003年结题。

2001 年

1月5日，与博士研究生张先正在《欧洲聚合物杂志》上发表的一篇有关水凝胶的论文，被英国的《高科技材料特报》推介。

1月8日下午，参加湖北八峰药化股份有限公司新世纪发展恳谈会。

1月19日晚，参加院士、专家春节联欢会，并与文艺工作者同台演出。

2月24日，与中国工程院院士张寿荣等组成专家组，赴武汉大学参加"生物可吸收PDLLA/HA骨内固定件的中试"成果鉴定会。

3月，主持项目"生物可降解高分子药物控制释放材料的研究"，至2004年3月项目截止。

3月10日，受邀对中国科学院"九五"重大项目"医用生物－聚－氨基酸公斤级放大实验"执行情况验收总结报告进行书面评审。

3月15日，为武汉大学科幻协会题词"祝贺武汉大学科幻协会成立"。

3月22日—23日，参加中国生物材料委员会换届会议，被选为第二届中国生物材料委员会副主席。

4月2日—3日，与李德仁院士、查全性院士一起去北京大学勺园参加教育部直属高校中国化学院化学部、地学部院士候选人初选会议。

4月19日—20日，参加化学与分子科学学院首届教职工代表大会第一次会议。

5月28日，被任命为武汉大学学术丛书编审委员会和出版基金管理委员会副主任委员。

6月14日，任新一届武汉大学学术丛书编审委员会委员。

6月15日，被聘为四川大学"211工程""九五"期间高分子材料科学与工程建设子项目验收组专家。

7月12日，主持"国家重点基础研究发展规划"课题"生物医用材料基本科学问题的研究"。

9月2日—7日，赴法国蒙彼利埃，参加"第三千禧年高分子"会议，并做题为"肝靶向大分子磁共振造影剂"的学术报告。

9月6日，主持"生活环境中的聚合物"会议。

9月7日—16日，应毛海泉邀请，赴约翰·霍普金斯大学新加坡分部，访问组织与治疗工程实验室。于14日下午，在研讨会上做题为 *Macromolecular Magnetic Resonance Imaging（MRI）Contrast Agents with Liver Targeting Property* 的报告。

10月，任湖北省福建商会顾问。

10月24日—25日，出席首届湖北科技论坛，并担任"纳米科技的现状与发展"研讨会主席。

10月26日，接待诺贝尔奖获得者法国科学家 Prof. Jean-Marie Lehn 来武汉大学讲学。

10月28日—29日，出席在浙江大学召开的功能超分子体系研讨会。

11月，与法国国家科学研究中心（CNRS）合成生物高分子研究室的李速明博士和 Michel Vert 合作研究 PRA 项目。

11月28日，被聘为湖北大学高分子材料湖北省重点实验室第一届学术委员会委员。

11月30日前，访问东京女子医科大学高级生物医学工程与科学研究所。

12 月 3 日，被评为优秀研究生导师。

12 月 17 日，去北京大学参加高分子化学与物理专业研究生杨纪元的博士论文答辩。

12 月 21 日，1999 年—2000 年期间，在"若干生物医用高分子研究"等领域的科技成果，被授予梁亮胜侨界科技奖励基金三等奖。

12 月 31 日，参加在武汉举办的"回收碳粉的再利用方法"和"数码复印机碳粉专用低温树脂制备方法"项目科技成果鉴定会。

教育部有机硅化合物及材料工程研究中心成立，其任工程技术委员会主任。

2002 年

2 月 4 日—5 日，去北京参加中国科学技术协会全国委员会，研讨中国加入 WTO 后高校科技工作面临的机遇和挑战；评选"中国高等学校十大科技进展"等议题。

3 月 22 日下午，在北京邮电大学科技大厦参加"长江学者奖励计划"首次特聘教授期中评估会议。

4 月，任武汉大学发展规划咨询委员会委员。

4 月 8 日，参与八峰药化氨基酸产业发展研讨会暨博士后科研工作站授牌仪式。

5 月 14 日上午，赴北京与黄伯云、周廉、周少雄等专家参加"十一五"863 计划生物医用材料发展战略研讨会。

6 月，赴哈尔滨黑龙江大学参加国家自然科学基金委员会化学科学部 2002 年度国家杰出青年科学基金评审会议。

7 月，参加 IUPAC2002 年世界高分子大会（MACRA2002），并做题为 *Preparation and characterization of Macroporous poly(N-isopropylacrylamide) Hydrogel by using peg as pore-forming agent* 的报告。

7 月 5 日—6 日，去南开大学参加吸附分离功能高分子材料国家重点实验室第三届学术委员会第三次会议。

7月30日，被聘为第四届"武汉青年科技创新奖"专家评审委员会委员。

8月，被聘为吉林大学超分子结构与材料教育部重点实验室第三届学术委员，聘期至2004年。

8月23日，在四川省峨眉县参与国家973计划"生物医用材料学术交流暨战略研讨会"。

9月16日，在青岛参加全国高分子材料工程应用研讨会。

9月20日，被提名为2002年美国荣誉勋章获得者。

10月10日—12日，在武汉华中科技大学参加海峡两岸暨香港、澳门高分子液晶态与超分子有序态学术研讨会，并担任会议学术委员会委员。

10月29日—31日，在武汉主持召开国际生物医用高分子材料——设计和应用研讨会，并做题为 *Biodegradable polymers for biomedical applications* 的报告。

10月31日，作为生物医用高分子教育部重点实验室代表，与约翰·霍普金斯新加坡医学中心签订科研合作合同。

12月6日，被国际传记中心提名为年度国际科学家。

12月，申请生物医用高分子和绿色高分子教育部重点实验室。

和博士研究生冯俊的一项有关酶催化开环聚合反应的研究被美国化学学会的网上刊物 *Chemical Innovation*（化学创新）的 *Heart Cut*（精粹）专栏推介。

和刘立建、贺枫等合作完成的项目"聚乳酸和聚（ε-己内酯）微波合成技术"被湖北省科学技术厅鉴定为国际先进水平。

主持湖北省科委项目"可生物降解磷酸酯共聚物的研究开发"（2001AA306B04）。

主持武汉市科委科技攻关项目"生物可降解药物控释材料研究"（20026002090），项目至2004年结题。

2003 年

2月27日，在中国科学院专家公寓参加中国生物材料委员会全体委员会会议。

2月28日，华南理工大学材料科学与工程学院童真来信，告知推荐其为何梁何利基金科学技术奖候选人。

4月，去复旦大学参加校友会，与同窗交流可降解医用高分子材料。

4月，为徐辉碧、杨祥良编写的《纳米医药》作序。

4月21日，被聘为国家自然科学基金申请项目同行评议专家。

6月4日上午，代表武汉大学化学学院迎接武汉市科技局社发处项目检查。

6月27日，参加武汉大学化学与分子科学学院毕业典礼暨学位授予仪式。

6月29日—7月2日，赴法国南锡参加中欧增强聚合物材料加工与性质学术研讨会。

7月4日，参加法国巴黎第40届IUPAC世界高分子大会。

7月18日，获得英国剑桥国际传记中心21世纪成就奖。

9月，生物医用高分子材料教育部重点实验室批准立项建设。

10月10日，赴四川大学参加高分子材料工程国家重点实验室第三届学术委员会第三次会议。

10月11日，在四川大学参加国家生物医学材料工程技术研究中心第一届工程技术委员会第一次会议。

10月9日—14日，赴杭州参加浙江大学高分子科学与工程系承办的2003年全国高分子学术论文报告会，9日，参加化学学部高分子材料学科中长期发展规划研讨会（功能高分子组）。

10月23日—24日，赴南开大学参加元素有机化学国家重点实验室第十五期开放总结学术交流会暨学术委员会第十六届全体会议。

10月，担任《高分子学报》和 *Chinese Journal of Polymer Science* 副主编，任期四年（2003年10月至2007年10月）。

10月中下旬，参加《现代化学基础丛书》第一次编委大会。

12月20日—21日，在复旦大学参加聚合物分子工程教育部重点实验室学术委员会全体委员会议。

12月24日，成为湖北省八峰药化股份有限公司第三届董事会成员。

岁末，任湖北省纳米药物工程技术研究中心学术委员会主任，至2006年。

2004 年

1月7日，参加在硚口区全区科技专家顾问、拔尖人才迎春座谈会。

3月6日，参加教育部橡胶材料与工程重点实验室建设计划论证会。

3月29日—31日，到北京大学参加学术会议，并做40分钟左右的报告。

4月17日，作为鉴定委员会副主任参与鉴定由湖北省八峰药化股份有限公司独立研究完成的湖北省"十五"重大科技攻关课题——生物转化生产 L-丝氨酸工业化中间试验成果。

5月17日—21日，赴澳大利亚悉尼参加第七届世界生物材料大会。

6月6日—9日，出席第三届东亚高分子国际会议，并在会议上发言。

6月23日，出席在武汉电视台香港路演播厅举行的"武汉 IT 青年十大新锐"颁奖典礼。

8月4日，被聘为吉林大学超分子结构与材料教育部重点实验室第四届学术委员会顾问，聘期至2008年。

9月28日，参加国家973项目"通用高分子材料高性能化的基础研究"课题验收会。

10月3日前，赴杭州参加"2004超分子仿生微体系研讨会"。

12月20日，被武汉大学评为优秀研究生导师。

12月，被湖北省人民政府学位委员会、湖北省教育厅评为湖北省优秀研究生导师。

2005 年

1月，被华中科技大学聘为生物无机化学与药物湖北省重点实验室学术委员会副主任。

春节后，赴北京申请国家重点基础研究发展计划的课题。

6月8日，陈嘉庚科学奖基金会邀请其推荐2006年度陈嘉庚科学奖候选奖项及学科领域。

10月9日—13日，赴北京参加2005年全国高分子学术报告会，并提交论文《生物可降解阳离子高分子基因载体研究》。

10月21日，收到瑞典皇家科学院诺贝尔化学奖评选委员会寄来的关于邀请其推荐2006年诺贝尔化学奖候选人的信。

11月12日，被中国塑料加工工业协会（简称中国塑协）聘为中国塑协专家委员会专家，并出任名誉主任。

11月18日，参加在四川大学举办的有机功能分子合成与应用省部共建教育部重点实验室验收评估会。

12月1日，负责国家973计划课题"装载基因材料的分子设计及组织诱导作用和机理"，研究性能优异的携带功能基因的组织诱导性生物医用材料等。

12月21日，被授予武汉大学优秀博士后合作导师称号。

参加武汉大学第六届教职工代表会。

赴华中科技大学参加高分子液晶学术会议。

2006 年

4月8日，出席生物医用高分子材料教育部重点实验室学术委员会会议。

9月25日，参加湖北省化工学会2006年年会暨成立70周年纪念大会。

7月21日，任应城市人民政府经济发展特别顾问。

12月27日，被武汉大学评为优秀研究生导师。

因"用于药物和基因传递的生物医用高分子的基础研究"，获得湖北省自然科学奖一等奖。

接待2005年诺贝尔化学奖得主斯洛克教授来武汉大学讲学。

2007 年

3月，任第27届中国化学会高分子学科委员会委员，任期4年。

4月9日—14日，至香港中文大学进行交流。

4月15日—19日，赴厦门大学参加第17届国际磷化学大会，并在大会上做主题为"新型寡核苷酸类似物的合成及其生物化学性能"的学术报告。

4月23日，被聘为《高等学校化学学报》和 *Chemical Research in Chinese Universities*（《高等学校化学研究》）第四届编委会顾问编委。

5月31日，参加华中科技大学2007年度长江学者候选人评审会。

6月，被聘为福建师范大学高分子材料福建省重点实验室第一届学术委员会顾问。

6月10日，去华中师范大学参加该校首届"桂子学者"特聘教授评审会，并担任评委。

6月26日，赴随州，指导企业创新科技，促进生产。

10月9日—13日，赴成都参加2007年全国高分子学术报告会，并提交论文《高分子基因载体的研究》。

10月10日，被聘为四川大学名誉教授。

11月5日—9日，参加第六届中国功能材料及其应用学术会议。

11月，任湖北省有机高分子光电功能材料重点实验室学术委员会顾问委员。

11月15日，被聘请担任"第六届中国功能材料及其应用学术会议暨2007年国际功能材料专题论坛"大会顾问委员会委员。

主持国家自然科学基金重点项目《用于分子诊断的功能化肽类树枝状大分子》（50633020），2009年结题。

赴福州参加全国福建籍的院士会议。

首次提出制备非交联、稳定多孔聚电解质复合物膜的方法，在 *Small*、*Advanced Materials* 杂志上发表相关论文。

2008 年

1月7日，因2005年—2006年期间，在"用于药物和基因传递的生物医用高分子的基础研究"等领域的科技成果，被授予梁亮胜侨界科技奖励基金二等奖。

参加湖北省院士春节联谊会，并演唱《雪绒花》。

5月9日，参加武汉大学生物医用高分子材料教育部重点实验室学术委员会会议。

5月23日，参加武汉大学东湖分校科技文化节闭幕式，参观该校图书馆并给予评价：这样好的图书馆将对教学和科研水平的提高发挥重要的作用。

6月，获得武汉大学2006年—2008年优秀共产党员称号。

7月1日，自愿交纳特殊党费5000元，用于支援2008年四川汶川大地震救灾工作。

9月24日—25日，教育部对生物医用高分子材料教育部重点实验室进行了评估，评估结果为良好。

9月26日，参加长春应用化学研究所建所60周年华诞庆典。

2009 年

1月，参与的高分子科学系的大合唱在2008年教职工迎新春联欢会上荣获二等奖。

4月17日，去湖北大学参加有机功能分子合成与应用省部共建教育部重点实验室验收评估会。

4月24日上午，与瑞典皇家工程院Ann-Christine Albertsson院士一同被北京化工大学聘任为名誉教授及兼职教授。

5月8日，被"武汉药物与疫苗协同创新中心"聘为骨干研究人员，任期4年，至2013年5月7日。

6月中旬，参加"与中国科学一起成长——《中国科学》《科学通报》走进科研院校"武汉地区专项活动，并在会上发言。

6月19日下午，参加"武汉大学化学与分子科学学院2009年毕业典礼暨学位授予仪式"，并为博士生授予学位。

8月18日—22日，赴天津参加2009年全国高分子学术论文报告会，并提交论文《高分子基因载体的研究》。

10月12日，担任四川大学高分子材料工程国家重点实验室顾问，并参加实验室第五届学术委员会第一次会议和顾问会议，顾问任期2009年—2013年。

12月5日—6日，参加2009年高聚物分子表征高峰论坛。

12月13日，参加湖北省化学化工学会第九届会员代表大会。

成为武汉生物技术研究院人才团队成员。

承担国家 973 计划课题"增溶与促透性纳米给药系统的构建与表征"，运行良好，项目于 2013 年结题。

2010 年

2 月，参加湖北省院士专家迎春茶话会。

4 月 7 日，赴北京参加国际生物材料科学与工程学会（IUSBSE）会员大会。

4 月 8 日—9 日，至成都参观交流。

4 月 15 日—18 日，赴成都参加全国生物材料大会，并在会上做题为"高分子基因载体的研究"邀请报告。

5 月 21 日，为武汉大学 2007 年化学学院本科生讲授专题"哲学——自然科学"。

5 月 25 日，参加化学与分子科学学院第五次工会会员代表大会。

6 月 20 日—23 日，在厦门大学参加中国化学会第二十七届学术年会。

9 月，因"功能化生物医用高分子"的研究成果，获教育部自然科学奖二等奖。

9 月 14 日—17 日，赴苏州参加首届新型高分子材料与控制释放国际会议。

10 月 10 日—14 日，赴中南民族大学参加 IUPAC 第六届国际新型材料及其制备学术研讨会 & 第二十届国际精细化学和功能高分子学术研讨会。

10 月 17 日—18 日，在中国杭州参加第三届亚洲硅化学论坛。

11 月 4 日，应厦门大学化学化工学院邀请，主讲卢嘉锡讲座第二讲。

11 月 18 日，参加湖北省有机高分子光电功能材料重点实验室（武汉大学）第二届学术委员第一次会议，并担任第二届学术委员会名誉主任。

11 月 26 日，出席生物医用高分子材料教育部重点实验室第二届学术委员会第一次会议。

12 月 2 日，在华南理工大学参加国家人体组织功能重建工程技术研究中心第一届工程技术委员会第一次会议，任第一届工程技术委员会委员。

12 月 17 日，出席 2010 年武汉大学生物医药跨学科研究论坛，并做

"生物医用高分子"报告。

出席第一届新型高分子材料与控制释放国际会议。

承担国家 973 计划课题"诱导组织形成的材料化学信号及其对细胞行为调控的分子机制",运行良好,项目于 2015 年结题。

2011 年

1 月 11 日—13 日,参加湖北省科协七届五次常委会议、全委(扩大)会议全省市州科协主席(党组书记)座谈会。

4 月 20 日,赴湖北工业大学参加"楚天学者"特聘教授期满考核评审会。

6 月,获得武汉大学化学与分子科学学院优秀共产党员称号。

6 月,参加武汉大学 2011 年化学与分子科学学院毕业典礼暨学位授予仪式。

7 月,获得武汉大学优秀共产党员称号。

7 月 3 日,出席生物医用高分子研讨会暨卓仁禧院士八十寿辰典礼,并发言。

80 岁生日时,《中国科学:化学》《高分子学报》专刊祝贺。

9 月 9 日,参加武汉大学教授委员会会议,讨论引进人才事宜。

9 月 24 日—28 日,去大连参加 2011 年全国高分子学术论文报告会。

10 月,任国家纳米药物工程技术研究中心工程技术委员会主任。

10 月 14 日,赴湖北省人力资源和社会保障厅参加湖北省自主创新"双百计划"评审会。

10 月 24 日—25 日,参加湖北省第二批引进海外高层次人才"百人计划"终审答辩会。

11 月 6 日,赴北京,参加 7 日—11 日在北京会议中心召开的 2011 年中国科学院院士增选评审暨选举会议。

11 月 11 日,获得武汉大学化学与分子科学学院首届"星拱科学技术成就奖"荣誉称号。

11 月 16 日,在武汉大学化学与分子科学学院做题为"高分子药物传递体系"的报告。

11 月 19 日，参加湖北省第六届科技论坛，并做关于基因载体的报告。

11 月 20 日上午，在武汉东湖新技术开发区参加湖北省科技馆新馆奠基典礼。

12 月 30 日，在武汉光谷生物城武汉生物技术研究院参加国家重大科学研究项目"肝癌治疗的新型纳米药物研究"项目启动会议。

12 月 30 日，被国家纳米药物工程技术研究中心聘请为"肝癌治疗的新型纳米药物研究"项目专家组专家，任期五年。

年底，其担任的国际 *SCI* 杂志 *Polymer International*（影响因子 1.902）副主编职务圆满到届。

2012 年

1 月 15 日下午，参加在武汉大学江南小观园举行的全院教职工大会和歌舞晚会。

3 月，被增补为长江学者评审专家。

3 月 29 日—30 日，参加武汉大学第七届教职工代表大会和第十八次工会员工代表大会。

3 月，在武汉大学第六届教职工代表大会期间提出的《切实加强校园道路交通管理，创造安全、安静的教学环境》和《鼓励跨学科培养研究生，进一步提高我校研究生的教学质量和学术水平》的提案，被武汉大学工会委员会评为优秀提案。

4 月 6 日，赴北京航空航天大学参加中国生物材料学会第一次会员代表大会。

4 月 6 日，任中国生物材料学会顾问。

4 月 25 日—28 日参加在中国西安曲江国际会议中心举行的第三届中国西安国际 DNA 和基因组活动周。

6 月，荣获武汉大学创先争优优秀共产党员称号。

6 月 1 日—5 日，在成都世纪城国际会议中心参加第九次世界生物材料大会。

6 月 1 日，参加中国生物材料学会第一次会员大会。

参加国际工程科技发展战略高端论坛——生物材料科学与工程的现状、未来及发展战略。

6月2日晚，参加四川大学举办的中国工程院高层论坛嘉宾招待晚宴。

9月11日至14日，出席在苏州举办的第二届新型高分子材料与控制释放国际会议。

10月6日—8日，参加华中科技大学化学与化工学院成立30周年庆典，做题为"基因治疗载体的研究"的专题讲座。

10月16日—20日，参加2012年全国高分子材料科学与工程研讨会，其担任大会副主席和大会报告主持人之一。

10月20日，出席生物医用高分子材料教育部重点实验室第二届学术委员会第二次会议。

11月，参与药物控制释放高分子载体及其应用基础科学问题研讨会。

11月9日上午，参加华中师范大学化学学院农药学科五十年暨化学学院成立10周年庆典。

11月18日，出席武汉工程大学化工与制药学院40周年院庆暨校友企业家高端论坛，并做题为"基因载体的研究"的报告。

12月21日—25日，参加在深圳举办的化学部资深院士咨询联谊会第四届研讨会。

12月31日，主持湖北远东卓越科技股份有限公司和湖北高鑫材料科技有限公司的两项科技成果鉴定会。

被推荐为国家级科技思想库（湖北）专家库专家。

2013 年

1月30日，参加湖北省科协八届二次全委会议，与各位院士专家共商"创新湖北"建设大计。

8月17日上午，参加在武汉生物技术研究院举办的国家重大科学研究计划"肝癌治疗的新型纳米药物研究"中期评估会。

10月10日，收到聚合物分子工程国家重点实验室《2012年年度工作报告》后，总结实验室的研究现状，并提出加强研究组协调能力、促进学科方向交叉发展，确定自主研究课题等建议。

10 月 12 日—16 日，赴上海世博中心出席 2013 年全国高分子学术论文报告会。

12 月 20 日—23 日，参加在深圳召开的"中国生物材料学会 2013 年大会"。

负责《高速发展中的中国化学（1982—2012）》一书中"生物医用高分子"部分的撰写。

2014 年

2 月 26 日，因 2011 年—2012 年期间，在"功能化生物医用高分子"等领域的科技成果，被授予梁亮胜侨界科技奖励基金三等奖。

3 月 6 日—9 日，去三亚参加中国科学院化学部资深院士咨询联谊会第六届咨询研讨会。

5 月，赴兰州大学参加论文答辩会。

6 月 8 日—14 日，赴北京参加中国科学院第十七次院士大会。

10 月 28 日，高分子材料工程国家重点实验室顺利通过 2013 年国家评估，并邀请其继续担任新一届学术委员会顾问。

10 月 28 日—31 日去浙江杭州出席国际生物医用材料研讨会。

11 月 27 日，去美国探亲讲学。

12 月，参加 2014 年中南地区前瞻性高分子科学与应用研讨会。

2015 年

1 月，被《高分子材料科学与工程》编辑部聘为《高分子材料科学与工程》编辑委员会顾问，任期五年（2015 年 1 月至 2019 年 12 月）。

2 月，去美国与女儿卓扬和儿子卓夫共度春节。

4 月，担任《高分子材料科学与工程》杂志顾问。

4 月 11 日，出席查全性院士九十华诞暨学术报告会。

6 月，被评选为武汉大学化学与分子科学学院优秀共产党员。

6 月 23 日下午，出席武汉大学化学与分子科学学院 2015 年毕业典礼暨学位授予仪式。

6 月 24 日下午，出席中共武汉大学化学与分子科学学院委员会举行的"七一"表彰大会，并被评选为优秀共产党员。

6 月 27 日，出席武汉大学 2015 届毕业生毕业典礼。

11 月 12 日，受邀担任中国生物材料学会医用高分子材料分会顾问。

2016 年

1 月 20 日，参加武汉大学第七届教职工代表大会第五次会议。

3 月 24 日，参加武汉大学化学与分子科学学院第三届教职工代表大会第五次会议。

5 月至 6 月，在同济医院住院，其间教授外孙女有机化学知识。

6 月 27 日，在武汉大学庆祝中国共产党成立 95 周年暨表彰大会上，获评"武汉大学优秀共产党员"。

12 月 24 日，赴江汉大学学术交流中心（明德酒店）参与湖北省化学化工学会成立 80 周年庆祝与纪念活动。

2017 年

3 月 22 日下午，参加中国共产党武汉大学化学与分子科学学院第三次代表大会。

附录二　卓仁禧主要论著目录

［1］B.Ф.马丁洛夫，卓仁禧. 含硅羰基化合物的 Darzens 反应［J］. 化学学报，1960（26）：18-24.

［2］曾昭抡，卓仁禧，刘基万. 二氯卡宾与烯丙基硅化合物的加成［J］. 化学学报，1964（30）：360-362.

［3］B.Ф.马丁洛夫，卓仁禧. 三甲硅烷基苯基酮与有机镁化合物的反应［J］. 武汉大学学报（自然科学版），1964（17）：95-98.

［4］曾昭抡，卓仁禧，刘基万，等. 三氯甲基硅、锡化合物的合成［J］. 高等学校自然科学学报（化学化工版），1965（2）：333-336.

［5］Tseng CL，Zhuo RX，Ma ST. Syntheses of organo-tin compounds through carbine reactions［J］. A Semi-monthly Journal of Science（Foreign Language Edition），1966（17）：71-71.

［6］曾昭抡，卓仁禧，马纯俊. 通过卡宾反应合成有机锡化合物［J］. 科学通报，1966（17）：77-78.

［7］卓仁禧，徐汉生，程绪余，等. 有机锡化合物的研究——I. 一些三苯基锡化合物的制备及其杀菌性能的初步试验［J］. 化学学报，1966（32）：196-200.

［8］卓仁禧，张先亮，甄广全. 光学玻璃的生雾和防雾［J］. 武汉大学学

报（自然科学版），1977（23）：79-95.

［9］徐汉生，卓仁禧，莫元烈，等. 有机锡化合物的研究Ⅱ. 三苯基锡和三氟苯基锡化合物的合成及抑菌试验［J］. 化学学报，1981（39）：804-807.

［10］卓仁禧，陈衢生，刘高伟，等. 高分子药物研究Ⅱ. 主链含 5- 氟尿嘧啶聚酯的合成［J］. 高分子通讯，1984（1）：11-15.

［11］范昌烈，麦才淞，徐建军，卓仁禧. 高分子药物研究Ⅸ. 1，3- 二羟烷基 -5- 氟尿嘧啶与二氯磷酸酯缩聚物的合成［J］. 高分子通讯，1985（1）：77-80.

［12］卓仁禧，陈衢生，刘高伟，等. 高分子药物研究Ⅲ. 主链含 5- 氟尿嘧啶聚酯的合成及其药效的初步测定［J］. 高分子通讯，1985（1）：241-244.

［13］卓仁禧，范昌烈，赵儒林. 5- 氟尿嘧啶短肽的合成及其抗肿瘤活性研究［J］. 有机化学，1986（6）：121-125.

［14］卓仁禧，范昌烈，赵儒林. 含 5- 氟尿嘧啶的氨基酸衍生物的合成及其抗肿瘤活性研究［J］. 高等学校化学学报，1986（7）：508-512.

［15］Lin TS, Zhuo RX, Scanlon KJ, et al. Synthesis and biological activity of several amino nucleoside-platinum（I）complexes［J］. J Med Chem, 1986（29）：681-686.

［16］卓仁禧，刘高伟，周元忠. 氯甲基硅化合物与核酸碱基、核酸碱基衍生物和核苷的反应研究［J］. 中国科学 B 辑，1987（17）：239-244.

［17］陈衢生，卓仁禧，周念恩. 高分子药物研究 XⅣ. 含核酸碱基和氮芥的聚磷酸酯的合成及其抗肿瘤活性初步研究［J］. 高分子学报，1987（3）：217-221.

［18］娄峡，刘振华，卓仁禧. αH，αH，ωH- 全氟烷氧丙基甲基二氯硅烷的制备和水解反应研究［J］. 高分子学报，1987（3）：226-229.

［19］卓仁禧，刘高伟，周元忠. γ - 核酸碱基取代丙基甲基二乙氧基硅烷的合成及其聚合反应研究［J］. 高分子学报，1987（4）：252-257.

［20］卓仁禧，范昌烈，麦才淞，等. 高分子药物研究Ⅻ. 侧链含 5- 氟尿

嘧啶聚酰胺的合成及其抗肿瘤活性研究［J］. 高分子学报，1987（4）：271-275.

［21］周念恩，陈衢生，卓仁禧. 高分子药物研究ⅩⅦ. 二羟烷基嘧啶与 N，N'－双（2-氯乙基）二氯磷酰胺缩聚物的合成及其抗肿瘤活性研究［J］. 高分子学报，1987（6）：417-422.

［22］丁齐柱，罗宣干，卓仁禧. 主链含杂氮硅三环的聚醚的合成及其抗肿瘤活性研究［J］. 功能高分子学报，1988（1）：15-18.

［23］卓仁禧，范昌烈，刘振华，等. 紫外光固化聚多氟烷氧丙基甲基硅氧烷的研究［J］. 高分子学报，1988（5）：368-374.

［24］张先亮，万伟，段和平，卓仁禧. 烷基 ω－（甲氧羰基）烷基硅氧烷的合成及其性能［J］. 武汉大学学报，1989（35）：7-12.

［25］丁齐柱，罗宣干，卓仁禧. γ－芳亚甲氨基丙基杂氮硅三环的合成及其抗肿瘤活性研究［J］. 高等学校化学学报，1989（10）：369-372.

［26］陶国良，陈震华，卓仁禧. 酶法合成二肽甜味剂 Aspartame［J］. 化学通报，1989（52）：42-45.

［27］赵儒林，范昌烈，卓仁禧. 氨基酸 5-氟尿嘧啶酯类衍生物的合成及其抗肿瘤活性研究［J］. 高等学校化学学报，1989（10）：605-608.

［28］赵儒林，范昌烈，卓仁禧. 含 5-氟尿嘧啶短肽的合成及其抗肿瘤活性研究［J］. 有机化学，1989（9）：259-262.

［29］周念恩，卓仁禧. 含氮芥和亲脂基团的聚磷酸酯的合成及其抗肿瘤活性的初步研究［J］. 高等学校化学学报，1989（10）：935-938.

［30］丁齐柱，罗宣干，卓仁禧. 1-（3-氨基丙基）-2，8，9-三氧杂 -5-氮杂 -1-硅杂双环［3，3，3］十一烷 衍生物的合成及其抗肿瘤活性研究［J］. 高等学校化学学报，1989（10）：1007-1011.

［31］丁齐柱，罗宣干，卓仁禧. 1-（3-芳亚甲基氨基）丙基 -2，8，9-三氧杂 -5-氮杂 -1-硅杂双环［3，3，3］十一烷金属络合物的合成及其抗肿瘤活性研究［J］. 高等学校化学学报，1989（10）：1254-1256.

［32］赵儒林，范昌烈，卓仁禧. 氨基酸 5-氟尿嘧啶酯类衍生物的合成及

其抗肿瘤活性研究［J］. 高等学校化学学报，1990（11）：543-545.

［33］杨福顺，卓仁禧. 侧链含 5- 氟尿嘧啶甲壳胺的合成及其抗肿瘤活性的研究［J］. 高分子学报，1990（3）：332-338.

［34］陶国良，陈震华，卓仁禧. 固定化嗜热菌蛋白酶催化合成二肽甜味剂 Aspartame［J］. 高等学校化学学报，1990（11）：643-646.

［35］赵儒林，范昌烈，卓仁禧. 含吡啶鎓伊利德聚丙烯酸类高分子的合成及其光敏性能研究［J］. 科学通报，1990（35）：991-993.

［36］卓仁禧，范昌烈，廖俊，等. N1 羟烷基 -5- 氟尿嘧啶和 α-5- 氟尿嘧啶 -N1- 二羧酸的研究［J］. 有机化学，1990（10）：513-517.

［37］Yang FS，Zhuo RX. Synthesis and antitumor activity of poly（L-cysteine）bonded covalently 5-fluorouracil［J］. Polym J，1990（22）：572-577.

［38］Liao J，Zhuo RX. Synthesis and antitumor activity of polymeric drugs containing 5-fluorouracil in the main chain［J］. Polym J，1991（23）：1269-1272.

［39］张先亮，王全，卓仁禧. 含安息香醚的硅氧烷合成及性能研究［J］. 高等学校化学学报，1991（12）：210-212.

［40］卓仁禧，刘高伟，彭普平. 5- 氟尿嘧啶 N1- 甲酰基氨基酸、短肽的合成及抗肿瘤活性［J］. 高等学校化学学报，1991（12）：555-559.

［41］廖俊，卓仁禧. 具有酰基或氨基甲酰基结构的 5- 氟尿嘧啶衍生物的合成及抗肿瘤活性［J］. 有机化学，1991（11）：511-514.

［42］李彦锋，陶国良，卓仁禧. 聚丙烯偕胺肟 - 聚乙烯醇大孔球状载体的合成及固定化嗜热菌蛋白酶的研究［J］. 分子催化，1992（6）：440-447.

［43］Liu F，Zhuo RX. A convenient method to prepare temperature-sensitive hydrogels and their use for enzyme immobilization［J］. Biotechnol Appl Biochem，1993（18）：57-65.

［44］Zhuo RX，Zhang XL，Luo ZH. Synthesis and phase behavior of azo dye containing liquid crystalline polyorganosiloxane［J］. J Macromol Sci-Pure Appl Chem，1993（30）：433-440.

［45］Zhuo RX，Lu ZR，Liao J，et al. Synthesis and characterization of（4S）-silatrane-4- carboxylic acids；molecular structure of（3R，4S）-1-vinyl-3-methylsilatrane-4-carboxylic acid［J］. J Organomet Chem，1993（446）：107-112.

［46］陶国良，卓仁禧，陈震华. 用嗜热菌蛋白酶催化合成天冬甜精并同时进行 DL- 苯丙氨酸甲酯的光学拆分［J］. 高等学校化学学报，1993（14）：574-577.

［47］卓仁禧，毛海泉. 高分子免疫佐剂［J］. 高分子通报，1993（3）：134-139.

［48］毛海泉，卓仁禧，范昌烈，等. 新型聚磷酸酯药物控释材料的合成［J］. 高等学校化学学报，1993（14）：1743-1747.

［49］Lu ZR，Zhuo RX，Shen LR，et al. The synthesis and crystal structures of（4S）-（3-chloropropyl）silatrane-4-carboxylic acid monohydrate：A stable intermediate in the hydrolysis of silatrane［J］. Main Group Met Chem，1994（17）：377-385.

［50］罗毅，卓仁禧，范昌烈. 短肽 5- 氟尿嘧啶前体药物的合成及其抗肿瘤活性研究［J］. 高等学校化学学报，1994（15）：545-547.

［51］罗毅，卓仁禧，范昌烈. 含 5- 氟尿嘧啶生物可降解聚磷酰胺的合成及其抗肿瘤活性研究［J］. 高等学校化学学报，1994（15）：767-770.

［52］罗毅，卓仁禧，范昌烈. 生物可降解聚磷酸酯的合成及其释药性能研究［J］. 高等学校化学学报，1994（15）：932-934.

［53］罗毅，卓仁禧，范昌烈. 聚磷酸酯生物可降解材料的释药性能研究［J］. 中国医药工业杂志，1994（25）：267-269.

［54］罗毅，卓仁禧，范昌烈. 含己烷雌酚的聚磷酸酯的合成及其抗肿瘤活性研究［J］. 高等学校化学学报，1994（15）：1090-1092.

［55］Hu YH，Zhuo RX. Chemical modification of EVA for drug release application［J］. Chem Res Chinese Univ，1995（11）：87-90.

［56］Zhuo RX，Lu ZR，Wen J. Syntheses and characterization of metal complexes of L-lysine-N, N, N', N'-tetraacetic acid and L-lysine-N, N, N', N'-tetramethylenephosphoric acid [J]. Chem Res Chinese Univ, 1995 (11): 276-278.

[57] Lu ZR, Zhuo RX, Shen LR, et al. Synthesis and characterization of (4S)-1-chloroalkylsilatrane-4-carboxylic acids: crystal structures of (3R, 4S)-1-choromethyl-3-methylsilatrane-4-carboxylic acid and(3R, 4S)-1-(3-chloropropyl)-3-methylsilatrane-4- carboxylic acid [J]. J Organomet Chem, 1995 (489): C38-C43.

[58] Liu F, Liu FH, Zhuo RX, et al. Development of a polymer-enzyme immunoassay method and its application [J]. Biotechnol Appl Biochem, 1995 (21): 257-264.

[59] Mao HQ, Zhuo RX, Fan CL, et al. Studies on the phosphorylating polycondensation catalyzed by 4-dimethylaminopyridine [J]. Marcromol Chem Phys, 1995 (196): 655-658.

[60] 范昌烈, 李兵, 刘振华, 卓仁禧. DL- 丙交酯与 2- 氢 -2- 氧 -1, 3, 2- 二氧磷杂环己烷的开环 共聚合研究 [J]. 高等学校化学学报, 1995 (16): 971-973.

[61] 罗毅, 卓仁禧. 磁共振成像造影剂研究的近况. 国外医药. 合成药. 生化药 [J]. 制剂分册, 1995 (16): 200-208.

[62] 罗毅, 卓仁禧, 范昌烈. Gd-DTPA 氨基酸、短肽衍生物的合成及其磁共振成像造影性能的研究 [J]. 高等学校化学学报, 1995 (16): 1476-1479.

[63] 罗毅, 卓仁禧. 高分子抗肿瘤药物的研究 [J]. 药学进展, 1995 (19): 135-139.

[64] 罗毅, 梅二文, 卓仁禧. 水溶性金属卟啉肿瘤靶向磁共振成像造影剂的研究 [J]. 高等学校化学学报, 1995 (16): 1629-1632.

[65] 罗毅, 卓仁禧, 范昌烈. 交联聚磷酸酯的合成及其释药性能研究 [J]. 高等学校化学学报, 1995 (16): 1633-1636.

[66] 范昌烈, 胡斌, 卓仁禧. 主链含酪氨酸聚磷酸酯药物控制释放材料

的研究 [J]. 高等学校化学学报，1995（16）：1802-1805.

[67] 叶发青，罗宣干，卓仁禧. 含 5 —氟尿嘧啶的杂氮硅三环衍生物的合成 [J]. 中国药物化学杂志，1995（5）：245-249，265.

[68] Ouyang M, Zhuo RX, Fu GC. Synthesis and relaxivity of polyamide paramagnetic metal complexes for magnetic resonance imaging [J]. Polym Advan Technol，1996（7）：671-674.

[69] 吕正荣，卓仁禧，尹超，等. EDDS 与 THEC 的钆（Ⅲ）配合物的合成及其对水质子的弛豫性能研究 [J]. 高等学校化学学报，1996（17）：24-26.

[70] 胡运华，卓仁禧. 侧链带长链烷酯基和胆甾酯基聚硅氧烷的合成及释药性能研究 [J]. 高等学校化学学报，1996（17）：319-322.

[71] 俞开潮，卓仁禧. 大分子聚酯配体及其钆（Ⅲ）配合物的合成和核磁弛豫性能研究 [J]. 高分子学报，1996（4）：450-455.

[72] 俞开潮，卓仁禧. 含稳定氮氧自由基聚磷酸酯的合成及其弛豫性能研究 [J]. 波谱学杂志，1996（13）：417-422.

[73] 范昌烈，李兵，刘振华，卓仁禧. 乳酸－磷酸酯共聚物为载体的高分子药物的合成及其控释研究 [J]. 高等学校化学学报，1996（17）：1788-1791.

[74] Zhuo RX, Wen J, Wang L. Synthesis and evaluation of aromatic DTPA−bis（amide）gadolinium complexes as magnetic resonance imaging contrast agents [J]. Chem Res Chinese Univ，1997（13）：150-156.

[75] Fu YJ, Zhuo RX. Studies on hepatocyte−targeting magnetic resonance imaging macromolecular contrast media [J]. Chem Res Chinese Univ，1997（13）：337-343.

[76] Ke TY, Zhuo RX, Lu ZR, et al. Phosphorylating polycondensation using phosgene as a chain extender [J]. Eur Polym J，1997（33）：1583-1586.

[77] Zhao X, Zhuo RX, Lu ZR, et al. Synthesis, characterization and relaxivity of amphiphilic chelates of DTPA derivatives with GdIII，YbIII

and MnII〔J〕. Polyhedron, 1997（16）: 2755-2759.

〔78〕 He LN, Zhuo RX, Chen RY, et al. Studies on organophosphorus heterocycles Part XI, A new route to cyclic phospholipid analogs via cyclization of Lawesson's reagent with long-chain 1-glyceryl ethers〔J〕. Synthetic Commun, 1997（27）: 2853-2856.

〔79〕 范昌烈, 胡斌, 卓仁禧, 等. 主链含酪氨酸的聚磷酸酯抗肿瘤药物的研究〔J〕. 高等学校化学学报, 1997（18）: 149-153.

〔80〕 张晓东, 毛诗珍, 沈联芳, 吕正荣, 卓仁禧. 取代杂氮硅三环的核磁共振及分子动力学研究〔J〕. 化学学报, 1997（55）: 290-295.

〔81〕 魏俊发, 卓仁禧, 鄂国平, 等. 1, 4, 7, 10-四氮杂环十二烷的合成研究〔J〕. 高等学校化学学报, 1997（18）: 658-660.

〔82〕 卓仁禧, 尹超, 吴颖楠, 等. 聚乳酸眼科植入材料的制备及其降解性能〔J〕. 应用化学, 1997（14）: 102-104.

〔83〕 傅杰, 卓仁禧, 范昌烈. 含磷聚酸酐药物控制释放材料的研究〔J〕. 高等学校化学学报, 1997（18）: 813-817.

〔84〕 卓仁禧, 胡斌, 范昌烈. 聚（酪氨酸酯对苯二甲酰胺）碳酸酯药物控制释放材料的研究〔J〕. 高分子学报, 1997（3）: 295-299.

〔85〕 傅雁军, 卓仁禧. 肝靶向性磁共振成像造影剂——含 D-半乳糖基的 DTPA 双酰胺钆配合物的研究〔J〕. 高等学校化学学报, 1997（18）: 1072-1079.

〔86〕 卓仁禧, 王均, 毛海泉. 聚磷酸酯-聚氨酯药物释放材料的合成〔J〕. 高等学校化学学报, 1997（18）: 1207-1211.

〔87〕 魏俊发, 卓仁禧. 含维生素 B6 的新型肝胆靶向性磁共振成像造影剂研究〔J〕. 科学通报, 1997（42）: 1519-1524.

〔88〕 刘立建, 杨平, 卓仁禧. α-胰凝乳蛋白酶的固定化及其对 DL-苯丙氨酸的光学拆分〔J〕. 高等学校化学学报, 1997（18）: 1388-1392.

〔89〕 刘振华, 陈懋, 范昌烈, 张杰, 卓仁禧. 磷脂酰乙醇胺型聚磷酸酯脂质体膜材的合成〔J〕. 高等学校化学学报, 1997（18）: 1556-

1559.

[90] 柯天一, 卓仁禧. 生物可降解磷酸酯 – 碳酸酯共聚物的合成及性能研究 [J]. 高分子学报, 1997 (5): 573−577.

[91] 刘振华, 陈懋, 张杰, 范昌烈, 卓仁禧. 聚合脂质体的热敏性研究 [J]. 中国药学杂志, 1997 (32): 593−595.

[92] 傅杰, 卓仁禧, 范昌烈. 主链含膦酸酯的聚酸酐药物控制释放材料研究 [J]. 高等学校化学学报, 1997 (18): 1706−1710.

[93] 胡运华, 卓仁禧. 脂肪族聚酯酸酐的合成及其药物控制释放性能的研究 [J]. 高等学校化学学报, 1997 (18): 1888−1892.

[94] 何良年, 陈茹玉, 卓仁禧. 有机磷杂环化合物研究 (Ⅷ) ——Lawesson 试剂与含两个氨基的底物的成环反应 [J]. 高等学校化学学报, 1997 (18): 1969−1973.

[95] Wen J, Zhuo RX. Enzyme−catalyzed ring−opening polymerization of ethylene isopropyl phosphate [J]. Macromol Rapid Comm, 1998 (19): 641−642.

[96] Hu B, Zhuo RX, Fan CL. Synthesis of copolymer of 1, 3−dioxan−2−one and 2−hydro−2−oxo−1, 3, 2−dioxaphosphorinane [J]. Polym Advan Technol, 1998 (9): 145−149.

[97] Wen J, Zhuo RX. Preparation and characterization of poly (D, L−lactide−co−ethylene methyl phosphate) [J]. Polym Int, 1998 (47): 503−509.

[98] 傅杰, 卓仁禧, 范昌烈. 聚酯酸酐的合成及其药物释放性能研究 [J]. 高等学校化学学报, 1998 (19): 813−816.

[99] 吕正荣, 余家会, 卓仁禧, 等. 聚 (L– 天冬氨酸) 衍生物 – 顺铂结合物的制备及体外细胞毒性研究 [J]. 高等学校化学学报, 1998 (19): 817−820.

[100] 魏俊发, 卓仁禧. 多胺多羧酸双吡哆醇酯顺磁性金属螯合物及其弛豫性能研究 [J]. 高等学校化学学报, 1998 (19): 1242−1246.

[101] 柯天一, 卓仁禧. 磷酸酯 – 碳酸酯共聚物的合成及其微球释药性能

研究 [J]. 高等学校化学学报，1998（19）：1335−1338.

[102] He LN, Zhuo RX, Chen RY, et al. Synthesis of biologically active phosphorus heterocycles via cyclization reactions of Lawesson's reagent [J]. Heteroatom Chem, 1999（10）：105−111.

[103] Zhuo RX, Du B, Lu ZR. In vitro release of 5−fluorouracil with cyclic core dendritic polymer [J]. J Control Release, 1999（57）：249−257.

[104] Zhang XZ, Zhuo RX. A novel method to prepare a fast responsive, thermosensitive poly（N−isopropylacrylamide）hydrogel [J]. Macromol Rapid Commun, 1999（20）：229−231.

[105] Zhang XZ, Zhuo RX. Synthesis and characterization of a novel thermosensitive gel with fast response [J]. Colloid Polym Sci, 1999（277）：1079−1082.

[106] Zhang XZ, Zhuo RX. Preparation of fast responsive, temperature−sensitive poly（N−isopropylacrylamide）hydrogel [J]. Macromol Chem Phys, 1999（200）：2602−2605.

[107] He LN, Zhuo RX, Liu XP, et al. The quantitative structure−herbicidal activity relationship of 1−alkyl−1, 3, 2−diazaphospholidin−4−thione−2−sulfides [J]. Phosphorus Sulfur, 1999（146）：453−456.

[108] Liu LJ, Wang XL, Zhuo RX, et al. Preparations and properties of some phosphorus−containing dialdehydes and dialcohols [J]. Phosphorus Sulfur, 1999（155）：189−199.

[109] 何良年，李凯，卓仁禧，等. 具有生物活性的磷杂环化合物研究 XIV. Lawesson 试剂与含活泼氢的双官能团化合物的环化反应 [J] . 化学学报，1999（57）：1026−1033.

[110] He F, Zhuo RX, Liu L, et al. Immobilization of acylase on porous silica beads: preparation and thermal activation studies [J]. React Funct Polym, 2000（45）：29−33.

[111] 张先正，卓仁禧. 快速温度敏感聚（N−异丙基丙烯酰胺 −co− 丙烯酰胺）水凝胶的制备及性能研究 [J]. 高等学校化学学报，2000

（21）：1309-1311.

[112] Yu KC, Ye CH, Wang XB, Lu G, Li LY, Zhuo RX. Synthesis and T1-relaxation enhancement of neutral oligomeric manganese（II）complexes as MRI contrast agents［J］. Chemical Journal On Internet，2001（3）：35.

[113] Yan GP, Zhuo RX. Research progress of magnetic resonance imaging contrast agents［J］. Chinese Sci Bull，2001（46）：1233-1237.

[114] Yan GP, Zhuo RX, Zheng CY. Study on the anticancer drug 5-fluorouracil-conjugated polyaspartamide containing hepatocyte-targeting group［J］. J Bioact Compat Pol，2001（16）：277-293.

[115] Zhang XZ, Zhuo RX. Dynamic properties of temperature-sensitive poly（N-isopropylacryl amide）gel cross-linked through siloxane linkage［J］. Langmuir，2001（17）：12-16.

[116] Wang XL, Zhuo RX, Liu LJ. Synthesis and characterization of novel biodegradable poly（carbonate-co-phosphate）s［J］. Polym Int，2001（50）：1175-1179.

[117] Yan GP, Zhuo RX, Xu MY, et al. Liver-targeting macromolecular MRI contrast agents［J］. Sci China Ser B，2001（44）：344-352.

[118] 鄢国平，卓仁禧. 磁共振成像造影剂的研究进展［J］. 科学通报，2001（46）：531-538.

[119] 丁雄军，卓仁禧，付功成. 二乙三胺五乙酸吡哆醇酯钆、锰配合物的合成、弛豫率及其肝靶向性［J］. 科学通报，2001（46）：1519-1523.

[120] 鄢国平，卓仁禧，徐勉懿，等. 肝靶向性聚天冬酰胺磁共振成像造影剂［J］. 中国科学（B辑），2001（31）：253-260.

[121] Zhang XZ, Zhuo RX, Yang YY. Using mixed solvent to synthesize temperature sensitive poly（N-isopropylacrylamide）gel with rapid dynamics properties［J］. Biomaterials，2002（23）：1313-1318.

[122] Zhang XZ, Zhuo RX, Cui JZ, et al. A novel thermo-responsive drug delivery system with positive controlled release［J］. Int J Pharmaceut，

2002（235）：43-50.

［123］Yan GP，Zhuo RX，Yang YH，et al. Tumor-selective macromolecular
MRI contrast agents ［J］. J Bioact Compat Pol，2002（17）：139-151.

［124］Wang XL，Zhuo RX，Liu LJ，et al. Synthesis and characterization of
novel aliphatic polycarbonates ［J］. J Polym Sci Pol Chem，2002（40）：
70-75.

［125］Li MX，Zhuo RX，Qu FQ. Synthesis and characterization of novel
biodegradable poly（ester amide）with ether linkage in the backbone
chain ［J］. J Polym Sci Pol Chem，2002（40）：4550-4555.

［126］Wang XL，Zhuo RX，Huang SW，et al. Synthesis，characterization
and in vitro cytotoxicity of poly ［（5-benzyloxy-trimethylene
carbonate）-co-（trimethylene carbonate）］［J］. Macromo29l Chem
Phys，2002（203）：985-990.

［127］Feng J，He F，Zhuo RX. Polymerization of trimethylene carbonate
with high molecular weight catalyzed by immobilized lipase on silica
microparticles ［J］. Macromolecules，2002（35）：7175-7177.

［128］Zhang XZ，Zhang JT，Zhuo RX，et al. Synthesis and properties of
thermosensitive，crown ether incorporated poly（N-isopropylacrylamide）
hydrogel ［J］. Polymer，2002（43）：4823-4827.

［129］Yan GP，Zhuo RX，Xu MY，et al. Hepatic targeting of macromolecular
MRI contrast agents ［J］. Polym Int，2002（51）：892-898.

［130］丁雄军，卓仁禧，付功成. 二乙三胺五乙酸吡哆醇酯配体及其钆
配合物的合成、弛豫率和肝靶向性研究 ［J］. 高等学校化学学报，
2002（23）：49-52.

［131］冯俊，卓仁禧，贺枫. 聚（碳酸酯-co-磷酸酯）的酶促合成及性
能 ［J］. 中国科学（B辑），2002（32）：486-490.

［132］李斌，曾水清，吴颖楠，卓仁禧. 可降解聚合微球持续释放5-氟
尿嘧啶作为滤过手术的辅助治疗 ［J］. 中国实用眼科杂志，2002
（20）：279-281.

[133] Ying L，Yin C，Zhuo RX，et al. Immobilization of galactose ligands on acrylic acid graft-copolymerized poly（ethylene terephthalate）film and its application to hepatocyte culture［J］. BioMacromolecules，2003（4）：157-165.

[134] Huang SW，Zhuo RX. Recent progress in polymer-based gene delivery vectors［J］. Chinese Sci Bull，2003（48）：1304-1309.

[135] Cheng SX，Zhang JT，Zhuo RX. Macroporous poly（N-isopropylacrylamide）hydrogels with fast response rates and improved protein release properties［J］. J Biomed Mater Res A，2003（67A）：96-103.

[136] Yin C，Ying L，Zhang PC，Zhuo RX，Kang ET，Leong KW，Mao HQ. High density of immobilized galactose ligand enhances hepatocyte attachment and function［J］. J Biomed Mater Res A，2003（67A）：1093-1104.

[137] Sun LF，Zhuo RX，Liu ZL. Synthesis and enzymatic degradation of 2-methylene-1，3- dioxepane and methyl acrylate copolymers［J］. J Polym Sci Pol Chem，2003（41）：2898-2904.

[138] Sun LF，Zhuo RX，Liu ZL. Studies on the synthesis and properties of temperature responsive and biodegradable hydrogels［J］. Macromol Biosci，2003（3）：725-728.

[139] Feng J，Zhuo RX，He F. Enzymatic ring-opening copolymerization of trimethylene carbonate and ethylene ethyl phosphate［J］. Sci China Ser B，2003（46）：160-167.

[140] 刘芝兰，张健民，卓仁禧. 功能聚碳酸酯的合成及表征［J］. 高等学校化学学报，2003（24）：1730-1732.

[141] 黄世文，卓仁禧. 高分子基因传递载体研究进展［J］. 科学通报，2003（48）：405-409.

[142] Zhang Y，Zhuo RX. Synthesis and drug release behavior of poly（trimethylene carbonate）- poly（ethylene glycol）-poly（trimethylene

carbonate) nanoparticles [J]. Biomaterials, 2005 (26): 2089−2094.

[143] Zhang Y, Zhuo RX. Synthesis and in vitro drug release behavior of amphiphilic triblock copolymer nanoparticles based on poly (ethylene glycol) and polycaprolactone [J]. Biomaterials, 2005 (26): 6736−6742.

[144] Yu XH, Feng J, Zhuo RX. Preparation of hyperbranched aliphatic polyester derived from functionalized5 1, 4−dioxan−2−one [J]. Macromolecules, 2005 (38): 6244−6247.

[145] Chen J, Xia XM, Huang SW, Zhuo RX. A cleavable−polycation template method for the fabrication of noncrosslinked, porous polyelectrolyte multilayered films [J]. Adv Mater, 2007 (19): 979−983.

[146] Zhang XJ, Zhong ZL, Zhuo RX. Amphiphilic linear−hyperbranched block copolymers bearing one poly (ethylene glycol) chain and several linear poly (ε −caprolactone) chains [J]. J Control Release, 2011 (152): 118−119.

[147] Zhang XJ, Zhong ZL, Zhuo RX. Preparation of azido polycarbonates and their functionalization via click chemistry [J]. Macromolecules, 2011 (44): 1755−1759.

[148] Feng J, Zhuo RX, Zhang XZ. Construction of functional aliphatic polycarbonates for biomedical applications [J]. Prog Polym Sci, 2012 (37): 211−236.

[149] Zhao D, Liu CJ, Zhuo RX, et al. Alginate/CaCO$_3$ Hybrid Nanoparticles for Efficient Codelivery of Antitumor Gene and Drug [J]. Mol Pharm, 2012 (9): 2887−2893.

[150] Wei H, Zhuo RX, Zhang XZ. Design and development of polymeric micelles with cleavable links for intracellular drug delivery [J]. Prog Polym Sci, 2013 (38): 503−535.

参考文献

［1］詹朝霞. 从鼓浪屿走出去的中国科学院院士卓仁禧［J］. 炎黄纵横, 2011（5）: 15-18.

［2］黄绍坚. "从来讲, 沧桑反复如翻掌": 卓家的故事（下）.［EB/OL］. 2008-06-26. http://blog.sina.com.cn/huangshaojian.

［3］厦门文史资料编委会. 厦门文史资料［M］. 厦门: 厦门文史资料编委会. 2017（16）: 162-163.

［4］福建省地方志编委会. 福建省志·教育志·专记二: 华侨办学［M］. 北京: 方志出版社, 1988: 124.

［5］名博馆. 厦门故事/民族资本家打造同英布店［EB/OL］. 2016-12-24. https://sanwen.net/a/walvqqo.html.

［6］詹朝霞. 鼓浪屿卓家, 一个由富而贵的名门［N］. 厦门晚报, 2011-01-30（15）.

［7］杨姗姗. 百年足球的延续: 传承与新崇尚［N］. 福建日报, 2017-07-18（14）.

［8］吴启建. 弘扬百年足球精神 构建校园足球文化［J］. 基础教育参考, 2016（21）: 51-53.

［9］周旻. 鼓浪屿历史名人画传［M］. 厦门: 厦门大学出版社, 2016.

［10］马跃华. 厦门鼓浪屿: 魅力从风景转向人文［N］. 光明日报, 2017-01-22

（3）．

［11］彭一万. 鼓浪屿音乐（鼓浪屿历史文化系列丛书）［M］. 厦门：厦门大学出版社，2015：135.

［12］陈志鸿. 创造，没有终点——记新当选的中科院院士、武汉大学教授卓仁禧［J］. 化工英才，1998（5）：44-45.

［13］陈志鸿. 创造无穷期——记中科院院士、武汉大学卓仁禧教授［J］. 中国高校师资研究，2003（1）：48-54.

［14］南开大学校史网关于周恩来同志在南开中学、南开大学上学和新中国成立后几次来南开大学情况的报告［EB/OL］. 2016-01-07. http://news.nankai.edu.cn/xwzt/system/2016/01/07/000264084.shtml.

［15］南开大学校史网. 周总理三回母校南开大学［EB/OL］. 2015-03-05. http://news.nankai.edu.cn/xs/system/2015/03/05/000223914.shtml.

［16］刘基万. 缅怀曾昭抡先生在武汉大学的杰出贡献［J］. 化学通报，1999（11）：45-48.

［17］王积涛. 忆曾昭抡先生的风采［J］. 化学通报，999（11）：54.

［18］卓仁禧教授［J］. 武汉大学学报（自然科学版），1988（02）：131-132.

［19］徐爱珍. 卓仁禧与"防雾剂"［EB/OL］. 2011-04-13. http://news.whu.edu.cn/info/1005/24387.htm.

［20］刘胜荣. 武汉大学化学系［J］. 化学通报，1982（02）：54-55.

［21］本刊通讯员. 美国 Prusoff 和 Kaufman 教授等在我国进行学术交流［J］. 角膜病杂志，1981（04）：250.

［22］湖北省科学技术协会编. 科学家的故事——湖北院士风采［M］. 武汉：世界图书出版公司，2013：162-168.

［23］师昌绪. 我国生物材料科技前进的脚步［N］. 科技日报，2005-08-16（综合新闻版）.

［24］马亮，肖栋，冯林. 卓仁禧院士喜度 80 华诞［EB/OL］. 2011-07-07. http://alumni.whu.edu.cn/info/1008/4593.htm.

［25］周治涛，孙击翔，许开荣. 本报读者组团探秘武大化学实验室［N］. 楚天都市报，2011-05-11.

［26］国务院侨办国内司编. 全国归侨、侨眷知识分子名人录［M］. 北京：中国华侨出版社，1997：741.

后 记

　　不同时期做同样的事，因为经历与际遇的差异，必然会有不同的心情与感受。

　　比较第一次撰写中国核潜艇之父黄旭华院士的传记、第二次协助曾育荣博士写张寿荣院士的传记，执笔写完卓仁禧院士传记的初稿时，心里又多了一番感慨。

　　相较于头两次，尤其是第一次写作黄旭华院士的传记，心里少了许多新奇、刺激而又紧张的感觉。提笔着墨卓仁禧院士的传记时，由于有过往经验的加持，心里变得坦然许多。当然，这并不是说自己有把握能写好卓仁禧院士的传记，而是从过去质疑自己写作能力的忧虑，蜕变为对写作所需要的基础与条件的担心上来。至于缘何如此，盖因《誓言无声铸重器——黄旭华传》的出版及所获得的些许好评，让年过半百的我有了足够的镇定。

　　其实，对于担纲卓仁禧院士学术资料采集工程的动议，最早源于2014年岁末。其时，湖北省科协宣调部的领导出于对本采集小组的信任，就动议我们联络卓仁禧院士，当年即铩羽而归。次年再次努力，亦泥牛入海，未获反馈。经了解，略知原因有二：一是卓仁禧院士身体状况不佳，本人及家人不想被外界打扰；二是卓仁禧院士素不喜部分媒体的一些不实、片面及矫情的做派，故此将采集工程视为媒体的又一宣传选题行为而未予理会。

丙申年初的一天，笔者拜访黄旭华院士，再次聊及采集工程，顺势提及两次联系卓仁禧院士未果的事，没成想黄老竟然一口应承了下来。黄老告诉笔者，第二天他将和卓仁禧院士一起出席湖北省科协一个会议，他将把采集工程的重要价值与意义、采集小组成员的基本情况详细告诉卓仁禧院士，动员他应承此事。

黄旭华院士鲐背之年、德高望重，甫一开言，卓仁禧院士对采集工程和采集小组自然就有了无以复加的信任，立刻让秘书崔竞舟老师电话联系笔者，卓仁禧院士的采集工程就此付诸实施。

和卓仁禧院士接触两次之后，方知此前卓仁禧院士拒绝采集工程的两点原因的确不虚。卓老为人严谨、求真务实，加之生性有些孤傲淡泊，既不愿意、也不擅长和媒体打交道，因此对各类媒体的采访大多敬而远之。据传过去有些媒体采访完卓院士后，欲进行一些名不副实、矫枉过饰的宣传，结果硬生生被卓院士给毙掉了，胎死腹中。后来，采集小组曾就此事求证过卓老，还真有其事，让我们心底油然而生浓浓的敬意。

此外，卓院士近年来身体状况的确不佳，不仅步履蹒跚，回忆讲述往事也有些力不从心，因此也不堪外界烦扰。

但是，卓仁禧院士在应承了采集工程的工作之后，对采集小组的各项工作还是非常认真地对待和积极配合，在 2016 年 9 月至 2017 年 9 月一年之间，克服多种困难，先后接受了采集小组 11 次共 1363 分钟的访谈。此后由于卓院士病情发展过快，采集小组的确不忍再打扰卓院士了。

非常遗憾的是，虽然对卓老的访谈进行了 11 次之多，但采集小组自卓院士口中直接了解到的人生经历止于赴耶鲁访学之时，时间节点停留在1984 年。其后担纲武汉大学化学系主任、筹建和发展生物医用高分子实验室、承担国家一系列重大研究课题、当选中科院院士等一系列重大事件的历史过程采集小组都无法从传主口中直接了解，成为传记写作中的最大障碍，导致写作进程一再延宕。

为此，采集小组只有扩大访谈范围，加强对已采集资料的悉心阅读，广泛搜罗各种边际资料与关联信息，尽量用大量的碎片信息去拼接每一段历史，其工作量之大、资料考订的难度远超越此前两本传记的写作。而即便如此，笔者及采集小组其他成员心里依然底气不足，深知可能漏掉了许多重要情节和过程，甚至不排除在有些问题和节点上存在差错的可能。

因此，虽然采集项目已经结题，所撰之卓仁禧院士传记已经杀青，但委实是粗浅之作，这点自知之明笔者还是清晰的。因此，拙作除作抛砖引玉之用，剩下只能供读者及诸多知情者愤怒吐槽了。不过，笔者窃望知情者吐槽泄愤之后，立刻联系采集小组，告之真实可信之史实，以供今后的补充和矫正，并即刻在此顿首感谢。

本传记由王艳明执笔完成，林青、郑情愿承担了附录的编辑工作，金迪拟写过部分初稿。

卓仁禧院士的资料采集及传记的写作历时两年，其间得到了许多人士的鼎力相助，在此笔者一一表达谢忱。

首先，自然要感谢卓仁禧院士。感谢他老人家对采集小组的信任，尤其是采集工作的后期，采集小组成员与卓仁禧院士的关系甚是融洽，彼此建立起了充分的信赖。卓老对我们的资料采集工作表达了充分的信任，并提供了极大的便利，让我们圆满完成了资料采集工作。

其次，笔者要感谢卓仁禧院士的家人。卓院士的夫人徐勉懿教授自始至终都热情支持采集小组的工作，尽其所能向我们提供资料及其线索，帮助我们联系其他知情的访谈者。卓院士的女儿卓扬女士热情洋溢、开朗大度，对笔者所问，知无不言，让笔者从另外一个角度对卓仁禧院士建立了新的认知，也有助于对卓仁禧院士的人格刻画。

其三，笔者要感谢武汉大学多位退休及在任教师。卓仁禧院士任系主任时的搭档汪文学书记、武汉大学化学与高分子科学学院的高志龙教授、卓仁禧院士的弟子贺枫教授和程巳雪教授、卓仁禧院士的秘书崔竞舟老师，他们都认真接受了采集小组的访谈，给我们提供了大量的有价值的信息及其他资料支持。

这里采集小组要特别感谢汪文学书记，他在收到我们的访谈提纲之后，不仅认真回忆，还亲自去学校档案馆及有关机构查阅当年的文件档案，为我们提供了额外的资料及其线索。笔者在此向古稀之年的汪书记真诚致谢。

其四，笔者要感谢华中科技大学化学与化工学院的徐辉碧教授。徐辉碧教授是杨叔子院士的夫人，也是卓仁禧院士的同行和好朋友。她对我们的访谈既热情又认真，不仅愉快接受我们的访谈，还将我们访谈提纲中的问题进行了书面回忆，让笔者甚是感动，笔者亦在此向徐辉碧教授鞠躬致谢。

第五，笔者要感谢采集工程专家小组的各位学者、中国科协创新战略研究院及采集工程办公室各位工作人员、湖北省科协调宣部的马部长和邓腾同志、武汉大学档案馆馆长涂上飚同志，他们都对本采集工作提供过帮助和支持。尤其是首席专家张藜教授、吕瑞花教授，她们在采集工程的阶段检查、中期评审中对本采集小组的工作提供了针对性的指导和建设性意见，让笔者借传记方寸之地对你们的帮助说声谢谢。

第六，笔者要感谢采集小组的张凯先生、刘元海先生，你们俩在访谈视频资料的拍摄中与后期制作中不辞劳苦、不计得失，给我们的采集工作提供了良好的技术保障。

最后，得由衷感谢我的研究生李觅、王庆悦、林青、金迪、韩丹、熊宇珊、何琳、汪靖婷、郑情愿、宁密成、郜明明，两年多来，他们为该项目各项工作都付出了辛勤的劳动。尤其是林青、郑情愿同学，她俩分不同时段几乎承担了从采集计划与方案的制定、访谈提纲的编制、人物访谈的实施、资料线索的查询与采集、访谈录音的整理、资料的分类与著录、全部资料的整理与装盒、各类清单的编目与核对、各类资料的打印及装订等大部分工作，并完成了卓仁禧年表的撰写、资料长编的编制、传记附录中的重要采集成果及主要论文清单、传记文本的审校等工作，还协助笔者准备阶段性检查、中评、终评的评审资料及 PPT 演示文稿的制作等事宜，并对每一个工作环节都仔细而认真地掌控，为此付出了大量的时间和汗水。为此，为师由衷且诚恳地对她俩说一声：谢谢！辛苦了。

然而，就在该书稿经历中国科协采集工程办公室专家审读及出版排期的过程中，卓仁禧院士却于 2019 年 10 月 6 日在武昌珞珈山麓仙逝，享年

89 岁。鉴于结题定稿已经采集工程专家审定，故此保持写作时卓仁禧院士健在的表述，不对正文进行修改，乞谅。

没能让卓先生有生之年见到拙作，已成余毕生之憾！

谨以此书纪念卓仁禧院士的一生！

卓仁禧院士千古！

王艳明

2018 年 10 月 28 日初稿

2020 年 6 月 6 日定稿

于湖北大学逸夫人文楼 4022 室

老科学家学术成长资料采集工程丛书

已出版（139种）

《卷舒开合任天真：何泽慧传》　　　　《此生情怀寄树草：张宏达传》

《从红壤到黄土：朱显谟传》　　　　　《梦里麦田是金黄：庄巧生传》

《山水人生：陈梦熊传》　　　　　　　《大音希声：应崇福传》

《做一辈子研究生：林为干传》　　　　《寻找地层深处的光：田在艺传》

《剑指苍穹：陈士橹传》　　　　　　　《举重若重：徐光宪传》

《情系山河：张光斗传》　　　　　　　《魂牵心系原子梦：钱三强传》

《金霉素·牛棚·生物固氮：沈善炯传》　《往事皆烟：朱尊权传》

《胸怀大气：陶诗言传》　　　　　　　《智者乐水：林秉南传》

《本然化成：谢毓元传》　　　　　　　《远望情怀：许学彦传》

《一个共产党员的数学人生：谷超豪传》《没有盲区的天空：王越传》

《含章可贞：秦含章传》　　　　　　　《行有则　知无涯：罗沛霖传》

《精业济群：彭司勋传》　　　　　　　《为了孩子的明天：张金哲传》

《肝胆相照：吴孟超传》　　　　　　　《梦想成真：张树政传》

《新青胜蓝惟所盼：陆婉珍传》　　　　《情系粱菽：卢良恕传》

《核动力道路上的垦荒牛：彭士禄传》　《笺草释木六十年：王文采传》

《探赜索隐　止于至善：蔡启瑞传》　　《妙手生花：张涤生传》

《碧空丹心：李敏华传》　　　　　　　《硅芯筑梦：王守武传》

《仁术宏愿：盛志勇传》　　　　　　　《云卷云舒：黄士松传》

《踏遍青山矿业新：裴荣富传》　　　　《让核技术接地气：陈子元传》

《求索军事医学之路：程天民传》　　　《论文写在大地上：徐锦堂传》

《一心向学：陈清如传》　　　　　　　《钤记：张兴钤传》

《许身为国最难忘：陈能宽传》　　　　《寻找沃土：赵其国传》

《钢锁苍龙　霸贯九州：方秦汉传》

《一丝一世界：郁铭芳传》

《宏才大略　科学人生：严东生传》

《虚怀若谷：黄维垣传》

《乐在图书山水间：常印佛传》

《碧水丹心：刘建康传》

《我的气象生涯：陈学溶百岁自述》

《赤子丹心　中华之光：王大珩传》

《根深方叶茂：唐有祺传》

《大爱化作田间行：余松烈传》

《格致桃李半公卿：沈克琦传》

《躬行出真知：王守觉传》

《草原之子：李博传》

《我的教育人生：申泮文百岁自述》

《阡陌舞者：曾德超传》

《妙手握奇珠：张丽珠传》

《追求卓越：郭慕孙传》

《走向奥维耶多：谢学锦传》

《绚丽多彩的光谱人生：黄本立传》

《此生只为麦穗忙：刘大钧传》

《航空报国　杏坛追梦：范绪箕传》

《聚变情怀终不改：李正武传》

《真善合美：蒋锡夔传》

《治水殆与禹同功：文伏波传》

《用生命谱写蓝色梦想：张炳炎传》

《远古生命的守望者：李星学传》

《探究河口　巡研海岸：陈吉余传》

《胰岛素探秘者：张友尚传》

《一个人与一个系科：于同隐传》

《究脑穷源探细胞：陈宜张传》

《星剑光芒射斗牛：赵伊君传》

《蓝天事业的垦荒人：屠基达传》

《善度事理的世纪师者：袁文伯传》

《"齿"生无悔：王翰章传》

《慢病毒疫苗的开拓者：沈荣显传》

《殚思求火种　深情寄木铎：黄祖洽传》

《合成之美：戴立信传》

《誓言无声铸重器：黄旭华传》

《水运人生：刘济舟传》

《在断了A弦的琴上奏出多复变

　　最强音：陆启铿传》

《化作春泥：吴浩青传》

《低温王国拓荒人：洪朝生传》

《苍穹大业赤子心：梁思礼传》

《仁者医心：陈灏珠传》

《神乎其经：池志强传》

《种质资源总是情：董玉琛传》

《当油气遇见光明：翟光明传》

《微纳世界中国芯：李志坚传》

《至纯至强之光：高伯龙传》

《弄潮儿向涛头立：张乾二传》　　　《材料人生：涂铭旌传》

《一爆惊世建荣功：王方定传》　　　《寻梦衣被天下：梅自强传》

《轮轨丹心：沈志云传》　　　　　　《海潮逐浪　镜水周回：童秉纲

《继承与创新：五二三任务与青蒿素研发》　　　口述人生》

《淡泊致远　求真务实：郑维敏传》　《采数学之美为吾美：周毓麟传》

《情系化学　返璞归真：徐晓白传》　《神经药理学王国的"夸父"：

《经纬乾坤：叶叔华传》　　　　　　　金国章传》

《山石磊落自成岩：王德滋传》　　　《情系生物膜：杨福愉传》

《但求深精新：陆熙炎传》　　　　　《敬事而信：熊远著传》

《聚焦星空：潘君骅传》

《逐梦"中国牌"心理学：周先庚传》《恬淡人生：夏培肃传》

《情系花粉育株：胡含传》　　　　　《我的配角人生：钟世镇自述》

《情系生态：孙儒泳传》　　　　　　《大气人生：王文兴传》

《此生惟愿济众生：韩济生传》　　　《历尽磨难的闪光人生：傅依备传》

《谦以自牧：经福谦传》　　　　　　《思地虑粮六十载：朱兆良传》

《世事如棋　真心依旧：王世真传》　《心瓣探微：康振黄传》

《大地情怀：刘更另传》　　　　　　《寄情水际砂石间：李庆忠传》

《一儒：石元春自传》　　　　　　　《美玉如斯　沉积人生：刘宝珺传》

《玻璃丝通信终成真：赵梓森传》　　《铸核控核两相宜：宋家树传》

《碧海青山：董海山传》　　　　　　《驯火育英才　调土绿神州：

　　　　　　　　　　　　　　　　　　徐旭常传》

《追光：薛鸣球传》　　　　　　　　《通信科教　乐在其中：李乐民传》

《愿天下无甲肝：毛江森传》　　　　《力学笃行：钱令希传》

《以澄净的心灵与远古对话：吴新智传》《与肿瘤相识　与衰老同行：

《景行如人：徐如人传》　　　　　　　童坦君传》

《没有勋章的功臣：杨承宗传》　　　　《科学人文总相宜：杨叔子传》